W0089841

F. X. Toole
Champions

EUROPA
VERLAG

Aus dem Amerikanischen
von Michael Schulte

F. X. TOOLE

CHAMPIONS

GESCHICHTEN AUS DEM RING

EUROPA VERLAG

HAMBURG · WIEN

Die Deutsche Bibliothek – CIP-Einheitsaufnahme
Ein Titeldatensatz für diese Publikation ist bei
Der Deutschen Bibliothek erhältlich

Originalausgabe:
Rope Burns. Stories from the Corner
© 2000 F. X. Toole

Deutsche Erstausgabe
© Europa Verlag GmbH, Hamburg/Wien, August 2001
Lektorat: Judith Heisig
Umschlaggestaltung: Kathrin Steigerwald, Hamburg
Foto: Mark Sandten, Bongarts
Innengestaltung: H & G Herstellung, Hamburg
Druck und Bindung: Wiener Verlag, Himberg bei Wien
ISBN 3-203-83550-9
Informationen über unser Programm erhalten Sie beim
Europa Verlag, Neuer Wall 10, 20354 Hamburg
oder unter www.europaverlag.de

INHALT

Für Gott, den Ewigen Vater,
und für Dub Huntley, meinen Vater im Boxen

Mit speziellem Dank an Howard Junker vom ZYZZVA,
der mir als erster zeigte, was ein echter Schlag ist

Besondere Anerkennung verdient mein Meister, Mr. Nat Sobel,
der einen Kieselstein zum Diamanten schliff

DIE BOXERFAMILIE
EINE EINFÜHRUNG

 Es waren Zufall und Neigung, die mich als späten Mittvierziger zum Boxen brachten. Begeistert hat mich dieser Sport schon Mitte der dreißiger Jahre. Ich kauerte mit meinem Vater vorm Radio und lauschte gespannt den hektischen Stimmen von Sportreportern wie Bill Stern und Clem McCarthy, die damals die Direktübertragungen der großen Kämpfe kommentierten. Wochen später sah ich bei den Zehn-Cent-Nachmittagsvorstellungen im Kino dieselben Kämpfe in flimmernden Wochenschauen. 1939 etwa, als »Two Ton« Tony Galento den »Braunen Bomber« Joe Louis k. o. schlug.

Der Madison Square Garden wurde ein Wallfahrtsort für mich. Dort sah ich im Juni 1953 Bobby Olson gegen Paddy Young in einem Ausscheidungskampf für die Meisterschaft im Mittelgewicht. Erstmals gesehen habe ich den Garden 1952; Achte Avenue zwischen 49. und 50. Straße, verschlagen aussehende Typen standen draußen rum, daneben griechische Restaurants, irische Kneipen, Vierdollarnutten. Der Garden war mir ebenso eine Heimat wie Shuberts Broadwaytheater.

Mein Vater war ein leidenschaftlicher Boxfan, und ich war überglücklich, daß er mich an etwas teilhaben ließ, das er liebte. Wie viele Iren, die, zusammengepfercht wie Sklaven, auf Schiffen rüberkamen – dreißig Prozent überlebten die Strapazen nicht und wurden ins Meer geworfen –, schöpfte er Mut aus den Geschichten über die großen irischen Boxer: Sullivan und Corbett, Tunney und »Toy Bulldog« Mickey Walker, der in allen Gewichtsklassen vom Welter- bis zum Schwergewicht gekämpft hat. Wir hörten Don Dunphy, wie er den Kampf Louis gegen Conn Schlag für Schlag beschrieb.

Die ganzen Jahre hindurch blieb ich ein Fan, weil mich die Technik und die Kunst des Boxens ebenso faszinierten wie die Männer, die wagemutig Körper und Seele riskierten. Mein Herz schlug nicht nur für die Champions, sondern auch für die Verlierer, die schließlich genauso viel in die Waagschale geworfen hatten wie die Sieger.

Worin *bestand* eigentlich diese »männliche Kunst der Selbstverteidigung«? Was machte sie möglich?

Was den physischen Aspekt des Boxens angeht, interessierte mich am meisten, was die Boxer bewog, Runde um Runde zu kämpfen, wieder und wieder, Kampf um Kampf. Für einen Stierkämpfer besteht immer die Gefahr, auf die Hörner genommen zu werden, doch in aller Regel verläßt er die Arena unverletzt. Aber ein Boxer, der sich auf einen Kampf vorbereitet, steckt täglich Schläge ein, und während des Kampfes werden sie geradezu mörderisch. *Austeilen, nicht einstecken* lautet die Grundregel beim Boxen. Aber alle Boxer stecken ein, sogar die besten. Was waren das also für Männer, die eine Ewigkeit lang Prügel hinnahmen, um vielleicht einmal Titelkämpfer, aber selten genug Champion zu werden?

Und was brauchte es, was mußte ein Junge mit seinem Traum vom Ruhm alles lernen, ehe er vor einem Publikum in den Ring klettern konnte! Und wie mühsam war es, nicht nur zu trainieren und zu kämpfen, sondern auch den Geist des Sports, die Technik des Zuschlagens zu erlernen!

Verdammt mühsam. Und unterschwellig blieb die Frage: *Was macht einen Boxer aus?*

Mit Mitte vierzig beschloß ich, mit dem Boxen anzufangen. Ungefähr ein Jahr lang gab ich in einem runtergekommenen Gym in Ocean Park, Kalifornien, mein Bestes. Viel habe ich nicht gelernt, weil ich keinen Trainer hatte, doch ist es mir gelungen, mir mein Nasenbein brechen zu lassen und ein paar Zahnfüllungen einzubüßen, weil meine Sparringpartner Dummköpfe wie ich waren. Ein Profi hätte erst mal mit mir gespielt, denn Profis wissen, wann es Zeit ist zu »arbeiten« und wann es Zeit ist zu kämpfen.

Wegen Familienangelegenheiten mußte ich dann meine Boxausbildung an den Nagel hängen. Aber zwei Jahre später war ich wieder dabei. Damals hat mich die Magie des Boxens in Bann geschlagen und mein Leben gerettet.

Ich besuchte ein Gym, das inzwischen einem Parkplatz gewichen ist. Die Typen in diesen Hallen erkennen einen Anfänger sofort. Nachdem ich ein paar Wochen trainiert hatte, gab es einen Grund, gut gekleidet dort aufzukreuzen. Tweedjackett, Schlips, Flanellhose und so, ein gemustertes Tüchlein in der Brusttasche. Alle möglichen Typen bevölkerten das Gym – vom Bantam- bis zum Schwergewicht, Schwarze und Lateinamerikaner, ich war der einzige *white boy*. So werden Weiße in diesen Hallen fast immer genannt, da sie eine Minderheit bilden. Schwarze, ob alt oder jung, werden nie als *black boys* bezeichnet – obwohl man gelegentlich zu hören bekommt, daß ein schwarzer Boxer wegen seiner Hautfarbe einen Kampf verloren habe.

Nachdem ich mein Training beendet hatte, wollte ich den Manager des Gyms sprechen und wartete am Empfang. Als ich da so stand, schob sich ein schwarzer Trainer mittleren Alters, den ich schon vorher bemerkt hatte, neben mich. Ich dachte, er würde ebenfalls auf den Manager warten. Sein Schwergewichtsschüler sah von drüben zu. Doch anstatt den Manager anzusprechen, flüsterte mir der Trainer etwas zu und zückte ein Klappmesser mit Messingbeschlägen und einem Knochengriff. So ein Messer, das man durch eine Autotür rammen oder zum Zerlegen eines Rehs benutzen kann. Er sah mich drohend an und sagte: »So was schon mal gesehen?«

Ich warf einen Blick auf das Messer und zog seelenruhig mein eigenes Klappmesser aus der Gesäßtasche. Da er sein Messer nicht geöffnet hatte, ließ ich meins auch nicht aufschnappen, was ich leicht hätte tun können. Ich hielt mein Messer genauso in der Hand wie er seins.

Ich sagte: »Meinst du so was?«

Der Trainer sprang zurück – *wupp!* –, und sein Schwergewichtler ging vor Lachen in die Knie. Er prustete noch, als der Trainer mit gesenktem Kopf aus der Tür segelte. Der Schwergewichtler wankte ihm hinterher, konnte kaum noch atmen. Ein paar Leute hatten zugeguckt. Aber weiteren Ärger hatte ich nicht mehr, denn Boxhallen sind ruhige Orte, Orte des Friedens. Trotz des maschinengewehrartigen Geknatters der Punchingballs und dem Knallen der ledernen Springseile auf dem Parkett; trotz des Geräusches der Lederhandschuhe, die auf Brustkörbe hämmern; trotz der Tatsache, daß die Sandsäcke baumelnde Leichen wären, würden die Schläge, die man ihnen versetzt, lebende Körper treffen.

Schütteln Sie einem Boxer doch mal die Hand. Sie werden bemerken, wie zart seine Hände sich anfühlen, weil sie dauernd in Mullbinden und Leder und Schweiß weichgedampft werden, wie klein sie sind im Vergleich zu denen anderer Athleten gleicher Größe und daß sein Händedruck so sanft ist wie der einer Nonne. Viele haben Piepsstimmen – so wie Jack Dempsey, als er jung war. Viele andere lispeln wie irgendwelche Witzfiguren in Trickfilmen. Larry Holmes beispielsweise oder Mike Tyson, der obendrein die Piepsstimme hat.

Da war ich also und hatte von Tuten und Blasen keine Ahnung. Ich teilte eher Ohrfeigen als Schläge aus, stand auf den Fersen statt auf den Zehen, bewegte mich weniger gewandt als tolpatschig. Ich sparrte mit achtzehn- und zwanzigjährigen Anfängern, so gut es ging. Zähne gingen zu Bruch, Füllungen machten sich selbständig. Ich wurde überdurchschnittlich oft getroffen, da ich ohne meine Brille so gut wie nichts sah, aber für einen alten Mann hielt ich mich ganz wakker. Der Zauber hatte mich erfaßt. Später war ich gezwungen, mit dem Sparren aufzuhören, da ich wegen eines Kieferschadens, der nicht vom Boxen herrührte, Spangen tragen mußte. Aber bis dahin war ich voll dabei.

Außerdem hatte ich mich mit einem erstklassigen Trainer zusammengetan, Dub Huntley, der einmal mein Partner werden sollte. Nach ungefähr drei Monaten in der Sporthalle hatte ich ihn gebeten, mich zu trainieren, weil mich seine Erfolge überzeugten. Ich bot ihm an, im voraus zu zahlen, was er aber ablehnte. Statt dessen nahm er mich in die Zange, als würde er Marciano trainieren. Er hetzte mich durch die üblichen Drei-Minuten-Runden. Die Puste ging mir aus, die linke Schulter hing schlaff herab, wenn ich nach einer Runde an die hundert Geraden abgefeuert hatte. Durch das Training hatte ich vier Pfund abgenommen. Manchmal arbeitete er drei Runden lang mit mir, machte in der Ein-Minuten-Pause weiter und hängte sofort Runde vier dran. Sieben Minuten nonstop.

Jab, Jab, Kombination. Jab. Noch mal. Jab. Gleich zwei. Eins, zwei. Eins, zwei, Haken. Noch mal. Zwei Jabs, Rechte, Haken, mit einer Rechten kommen. Zwei Jabs, Rechte, Haken, mit einer Rechten kommen und in eine Gerade verwandeln. Haken auf den Körper, Haken auf den Kopf, mit einer Rechten kommen. Beweg dich. Kombination. Noch mal. Jab. Jab. Jab. Noch mal. Kombination. Noch mal. Noch mal. Los.

Ich dachte, ich würde tot umfallen. Man muß bedenken, daß Dub ein alter Mann mit weißem Haar war, einer, der bereits seit fünfundzwanzig Jahren im Geschäft war, und der morgens um drei noch immer nichts Schöneres kannte, als sich mit einer Frau bis zum Morgengrauen zu vergnügen.

Die Typen um uns rum hielten inne und starrten. Touristen machten Fotos. Profis unterbrachen ihr Training, um zuzusehen. Einmal stand der große ehemalige Meister im Leichtschwergewicht Archie »Mungo« Moore am Ring. Er trug eine seiner berühmten Mützen und hatte die Ellbogen auf die Ringbespannung gestützt.

Beim Gongschlag sagte Archie: »Sieht so aus, als müßte ich mein Comeback vorbereiten.«

Mein Trainer dachte, daß ich an diesem ersten Tag aufstecken und fortgehen würde. Aber ich ging nicht fort. Ich blieb dabei und er auch. Und allmählich kam ich in Form – vier Runden zum Aufwärmen und Schattenboxen, vier Runden Sparring, vier Runden am Sandsack, vier Runden am Punchingball, vier Runden Seilspringen und genug Sit-ups, um alle anderen zu beschämen. Langsam kapierte ich, was mich schon als kleiner Junge am Boxen fasziniert hatte. Es waren die Kampftechnik und die Notwendigkeit, mit dem Herzen dabeizusein. Boxen war eine geistige Übung. Ich merkte auch, daß ich trotz meines Alters jemand war, der das Spiel mitmachen konnte. Ich war süchtig. Ich bin's noch immer.

Gott hat mich mit einem Talent gesegnet und mit drei Kindern, die mich lieben.

Ohne irgendwelche Symptome oder Vorwarnungen verengten sich 1988 meine Arterien, obwohl ich großartig in Form war. Ich hatte einen Herzanfall, und darauf wurden mir die Gefäße innerhalb von sechs Monaten dreimal künstlich erweitert, weil die Arterien sich immer weiter schlossen. Bei der letzten Angioplastie sagte mein Kardiologe: »Je schneller wir rennen, desto weiter fallen wir zurück. Morgen früh wird operiert.« Keine Alternative, kein Problem. Als sie mich am nächsten Morgen einlieferten, fing ich an, spanische Lieder zu singen. Die Mexikaner, die meine Rolltrage schoben, stimmten mit ein.

Eine Operation am offenen Herzen ist kein Sonntagnachmittagsspaziergang. Aber drei Monate nach meinem dreifachen Bypass und Komplikationen mit dem Darmverschluß – noch halb benebelt vom Morphium und all dem anderen Mist, den sie in mich hineingepumpt hatten – war ich zurück in der Halle und fing mit Seilspringen an. Zuerst nur eine Minute, dann drei Minuten, schließlich drei Runden. Vier Runden hielt ich nicht durch, weil ich nie wieder so konditionsstark wie vor der Operation werden sollte und weil ich seitdem Schmerzen im Fuß habe, Folge einer aus dem Bein entfernten Ader, mit der mein Herz geflickt wurde. Da war ich also, trainierte wie eh und je, wenn auch nur noch drei statt vier Runden. Allerdings arbeitete ich damals bereits als Trainer und Sekundant, brachte meine eigene Magie ein und stillte Blut. Tatsächlich fuhr ich sogar am Morgen nach einer neuerlichen Angioplastie nach Del Mar und trieb mich den ganzen Tag auf dem Gelände rum, um abends bei einem Titelkampf arbeiten zu können.

Ich habe bei der Amateurliga angefangen und mir bei meiner Firma freigenommen, damit ich Drei-Runden-Kämpfern in den Trainingshallen der Veteranen, Freizeitzentren und Hinterzimmern von Spaghettibuden beistehen konnte. Dann kamen Vier- und Zehn-Runden-Kämpfe und Reisen um die ganze Welt, um bei Titelkämpfen über zwölf Runden zu arbeiten. Ich war Sekundant bei sieben mehr oder weniger wichtigen Titelkämpfen, und ich habe Lizenzen für zehn US-Staaten – von Hawaii bis New York, von Missouri bis Florida. Viele haben im Boxsport mehr getan als ich, viele aber auch weniger. Ich war bei Kämpfen in Mexiko, Frankreich, Deutschland und Südafrika, wo sie übrigens in Kapstadt einen großartigen Cabernet Sauvignon »Fleur de Cap« herstellen, der den Geist wunderbar belebt.

So ziemlich das einzige, was mir beim Boxen nie gelang, ist, Geld zu verdienen. Das gilt auch für die meisten anderen in der Branche. Aber das hat mich ebensowenig entmutigt wie der Umstand, daß mir das Schreiben auch nichts einbringt. Beides macht man einfach, und man ist dankbar, daß man es kann, auch wenn einen beides in die permanente Pleite und an den Rand des Wahnsinns treibt und einen krank macht. Vernunftmenschen sind da anders. Aber ihrem Leben fehlt etwas, das meinem nicht fehlt. Magie. Ich glaube an die Magie, in den Kampf zu ziehen. Und an die Magie eines gewissen Humors beim Boxen, wobei der Kassierer, der einen auf Schritt und Tritt begleitet, meist zuletzt lacht.

Straßenkämpfe sind ohne Magie. Straßenkämpfe können tödlich ausgehen, vor allem, wenn einer größer und stärker ist als der andere. Aber Boxen ist seiner Bestimmung nach tödlich, eine tödliche Prüfung des männlichen Willens beider Kämpfer, um festzustellen, wer der Boss ist, wer dieses magische mit Zeltplane bespannte Quadrat absteckt und beherrscht.

Die Magie des Boxers gehört ebenfalls dazu, jene Magie, mit der er Menschen aus der ganzen Welt anzieht, um ihm bei seinem bitterernsten Cowboy-und-Indianer-Spiel zuzusehen. Je schöner ein Boxer ist – und ich meine nicht die Bubischönheit der Filmstars –, desto härter hat er an sich gearbeitet. Je schöner ein Boxer ist, desto mehr Geld wird er auch verdienen. Aber man muß begreifen, daß Kämpfen und Boxen so wenig miteinander zu tun haben wie Prügeln und Schlagen, so wenig wie ein Wolf mit einem Chihuahua. Boxen und Schlagen sind per definitionem tödlich. Die Fähigkeit, schön zu boxen und tödlich zu sein – das macht die Magie aus, die die Welt in Raserei versetzt.

Die Magie des Rings ist anders als die des Theaters, weil der Vorhang niemals fällt, weil das Blut im Ring echtes Blut ist und auch die gebrochenen Nasenbeine und gebrochenen Herzen echt sind, zuweilen bleiben sie für immer gebrochen. Boxen ist die Magie von Männern im Kampf, die Magie des Willens, der Geschicklichkeit und des Schmerzes, die Bereitschaft, alles zu riskieren, um sich für den Rest des Lebens selber respektieren zu können. So ähnlich wie beim Schreiben.

Greifbare, alle Sinne berührende Magie, man denke nur! Daran teilzuhaben! Ob in der Trainingshalle oder bei einem Titelkampf. Oder um fünf an einem nebeligen Morgen bei den Kanälen der Picardy, während dein Boxer sein Lauftraining absolviert. Es ist Magie zu hören, wie die Frösche ins Wasser hopsen, wenn dein Boxer vorbeijoggt, und die Äpfel in der Luft zu riechen. Es ist Magie zuzusehen, wie dein Boxer alles daransetzt, um seinem Gegner gnadenlos wie ein Aztekenpriester das Herz herauszureißen, ihn zu Boden zu strecken, so daß sein Wille gebrochen ist und er die einzelnen Teile für den Rest seines Lebens nicht mehr zusammenfügen kann.

Es ist Magie, deinen Boxer in der Umkleidekabine nach einem verlorenen Titelkampf Witze reißen zu hören. Es ist Magie, weil dein Boxer sich trockengeschwitzt hat und seit einer Stunde trinkt und darauf wartet, daß seine Nieren in Fahrt kommen, damit er seinen Pinkeltest bestehen kann, denn wenn sie Drogenspuren in seiner Pisse feststellen, kriegt er kein Geld. Es ist Magie, weil er den Kampf gewonnen hätte, hätte er sich nicht mit einem Puncher, den er schon um ein Haar durch K. o. besiegt hatte, auf einen Schlagabtausch eingelassen – Magie, weil er diesen Fehler in der gleichen Sekunde mit seiner Niederlage bezahlte. So wie damals Billy Conn, nur daß es diesmal ein kurzer Aufwärtshaken war. Und es ist Magie, daß sein Leben nie mehr das alte sein kann,

Magie, weil er Weltmeister geworden wäre, was er nun niemals werden wird. Das ist die Magie des Siegs und der Niederlage in einem Sport, bei dem Männer mit ihrem Verstand, ihren Körpern und Herzen bis zur Erschöpfung kämpfen, wieder und wieder den toten Punkt überwinden, gebrochene Rippen, gequetschte Nieren und eine abgelöste Netzhaut in Kauf nehmen. Sie tun es um des Geldes willen, ganz klar. Aber sie tun es auch um des Respekts und der Magie willen.

Und es geht auch um geistige Magie, weil alles, was sie aus ganzem Herzen und ganzer Seele tun, ihnen neue Ebenen des Verstehens eröffnet. Je höher sie gelangen, desto weiter wird ihr Horizont, und sie fangen an, Zusammenhänge zu sehen und zu begreifen, von denen sie sich nie etwas hätten träumen lassen. Es ist wie beim Schriftsteller: Je mehr der Boxer über sich und das Spiel weiß, desto größer die Magie – für ihn und für uns.

Nicht zu vergessen die Magie des Blutstillens, die vielleicht kein anderer Sekundant beherrscht, die Magie, mal ein Zeug zu benutzen, das du nicht benutzen solltest, mit dem es dir aber gelingt, daß dein Junge weiterkämpfen kann, damit ihr beide als Sieger nach Hause geht. Aber es ist auch Magie, wenn du kurz vor dem Sieg mit ansehen mußt, wie der Kiefer deines Jungen blitzartig durch einen linken Haken unters Dach gekurbelt wird. Obwohl du verloren hast und sich dir der Magen umdreht, die Magie bleibt. Beraubt zu werden, ob im Ring oder mit einer Waffe, während du hinterm Tresen arbeitest, sogar das ist Magie. Magie, weil es bis ins kleinste Detail real ist, weil es hier und jetzt passiert und sich für alle Ewigkeit in deine Seele und dein Herz eingräbt. Und es ist Magie, weil es sich um einen Krieg handelt, in den du bei jeder sich bietenden Gelegenheit wieder ziehen wirst. Ich halte noch immer nach dem Gentleman Ausschau, der mir diese Knarre auf die Brust gesetzt hat, der mein Herz in die Hose fallen ließ, der sich mir gegenüber respektlos benommen hat. Vor diesem Erlebnis wußte ich nie, ob ich einen Menschen töten könnte. Jetzt weiß ich es.

Respekt ist ein Teil der Magie beim Boxen. Die meisten Außenstehenden erwarten, daß der Sieger den Besiegten verunglimpft. Das würde die Magie zerstören. Ali hatte vor, bei und nach einem Kampf eine große Klappe, aber man wußte stets, daß er den Narren spielte. Er war ein so quicklebendiger Kerl, daß er einfach quasseln und auf den Putz hauen, rumstolzieren und sich produzieren mußte. Sicher gibt es Nachahmer, aber bei denen hält sich der Spaß in Grenzen.

Aber selbst wenn ein Boxer glaubt, er sei um den Sieg betrogen worden, und ungeachtet all des Gequatsches vor dem Kampf, von wenigen Ausnahmen abgesehen werden sich die Gegner hinterher gratulieren und wenigstens »Guter Kampf« sagen. Es gibt zwischen Sieger und Verlierer so eine Art Blutsverwandtschaft, die Outsider nicht verstehen. Denn Boxen hat, egal was passiert, immer mit Respekt zu tun. Wenn einem Boxer kein Respekt gezollt wird, wenn er vielleicht ein Stümper ist und jemand sagt, »Such dir 'nen anderen Job!«, geht ihm das so unter die Haut, daß er es nie mehr aus dem Kopf bekommt.

Erinnern Sie sich noch, wie bescheiden Mike Tyson bei der Pressekonferenz nach seiner Niederlage im ersten Kampf gegen Holyfield war? Wie er Holyfield *berühren* wollte, wie Holyfield lächelte und ihm erlaubte, seine Hand zu schütteln? Wenn ein Boxer in einer Runde den Arsch versohlt bekommt, sagst du ihm nicht, er soll den Hurensohn, der ihm das angetan hat, grün und blau schlagen. Du sagst ihm, er soll in den Ring treten und sich Respekt verschaffen. Nebenbei, es handelt sich um eine kleine Familie. Ihre Mitglieder – die Mitglieder der Boxerfamilie – brauchen einander, nicht nur wegen des Geldes, sondern auch, damit sie sich selbst und einander bis zum Äußersten auf die Probe stellen können.

Und dann gibt es noch die Magie, die einem das Herz bricht. Du bist der Sekundant eines Jungen, dessen Nase blutet. Wenn sie gebrochen ist, kann man's gleich vergessen, das Blut wird weiterfließen. Sonst aber kann man das Blut in aller Regel stillen. Man reibt das Gesicht des Jungen sauber und führt einen mit Adrenalin getränkten Tupfer in das blutende

Nasenloch. Man dreht den Tupfer wie einen Schraubenzieher, während man mit dem Daumen das andere Nasenloch zudrückt. Du sagst dem Jungen, er soll inhalieren, damit sich das Adrenalin auf dem verletzten Gewebe verteilt, die Ader zusammenzieht und das Nasenloch erweitert. Aber der Junge inhaliert nicht. Du sagst: »Inhaliere!« Nichts. Du sagst es wieder: »Inhaliere, verdammt noch mal!« Die Zeit wird knapp, und dann merkst du, daß der Junge dich anguckt, als hättest du gälisch oder hebräisch gesprochen. Du kapierst allmählich und sagst: »*Einatmen!*«

Er atmet durch das Adrenalin ein, während du auf seine Oberlippe drückst. Das Adrenalin dringt in die gerissene Stelle ein, der Blutfluß stoppt, und er ist wieder kampftüchtig. Dir wird schwummrig, weil du das Blut beinah nicht gestillt hättest. Aber irgend etwas in dir hat eine Reise zu dem Zuhause des Jungen gemacht, wo niemand Wörter wie *inhalieren* benutzt. Auch das ist Magie, doch von jener Art, die weh tut, von jener Art, die dich zu einem besseren Sekundanten werden läßt.

Heute gibt es in Amerika kaum noch weiße Boxer, obwohl der Anteil guter Athleten unter ihnen recht hoch ist. Tatsächlich bin ich erstaunt, daß nicht mehr mittelmäßige weiße Boxer in der Szene sind.

Von Ausnahmen abgesehen sind auch weiße Trainer verschwunden. Klar, Angelo Dundee und ein paar andere sind noch mit den Stars zusammen. Meine Situation ist ungewöhnlich: 95 Prozent meiner Freunde und Partner haben eine andere Hautfarbe als ich. Kürzlich frottierte ich einen zweihundertzwanzig Pfund schweren Ugander ab, der Englisch, Suaheli und Japanisch spricht. Nachdem ich ihn mit Olivenöl erster Pressung und Wintergrünöl durchgewalkt hatte, glänzte er wie eine schwarze Teebeere. Auch sein Gemüt ist so sanft wie die samtige Haut einer Beere. Er ist ein höflicher und umgänglicher katholischer Junge – außerhalb des Rings. Er lebt in Japan. Sein Stammtrainer ist ein Hawaii-Japaner.

Vor ein paar Jahren arbeitete ich für einen anderen Schwergewichtler, der die reinste Frottierhure war, jeden Tag wollte er abfrottiert werden. Sagte, seine Frau könne auch sehr gut abfrottieren und nicht nur das, aber lange nicht so gut wie ich. Hatte immer irgendein Wehwehchen. Aber er war ein netter Kerl, darum hab ich's gern gemacht. Er war auch schwarz wie eine Teebeere. Sein Problem als Profi war, daß er nur einen großen Kampf wollte, um sich ein Haus kaufen zu können. Schließlich ging es bergab mit seiner Karriere, weil er nie den nötigen Drive hatte, um die Schmerzen beim Boxen zu ertragen, inner- und außerhalb des Rings. Er hat es nie zu diesem Haus gebracht. Hätte er es auf den Titel abgesehen gehabt, dann wäre er heute, selbst wenn er ihn nie gewonnen hätte, Besitzer mehrerer Häuser.

Wie auch immer, da war ich also, arbeitete mir an diesem Typen den Arsch ab, halb benebelt von seiner Fahne. Es dauert eine Dreiviertelstunde, einen Schwergewichtler in die Gänge zu kriegen. In die Trainingshalle spazierte ein gerade erst auf Bewährung entlassenes Federgewicht, das sich zwei Tage lang – pleite und hungrig und um ein Quartier bettelnd – in der Gegend herumgetrieben hatte. Er sei ganz vernarrt in »diese Scheiße«. Er war Feuer und Flamme und erzählte, daß er ein Opfer rassistischer weißer Machtstrukturen und weißer Unterdrückung sei, daß die Schweine hinter den Farbigen her seien, daß Weiße beschissen wären. Was er nicht erwähnte, war, daß man ihn wegen Raub, Körperverletzung und Vergewaltigung einer crackabhängigen Nutte verurteilt hatte.

Da stand er also und schimpfte über die weißen Schweine. Ich muß noch erwähnen, daß mein Schwergewicht mit einer Weißen verheiratet war. Als er das Federgewicht fragte, ob ihm entgangen sei, daß ich ein Weißer sei, und er nicht vielleicht sein blödes Rassistenmaul halten wolle, war das Federgewicht um eine Antwort nicht verlegen.

»Yeah, ich seh, daß er ein Weißer ist, aber Toole ist anders.«
Magie. Darum bin ich dabei. Wegen des Zaubers.

A F F E N G E S I C H T

 Ich stille Blut.

Zwischen den Runden, damit die Boxer weitermachen können.

Blut hat schon so manchen der Jungs erledigt. Sonny Liston zum Beispiel, möge seine Seele in Frieden ruhen. So hart im Nehmen er auch war, wenn er sein eigenes Blut sah, kippte er um.

Ich bin nicht derjenige, der entscheidet, ob ein Kampf abgebrochen wird, oder der nach dem Kampf die Platzwunden näht. Und es gehört nicht zu meinem Job, die Jungs, die mehr abgekriegt haben, ins Krankenhaus einzuliefern. Mein Job ist es, Blut zu stillen, damit der Boxer genug sieht, um im Kampf zu bleiben. Davon kann ein Meisterschaftstitel abhängen. Mehr mache ich nicht, doch das ist jeden Cent wert, den sie mir zahlen. Ich stille das Blut, rette den Kampf, und der Junge liebt mich mehr als seinen Daddy.

Aber es ist nicht immer zu stillen. Die Boxer wissen das. Wenn die Wunde zu tief oder zu weit ist, oder wenn's eine Ader erwischt hat, fließt das Blut weiter. Manchmal braucht es zwei, drei oder mehr Runden, um das Blut zu stillen – weil das Herz pumpt wie verrückt oder er noch mehr auf die Wunde abgekriegt hat. Wenn sich ein Gerinnsel gebildet hat, braucht es manchmal einen gegnerischen Schlag direkt auf die Wunde, um das Blut so zu verteilen, daß das Zeug, das man zur Behandlung benutzt, wirken kann. In anderen Worten, je nach Art der Wunde stößt man auf alle möglichen Reaktionen. Ein guter Sekundant, der die Reaktionen voraussieht, kann die meisten Verletzungen behandeln, aber nicht alle.

Boxkämpfe können aus vielen Gründen abgebrochen werden.

Ein zugeschwollenes Auge ist so ein Grund. Aber nur wegen einer Verletzung wird ein Kampf nicht abgebrochen. Es kommt darauf an, wo die Verletzung ist. Unter oder neben dem Auge – normalerweise kein Abbruch. Ein Riß in oder über der Augenbraue, an der Stirn oder Kopfhaut – ebenfalls nicht. Gebrochenes Nasenbein? Manchmal ja, manchmal nein. Eine Wunde am Lid kann wegen einer möglichen Schädigung des Augapfels und der Erblindungsgefahr zu einem raschen Abbruch des Kampfes führen. Oder wenn sich die Augen mit Blut füllen. Blut kann einem Boxer die Sicht rauben, ihn möglicherweise den Sieg kosten, oder, schlimmer noch, weil er nichts sehen kann, fängt er an, Schläge einzustecken, die er sonst nicht einstecken würde, und schon landet er auf seinem Hintern und sieht nur noch Sterne.

Wird einer verletzt, öffne ich immer den Verschluß einer neuen 3-cl-Flasche Adrenalinchloridlösung 1:1000. Frisch ist sie klar wie Wasser, verströmt aber einen starken Chemiegeruch. Ist das Verfallsdatum überschritten, nimmt das Zeug eine hellrosa oder pissgelbe Farbe an. Dann kann es nicht mal das Blut einer Fliege stillen. Gelegentlich schütte ich das Adrenalin in eine kleine Plastikflasche, um Mullbinden oder einen Tupfer zu sterilisieren, niemals aber benutze ich das Adrenalin von einem früheren Kampf. Ich kippe es weg, selbst wenn noch drei Viertel davon übrig sind. Auf diese Weise vermeide ich es, Blut von einem anderen Kämpfer zu übertragen, und keiner meiner Jungs kann Aids bekommen. Ich würde mich eher selbst mit Aids infizieren, ehe ich es einem meiner Jungs anhänge.

Trainer, Manager und Boxer nehmen meine Dienste in Anspruch. Sie kennen mich noch aus der Zeit, als ich Boxer trainierte. Aber ich wurde zu alt dafür und lief dauernd mit schmerzendem Rücken und Hals herum, weil ich viel zu viele Schläge einstecken mußte. Boxen ist ein Sport halber Schritte und halber Zentimeter, ein Sport, bei dem zu alte Männer ebensowenig zu suchen haben wie zu junge. Ohne uns gäbe es keine Kämpfe. Die Fans glauben, beim Boxen käme es nur auf Härte an. Für die Mitglieder der Boxerfamilie ist der Kampf eine Methode, sich Respekt zu verschaffen.

Das erste Mal habe ich als Sekundant für Hoolie Garza gearbeitet, nachdem mich sein Trainer angesprochen hatte, Ike Goody. Ike war in den fünfziger Jahren Vereinsboxer gewesen, aber wie die meisten erstklassigen Trainer hat er nie einen Titel errungen. Von Floyd Patterson abgesehen, kann ich mich an keinen Champ erinnern, der jemals einen Champ hervorgebracht hätte. Hoolie Garza ist ein Federgewicht, ein smarter mexikanischer Junge, Federgewicht, der sich für cleverer hält, als er ist. Er stammt aus Guaymas, einer Hafenstadt am Golf von Kalifornien. Aufgewachsen ist er – ohne Aufenthaltserlaubnis – in East Los Angeles, wo er mit seinen älteren Brüdern ums Überleben kämpfte. In Wirklichkeit heißt er Julio César Garza, doch als Kind hatte er den Spitznamen Juli erhalten, den man auf spanisch »chuli« ausspricht. Juli wurde dann zu Hoolie amerikanisiert.

Nach dem Koreakrieg habe ich in Mexiko Stadt eine Schule für GIs besucht. Ich wollte Spanisch lernen, vielleicht sogar mal unterrichten. Also trieb ich mich mehr mit Mexikanern als mit Amerikanern rum. Einige meiner Freunde waren Stierkämpfer. Ich hatte die Tochter der Sekretärin des mexikanischen Präsidenten angebaggert, eine Blondine, die ein Auto fuhr, auf dessen Nummernschild 32 stand. Ihr, Gott segne sie, verdanke ich Spanischkenntnisse verschiedenster Niveaus und Färbungen. Gewöhnlich behalte ich mein Spanisch für mich, so wie viele Latinos in den USA ihr Englisch für sich behalten. Aber wenn sie was merken und mich danach fragen, erzähle ich ihnen, daß ich ihre Sprache in Mexiko und auch Spanien gelernt habe, und sage: »*Hablo el español sólo si me conviene* – ich spreche nur spanisch, wenn es zu meinem Vorteil ist.« Das erheitert sie. Manche brechen in lautes Gelächter aus und drohen mit dem Finger. Viele Latinoboxer, die in L. A. einen Kampf austragen, engagieren mich für ihre Ecke; einige lassen mich nach Vegas einfliegen. Ich behandle sie mit der gleichen Loyalität wie einen Amerikaner oder Iren. Zum Beispiel schließe ich bei Kämpfen, mit denen ich beruflich zu tun habe, nie Wetten ab – weder auf den Jungen, für den ich arbeite, noch auf seinen Gegner. Falls ich also was verbocke und mein Junge wegen mir verliert, kann niemand sagen, ich hätte es absichtlich getan.

Ike sprach mich in Bill Slaytons Gym in South Central Los Angeles an. »Hoolie ist für einen Kampf in Tijuana, Mexiko, gebucht. Er möchte dich.«

»Wieviel kriegt er?«

»Wenig. Du weißt ja, daß er in Kalifornien gesperrt ist. Die Mexikaner wissen's auch. Lumpige zweitausendfünfhundert Dollar für zehn Runden. Sein Gegner ist ein zäher Bursche aus Tijuana, Chango Pedroza. Wollen sich auf unsere Kosten profilieren. Ist Hoolies dritter Kampf nach der Sperre. Zwei K.-o.-Siege. Hoolie sagt, er zahlt die üblichen zwei Prozent. Ich sagte ihm, nix da, dafür arbeitest du nicht zehn Runden lang, aber er ließ nicht locker, also sagte ich, ich würde mit dir reden.«

»Raucht er wieder Dope?«

Ike zuckte die Schultern. »Ich weiß, daß er scharf auf die Kohle ist.«

»Sag ihm, daß ich für lumpige fünfzig Dollar nicht arbeite. Sag ihm, daß er jemanden von da unten nehmen soll.«

»Er ist ein Bluter. Darum will er dich.«

»Bis da runter sind's hundertfünfzig Meilen, Ike, ich bekäme also nur die Benzinkosten raus, stimmt's? Und vor vier Uhr morgens wäre ich nicht wieder zu Hause. Für einen Fünfziger arbeite ich nicht mal hier in L. A., höchstens für einen Vier-Runden-Kampf.«

Ike hatte mir immer die Wahrheit gesagt, war in geschäftlichen Dingen stets ehrlich gewesen, also glaubte ich ihm, als er mir erzählte, was Hoolie ihm über das Preisgeld gesagt hatte. Aber ich wußte so einiges über Hoolie und war mißtrauisch, ob er es gegenüber Ike mit der Wahrheit so genau nahm. Ich sage Ihnen, Hoolie war ein kleiner, sauguter Boxer, ein harter Knochen, der nie aufgab, auch wenn ihm das Wasser bis zum Hals stand. Er hatte einen ausladenden Kiefer und eine gekrümmte Hakennase. Und vernarbtes Fleisch. Mit neunundzwanzig gingen ihm die Haare aus, seitdem rasierte er sich kahl. Er hatte Tätowierungen aus dem Gefängnis und aus allen Ländern, in denen er gekämpft hatte, Rosen und Dolche, der übliche Mist. Seinen dritten Titelkampf hat er während seiner Zeit im Knast ausgefochten, wo er wegen Körperverletzung mit einer tödlichen Waffe brummte. Die Waffe waren nicht etwa seine Hände gewesen. Weil er seine Hände nicht verletzen wollte, hat er dem Kerl, der seiner Frau zugelächelt hatte, eins mit 'ner Pistole übergezogen. Den Titelkampf hätte er beinahe gewonnen, aber gegen Ende schlaffte er ab, und der andere Typ drehte in der zehnten, elften und zwölften Runde auf. Hoolie hatte wie immer Platzwunden, aber die waren nicht entscheidend. Nach dem Kampf hatte Hoolie seinen Pinkeltest nicht bestanden. Sie haben Marihuanaspuren entdeckt und ihn für ein Jahr in Kalifornien gesperrt, außerdem wurde sein Preisgeld einbehalten. Das bedeutete, daß Hoolie auch sonst nirgendwo in den Staaten antreten konnte, da die meisten Boxvereine in so einem Fall gleichziehen.

Aber Hoolie war eine Attraktion; alle Promoter wollten ihn, weil er so zäh war und wegen des Bluts. Darum mußte Hoolie außerhalb der Staaten und für wenig Geld kämpfen – in Australien, Südamerika, den Philippinen, wo auch immer passende Gegner aufzutreiben waren. Außerdem wollte er im Geschäft bleiben, um für den nächsten Titel bereit zu sein.

Nachdem Ike drei Telefonate gemacht hatte, erklärte ich mich mit einem Hunderter einverstanden. Ich schlug ein, weil Ike ein alter Freund war und ich so einen Vorwand hatte, da unten ins Fischrestaurant La Costa zu gehen, wo man die besten *camarones rancheros* der Welt bekommt – Krabben in einer scharfen Soße mit Knoblauch, Paprika, Zwiebeln, Tomaten und Cilantro. Runterzuspülen mit ein paar Bohemias. Als Vorspeise servieren sie gebratenen Flußstint mit frischer Salsa und Limonen. Ich murmele jedesmal ein Bußgebet, wenn ich da rauskomme. Seit dreißig Jahren gehe ich ins La Costa.

Ich hab mich auch deshalb auf den Handel eingelassen, weil Hoolie mit Sicherheit einen neuen Titelkampf kriegen würde, sobald die Sperre aufgehoben wäre. Engagiert er mich, springt eine Kleinigkeit für mich raus. Ballpark-Stadion, und ich heimse meine zwei Prozent vom Preisgeld ein. Manche kriegen mehr, manche weniger. So läuft das Geschäft. Bei einem Fünfzigtausenddollarkampf sind das tausend für mich. Vielleicht kommt mein Junge ja ohne eine einzige Verletzung davon, dann sitze ich einfach am Ring und schaue zu. Bezahlt werde ich in jedem Fall. Bei noch größeren Kämpfen versuche ich, die gleichen zwei Prozent zu bekommen, oder ich berechne ein Pauschalhonorar. Aber ein Vorrundenboxer braucht doch auch einen Sekundanten, genauso wie ein Champ, oder? Wenn ich ohnehin schon für jemanden in der Arena bin und ich den Vorrundenjungen und seinen Trainer mag oder wenn mir so ein angstschlotternder Junge einfach leid tut, dann nehme ich oft überhaupt nichts – der Kleine bekommt sowieso nur vierhundert Mäuse. Davon muß er seinem Trainer zehn Prozent und seinem Manager noch mal ein Drittel abtreten. Ike stellt den Vorrundlern nichts in Rechnung.

Aber bei diesem Sport geht es ums Geld, stimmt's? Also muß ich auf der Hut sein. Nehme ich am Anfang zu wenig, werden mich einige der Jungs nicht respektieren und wollen auch dann nicht mehr zahlen, wenn sie mehr verdienen. Und einige werden dich über den Tisch ziehen, selbst wenn du ihre Karriere gerettet hast.

Ehe ich mich von Ike bei Slayton's verabschiedete, sagte ich ihm, daß der Verein in Tijuana alles daransetzen würde, um Hoolie zu disqualifizieren, und daß er Hoolie einbleuen solle, nach seinem Sieg auf einem Pinkeltest zu bestehen.

»Du hast recht, du hast recht«, sagte Ike. »Verdammt.«

»Ist er sauber?«

»Nehm ich mal an.«

Hoolie mußte in Tijuana für seine Frau, seine Mutter und seine beiden Brüder aufkommen; er mußte für Ike und mich aufkommen und Ikes Ringassistenten. Und für weitere zwei: einen alten Kumpel aus Hoolies Frogtowngang und einen schwarzen Kickboxer namens Tweety, der sich so höflich und gepflegt ausdrückte wie ein Jesuit. Die Boxer wurden mittags gewogen, am selben Abend um zehn sollten sie ge-

geneinander antreten. Hoolie wohnte in dem Hotel, wo der Kampf stattfinden würde. Er wollte um fünf Uhr essen, aber nicht in dem Hotel, wo ihm die Autogrammjäger schon beim Lunch keine Ruhe gelassen hatten. Er war halt eine große Nummer in Mexiko, er, der hier unten geboren war und in den Staaten Karriere gemacht hat.

Er fragte mich, ob ich ein gutes Fischrestaurant wüßte. Ich empfahl ihm das La Costa, sagte ihm aber, daß es da nicht gerade billig sei, und er meinte, das wäre egal. Mit seinem ganzen Anhang, der sich freihalten ließ, mußte ihn das eine hübsche Stange Geld kosten. Ich fragte mich, warum er für Leute zahlte, die weder zu seiner Familie gehörten noch in seiner Ecke arbeiteten, aber er zahlte, ohne mit der Wimper zu zucken. Als der Kellner das Geld nahm und nachzählte, verriet mir sein Gesichtsausdruck, daß Hoolie ihn beschissen hatte. Und ich fragte mich, ob er es bei mir auch versuchen würde. Ich steckte dem Kellner dreißig Dollar Trinkgeld zu. Rechnete man noch meine Benzinkosten dazu, arbeitete ich für Gottes Lohn, stimmt's? Und das Adrenalin, das ich am Abend für Hoolies Platzwunden brauchen würde, hatte mich noch mal gut siebzehn Dollar gekostet. Aber was sollte ich machen? Ich kannte diese Kellner seit Jahren und konnte nicht zulassen, daß sie beschissen wurden, während ich dabei war.

Einige Boxer ziehen sich andauernd Verletzungen zu, andere fast überhaupt nie. Hoolie war ein Bluter, so nennt man einen Boxer, der dazu neigt, verletzt zu werden. Mit so jemandem kann's ein langer Abend werden. Ein Bluter kann nichts gegen seine Veranlagung machen, genauso wenig wie jemand mit einem Glaskiefer was dafür kann. Ich weiß nicht, ob es bei den Blutern an der Beschaffenheit der Knochen um die Augen liegt oder an der Elastizität oder Dicke der Haut, aber einige erwischt es fast bei jedem Kampf. Einem Bluter schwellen rasch die Augen zu, wenn ein Nerv verletzt ist, und es dauert nicht lange, bis ihnen all das vernarbte Fleisch um die Augen das sogenannte Affengesicht gibt. Die Natur bildet diese Narben, um die Augen zu schützen, aber beim

Boxen verursachen gerade die Narben Probleme – die zarte Haut neben der Narbe reißt leicht auf.

In der zweiten Runde fingen Hoolies Augen an zu bluten. Ich sorgte dafür, daß er weitermachen konnte, aber die Wunden auf seinen Lidern wurden im Lauf des Kampfes immer schlimmer. Doch solange Ike und ich ihn für die nächste Runde wieder hinkriegen konnten, war er beim Zehn-Sekunden-Zeichen auf den Beinen und wartete auf den Gong. Der kleine Dreckskerl erholte sich zwischen den Runden besser, als ich es je erlebt habe. Schlag auf Schlag zermürbte er Pedroza. Pedroza hatte es auf Hoolies Augen abgesehen, drehte bei jedem Treffer seine Fäuste, um die Wunden noch weiter zu öffnen. Hoolie blieb nah an ihm dran, hieb auf die Leber, die Rippen und das Herz. Die Schläge auf die Leber ließen Pedroza nach Luft schnappen, die aufs Herz machten ihn wanken.

Pedroza war ein Junge aus der Gegend, ein guter Boxer mit Siegeswillen. Das Publikum war eindeutig auf seiner Seite, ebenso der Ringrichter, der Hoolie einen Punkt wegen eines angeblichen Tiefschlags abzog. In Mexiko brechen sie den Kampf bei einer Verletzung weniger schnell ab als in den USA. Aber wenn du zufällig der Typ von außerhalb und der mit den Blessuren bist und der Promoter unbedingt will, daß sein Junge gewinnt – dann sieh zu, daß du deinen Gegner möglichst schnell k. o. schlägst, denn sie brechen den Kampf ab, sobald sie sich ausgerechnet haben, daß der Lokalmatador nach Punkten führt. Der Ringrichter ließ den Kampf dauernd unterbrechen, um sich Hoolies Verletzungen anzusehen, aber ich hatte das Blut unter Kontrolle, und er konnte den Kampf nicht abbrechen.

Ich verarztete Hoolies Augen nach der dritten und vierten Runde. Nach der fünften wieder, dann betupfte ich seine Nase noch mit Adrenalin, um ihm durch die Schleimhäute ein wenig Energie reinzujagen. Hoolie schlug sich auf beide Gesichtshälften und glitt in die Mitte des Rings, die Hände absichtlich tief. Ehe Pedroza die scheinbar schlechte Dekkung ausnutzen konnte, hatte ihm Hoolie eine Rechte versetzt, die ihn benommen machte. Dann ein kurzer Linkshaken auf die Leber, der ihn lahmlegte. Pedroza ging durch einen Aufwärtshaken kopfüber zu Boden und wand sich vor Schmerz. Der Zeitnehmer und der Ringrichter zählten ihn extrem langsam aus, aber sie hätten gut und gern bis fünfzig zählen können.

Die Menge tobte und warf Bierflaschen in den Ring. Wir machten uns so schnell wie möglich in die Umkleidekabine davon. Dusche und Toilette befanden sich in einem Alkoven innerhalb der Kabine. Hoolies Leute strömten rein, während Ike und ich ihn mit Flüssigkeit vollpumpten und versuchten, ihn trockenzureiben. Wir waren alle glücklich und aufgedreht. So ist es immer nach einem Sieg. Die Presse war höflich, und Hoolies Fans drängten rein, um ihm die Hand zu schütteln. Eine Flasche Tequila machte die Runde, nicht gerade üblich, und Hoolie nahm zwei Schluck. Tweety begab sich ins Scheißhaus, drehte da drinnen das Licht aus und machte die Tür zu, so daß er den Blicken entzogen war.

Zwei Minuten später schob sich der Vereinsarzt durch die Tür der Umkleidekabine, gefolgt von dem Promoter, dessen Lieblingsjungen Hoolie gerade niedergestreckt hatte. Süffisant lächelnd hielt er ein Plastikfläschchen hoch. Ike warf mir einen Blick zu, drehte die Augen zur Decke.

»Tatammtata«, sagte der Arzt in der Gewißheit, Hoolie an den Eiern zu haben.

Wenn Hoolie den Test nicht bestand, würde die Niederlage Pedroza nicht angerechnet werden, und der Promoter mußte Hoolie nicht ausbezahlen. Wenn Hoolie nichts bekam, gingen Ike und ich ebenfalls leer aus. Hoolie nahm die Pinkelflasche lächelnd entgegen. Er öffnete die Klotür, verdeckte sich zur Hälfte und entzog gleichzeitig Tweety den Blicken des Arztes. Hoolie ließ Hose und Unterhose zu den Knien gleiten und stellte sich so hin, daß der Arzt noch seinen nackten Arsch sehen konnte. Von meinem Platz aus beobachtete ich die Aktion. Hoolie gab in der Toilette die Flasche an Tweety, der seinen Schwanz bereits parat hatte. Tweety pißte in die Flasche, während Hoolie ein Pinkelgesicht aufsetzte und seinen Arm bewegte, als würde er seinen Schwanz abschütteln. Tweety gab Hoolie die Flasche zurück, und nachdem der Tweety eingesperrt hatte, reichte er sie dem Arzt. Hoolies Gangsterkumpel stand hinter der Tür und bohrte in der Nase.

Hoolies Lässigkeit und die Wärme der Flasche ließen den Arzt daran zweifeln, daß er einen Drogensünder überführt hatte. Der Promoter warf einen Blick auf den Arzt und fing an, Selbstgespräche zu führen.

Was der Arzt und der Promoter da abziehen wollten, widerte mich an, nicht der Pinkeltest an sich. Aber das Spielchen, das Hoolie und Tweety trieben, brachte mich noch mehr auf die Palme. Ich liebe Boxen fast so sehr, wie ich die heiligen Sakramente liebe. Man hat sich an die Regeln zu halten. Man verliert einen Kampf nicht absichtlich, und man schlägt niemals unter die Gürtellinie – es sei denn, der Gegner fängt damit an. Als mir klar wurde, daß Hoolie noch immer Dope rauchte, machte ich mich schleunigst auf die Socken.

»Hoolie«, sagte ich, »ich muß gehen. Laß uns die Finanzen regeln.«

»Ich bin blank, Mann, bis mich der Promoter auszahlt.«

»Wann?«

»Morgen früh, wenn die Bank aufmacht. Hey, du kannst mir vertrauen, du kennst mich doch, Mann. Falls du schon weg bist, gebe ich Ike deinen Anteil, und er schiebt's dir rüber, okay?«

»Ist doch bloß ein Hunderter.«

»Ich bin blank, Mann, darum hab ich diesen Scheißkampf doch nur gemacht, und meine Frau ist schwanger, Mann.«

Ich ging. Ich habe den Arsch eines Kiffers gerettet und noch draufbezahlt. Ich wußte, daß ich meinen Hunderter nie sehen würde. Ich bin Hoolie zehnmal in dem Gym in L. A. über den Weg gelaufen, aber mein Geld hat er nie erwähnt. Kein ausreichender Grund, um ihn niederzuknallen, also habe ich es auf sich beruhen lassen.

Um ein Uhr nachts erreichte ich die US-Grenze. Da der Kampf an einem Freitagabend stattgefunden hatte, mußte ich ewig im Stau stehen. Auf der mexikanischen Seite boten fliegende Händler Hüte, Ponchos und Töpferwaren feil. Acht-bis zehnjährige Bettlerkinder strichen wie Katzen von Auto zu Auto; ausgezehrte Frauen saßen mit ihren klapperdürren Kindern am Straßenrand, die Hände ausgestreckt. Ein rachi-tischer dreijähriger Junge stand wie angewurzelt zwischen zwei Autoschlangen. Tränen strömten über sein kleines, staubbedecktes Gesicht, Rotz lief seine Lippen hinunter. Er wimmerte ein sinnloses kleines Lied und schlug zwei Holz-stückchen aneinander. In seinen blauen Augen sah man, daß er den Verstand verloren hatte.

Auf dem Heimweg hielt ich bei Denny's an, holte einen Kaffee und ein Stück klebrigen Zitronenkuchen. Das Kind ging mir nicht aus dem Sinn.

Meinem Bruder gehörten Miethäuser am Bull Shoals Lake an der Grenze zwischen Arkansas und Missouri. Nach sei-nem plötzlichen Tod war ich der Erbe und fuhr runter, um sie zu renovieren und zu verkaufen. Ich hatte Hoolie schon vergessen, als ich erfuhr, daß er Ike gefeuert hatte, ihn, der ihm schon als Amateur zur Seite gestanden und der gehofft hatte, mit Hoolie einen Titel zu erringen, den ersten in Ikes Laufbahn. Drei Monate nach meiner Ankunft in Missouri er-hielt ich einen Anruf von Hoolie. Er sagte mir, er habe einen neuen Trainer und einen Manager aus Mexiko. Der Manager habe ihn für einen Titelkampf im Federgewicht in Kansas Ci-ty, Missouri, gegen Big Willie Little beim World Boxing Council gebucht.

»Ich will dich in meiner Ecke.«

»Warum Kansas City?«

»Big Willie ist daher. Ist ein Mordszirkus in einem dieser schwimmenden Hotelkasinos auf dem Fluß, Kabelfernsehen, der ganze Mist.«

»Warum ich?«

»Der Promoter läßt nur vier Flugtickets springen. Eins ist für meine Frau, bleiben also Tickets für meinen Trainer und einen zusätzlichen Sekundanten aus meiner Gegend. Außer-dem will ich nichts mit so einem dämlichen Hinterwäldler von da unten riskieren.«

»Noch mal, warum ich?«

»Du bist der Beste, Mann, denk doch mal dran, was du in Tijuana für mich getan hast, Mann, sie hätten's abgebrochen, wenn du nicht gewesen wärst, verdammt. Außerdem bist du schon da unten.«

»Woher hast du meine Telefonnummer?«

»Von Ike.«

Da wußte ich, daß Ike was gegen den Gauner im Schilde führte und auf meine Anwesenheit in Kansas City Wert legte. Mein Interesse war geweckt.

»Du schuldest mir hundert Dollar, mal abgesehen von den Benzin- und anderen Kosten in Tijuana.«

»Das weiß ich, Mann, aber du hast ja keine Ahnung, wie pleite ich seit meiner Sperre war. Jetzt bin ich übern Berg, aber nun hat meine Alte Brustkrebs, und das kostet. Aber du kriegst deine Knete, keine Bange, Mann.«

»Wird Tweety auch da sein?«

»Nein, Mann, ich bin sauber wie nur was, verdammt.«

»Okay, ich mache dir ein Angebot«, sagte ich. »Von hier nach Kansas City sind's rund dreihundert Meilen. Hin und zurück macht das einen ganzen Tag und drei Tankfüllungen Benzin. Wenn ich also komme, will ich nicht meine Zeit verschwenden, kapiert?«

»Klar.«

»Wieviel kriegst du? Ohne Scheiß.«

»Na ja, nur fünfzig Riesen. Ich mach's billig, um eine Chance gegen diesen *maiate* Big Willie zu kriegen.« Ein *maiate* ist ein schwarzer Käfer, der im Dreck lebt, und im Sprachgebrauch einiger Mexikaner ein Schwarzer. »Ich werde diesen schwarzen Arsch mit Leichtigkeit aufs Kreuz legen.«

Nur fünfzigtausend, ich glaubte Hoolie kein Wort, nicht mit seinem Namen auf dem Programm. Aber wenn ein Riese für mich rausprang, konnte ich die Farbe kaufen, die ich brauchte, um die Häuser meines Bruders anzustreichen.

»Ich werde kommen«, sage ich. »Aber erst mal schickst du mir per Expreß den Hunderter, den du mir schuldest. Wenn ich die Piepen morgen früh nicht habe, kannst du's vergessen.

Wenn ich in Kansas City bin, bekomme ich meine Tausend sofort, die üblichen zwei Prozent. Oder ich mache auf dem Absatz kehrt.«

»Alles klar, Mann.«

»Wann ist der Kampf?«

»Samstag in einer Woche. Wir fliegen übermorgen runter.«

»Wann soll ich dasein?«

»Der Promoter meint, zwei Tage vor dem Kampf, damit du deine Lizenz bekommst und so. Ich hab ein Zimmer auf deinen Namen gebucht. Deine Essensmarken liegen am Empfang bereit.«

»Ich will da nicht so lange rumhängen, ich werde einen Tag vorher kommen. Ich hab schon eine Lizenz für Missouri von einem Kampf neulich in Saint Louis.«

Er gab mir Namen und Adresse des Kasinos, ich ihm die Nummer meines Postfachs, und wir waren uns einig. Die hundert Dollar kamen erst nach drei Tagen an, weil ich weit außerhalb wohne. Ich löste Hoolies Zahlungsanweisung ein und fuhr zu Gaston's am White River, um Wels, Maisbrot und Nußkuchen zu essen.

Am Tag vor dem Kampf war ich um sechs Uhr früh auf dem Highway Nr. 5, der von Gainesville, Missouri, nördlich nach Mansfield führt. In der Nacht hatte es geschneit, und die im Frost erstarrte Landschaft vor dem Ozark Plateau leuchtete im gleißenden Licht der Morgendämmerung. Vor der Abzweigung nach Almartha sah ich, wie ein Hirsch und drei Rehe unter einer Reihe Zedern davonsprangen und dabei den Schnee hinter sich wie Nebelgewölk aufwirbelten. Westlich von Mansfield erreichte ich das Gebiet der Amish mit seinen sanften Hügeln. Auf der 60, einem vierspurigen Highway, wurden Einspänner von schwarzen Pferden gezogen, auf denen bärtige, schwarz gekleidete Männer mit weitkrempigen Hüten saßen. Ich durchquerte Springfield, und weiter ging's auf der 13 über den Harry-S.-Truman-Damm nach Clinton. Über die 7 gelangte ich nach Harrisonville. Die 71 führte zur 435 und die geradewegs ins tosende, rußgeschwärzte Kansas City.

Der Verkehr hatte den Schnee auf dem Highway zum Schmelzen gebracht, lange bevor ich Springfield erreichte, doch säumten schmutzigweiße Verwehungen den größten Teil der Straße in Richtung Norden. Hinter Springfield und Humansville stößt man in Collins, Missouri, auf eine Reihe Tankstellen und eine winzige Klitsche, die sich Amy Jane's Café nennt. Auf Amy Jane's Ladenschild steht: *Hausgemachte Mahlzeiten und Konditoreiwaren.* Mit Magenknurren lenkte ich meinen 64er Chevy Pickup auf den Parkplatz. Drinnen wurde ich wie ein alter Bekannter begrüßt. Oben an der Wand hing eine Tafel, auf der per Hand die verschiedenen Kuchen aufgelistet waren. Sechzehn Geschmacksrichtungen, alles von Kokosnußcreme bis Heidelbeere. Ich aß zwei Stücke leckeren Zitronenkuchen zu meinem Kaffee. Die meisten Kunden waren alte Männer und ihre Kumpel, daneben Lastwagenfahrer und Familien. Alle aßen Kuchen.

Kuchen und Radio, das war bei uns die Familienunterhaltung während der großen Depression. Sogar noch nach dem Zweiten Weltkrieg, als noch nicht alle einen Fernseher hatten. Ich pickte mit der Gabel die Krümel auf, lehnte mich zurück und ließ die Gedanken in die Vergangenheit schweifen. Das mache ich immer öfter. Plötzlich sehne ich mich nach Leuten, die ich noch nie vermißt habe, und Kindheitserinnerungen tauchen auf, so frisch, als sei's gestern gewesen.

Nachdem ich in Kansas City zweimal die falsche Ausfahrt genommen hatte, kam ich um halb vier am Kasino an. Am Empfang sagten sie mir, daß die Boxer am Mittag gewogen worden waren und daß Hoolies Kampf um elf Uhr am folgenden Abend stattfände. Ich erfuhr von anderer Seite, daß Big Willie drei Pfund Übergewicht hatte und sie in der Sauna loswerden mußte. Drei Pfund sind im Federgewicht eine glatte Tonne. Es stand gut für Hoolie.

Nachdem ich meine Sachen aufs Zimmer gebracht hatte, ging ich zum Buffet, wo es unter anderem frisch zubereitetes chinesisches Essen gab. Seit L. A. hatte ich kein ordentliches chinesisches Essen mehr gehabt. In Springfield und Branson und da unten in Mountain Home, Arkansas, war's der reinste

Schweinefraß gewesen. Das Zeug in dem Kasino war erstklassig, und ich langte kräftig zu. Heute würde ich nichts mehr essen. Nach beendeter Mahlzeit ging ich geradewegs auf Hoolies Zimmer und verlangte meinen Tausender. Er spielte Domino mit Policarpo Villa, einem Drecksack von Trainer aus Los Angeles, der jeden Grünschnabel in einen aussichtslosen Kampf schickte und ihn nach seiner Niederlage fallenließ. Indem er die Karrieren seiner eigenen Jungs ruinierte, half er anderen Managern, den Ruf ihrer Boxer aufzubauen, und heimste jedesmal, wenn er jemanden verheizte, unter der Hand so manches Scheinchen ein. Er trug einen Seehundschnauzer, um seine schlechten Zähne zu verdecken, und drinnen wie draußen hatte er einen weißen Stetson auf. Es zeigte sich, daß Policarpo Hoolies neuer Trainer und Manager in Personalunion war. Auf diese Weise sparte Hoolie die zehn Prozent, die er Ike hätte zahlen müssen, da ein Manager-Trainer nur dreiunddreißig Prozent des Preisgelds erhält. Ike bekam keinen Pfifferling.

Da Hoolie meine Forderung mit Schweigen beantwortete und seelenruhig weiter Domino spielte, fing ich an, seine Steinchen umzukippen, so daß Policarpo seine Zahlen sehen konnte.

»Hey! Was soll das, Mann! Ich wollte ihm grad zeigen, was 'ne Harke ist!«

»Wir haben eine Abmachung, oder?«

»Ich spiele Domino, ich denke nach, Mann, ich hab 'nen Zehner im Topf!«

»Hast du mein Geld?«

»Ich hatte vor, dich von meinem Trainingsgeld zu bezahlen, aber ich mußte hier mehr für Sparringpartner ausgeben, als ich dachte, du weißt ja, wie's so läuft.«

»Wir haben eine Abmachung, oder?«

»Ja doch. Ich kann aber im Moment nur dreihundert locker machen. Die Sparringpartner hier haben mir das letzte Hemd ausgezogen, Mann, Ehrenwort, aber du kriegst den Rest gleich nach dem Kampf, wenn mich der Promoter auszahlt, ich versprech's dir.«

»Tu dir einen Gefallen. Streich meinen Namen aus deinem Adreßbuch«, sagte ich und ging zur Tür.

»Jetzt mach mal langsam, verdammt noch mal! Sei doch mal flexibel.«

Policarpo sagte: »Scheiß drauf. Ich mach den Sekundanten, spart uns beiden Geld.«

Ich lachte ihm ins Gesicht. »Du willst die Verletzungen von *diesem* Typen behandeln und ihm in der Ecke die richtigen Anweisungen geben in der einen Minute, die dir zur Verfügung steht, ach ja? Hast du ein Köfferchen mit allem Drum und Dran? Hast du den ganzen Mist? Hast du Adrenalin dabei? In Missouri ist es anders als in Kalifornien, hier muß man für Adrenalin ein Rezept haben. Und viel Vergnügen bei der Suche nach einer Drogerie, die das Zeug führt. Er ist ein Bluter, ist dir das schon aufgefallen? Nur zu, soll er doch den Scheißkampf wegen dir verlieren, interessiert mich einen feuchten Dreck. Ich bleibe nur da, um zuzuschauen, wie der Saftarsch blutet.«

»Immer mit der Ruhe, ganz cool«, sagte Hoolie. Er wandte sich an Policarpo. »Wieviel hast du dabei?«

»Zweihundert, das ist alles.«

Hoolie zählte seine dreihundert ab, und Policarpo legte weitere zweihundert drauf. »Hier«, sagte Hoolie. »Nimm's, Kumpel, kein Scheiß, Mann, mehr haben wir bis zum Kampf nicht. Und jetzt hör auf, okay? Wir machen noch großes Geld zusammen, du und ich, Ehrenwort.«

»Gib mir einen Schuldschein für die fünfhundert, die noch fehlen«, sagte ich und nahm die Scheine an mich. »Wenn du mich übers Ohr haust, gehe ich zur Kommission.«

»Hey, du schreibst ihn, ich unterschreib ihn, so sehr respektiere ich dich, Kumpel.«

Gesagt, getan. Ich machte mich auf, und er fragte: »Wann sehe ich dich?« – ganz demütig und klein und scheißfreundlich. »Wir müssen uns vor dem Kampf treffen, damit ich weiß, daß du nicht verduftest, stimmt's?«

»Willst du deine blöden fünfhundert zurück?«

»Ich trau dir, mein Freund, hab's nicht so gemeint.«

»Dein Kampf geht um elf los. Ich werde um neun in deiner Kabine sein.«

»Hey, Kumpel, nimm's mir nicht übel, okay?«

»Warum sollte ich.«

Am folgenden Tag schlief ich aus und machte einen Spaziergang am Missouri. Das Wasser war schlammig und trüb, und Schaumfetzen hingen im Unkraut an dem schneebedeckten Ufer. Das war der Fluß, den Lewis und Clark bei ihrer Expedition gewählt hatten, um einen Zugang zum Pazifik zu finden. Bei der Tour wäre ich gerne dabeigewesen. Vor weniger als zweihundert Jahren war das hier alles noch unerforschtes Indianerland. Ich fragte mich, welche krumme Tour Hoolie vorhatte.

Ich hatte kaum was gefrühstückt, und die kalte Luft machte mich hungrig. Ich ging noch einmal chinesisch essen. Dieselbe Serviererin wies mir denselben Tisch an. Das Lokal war nicht voll, und ich merkte erst jetzt, daß die Tische in kleinen Nischen standen, die durch spanische Wände voneinander getrennt waren. Als ich vom Buffet zu meinem Tisch zurückkehrte, sah ich Hoolie und Policarpo über heißen Tee gebeugt an meinem Nachbartisch sitzen. Ich ging außen herum. Sie hatten mich nicht gesehen, und als ich Platz nahm, hörte ich, daß sie sich auf spanisch unterhielten. Ich hatte ihnen nichts zu sagen. Ich würde die Verletzungen behandeln, mein Geld einstecken, nach Hause fahren und mit dem Anstreichen anfangen. Ich hätte mich in den Arsch treten können, daß ich überhaupt gekommen war, aber da ich nun schon mal da war, würde ich meine zweite Rate über fünfhundert bekommen. So waren die Spielregeln.

Hungrig wie ich war, schenkte ich ihnen zunächst keinerlei Aufmerksamkeit. Als ich hörte, wie sie Millionen-Dollar-Kämpfe ausheckten, mußte ich schmunzeln. Dann bekam ich etwas von einem Kampf für zweihunderttausend Dollar mit und kapierte, daß sie über den Kampf gegen Big Willie Little sprachen. Ich drehte meine beiden Hörhilfen voll auf.

»Ich weiß, daß sie Steuern abziehen, aber ich hab keine

Ahnung, was wir mit dem Rest von den zweihunderttausend machen sollen«, sagte Hoolie. »Der Promoter sagte, wir könnten seinen Scheck hier einlösen, wenn wir wollen, aber was dann? Ich meine, wir wollen die Knete nicht nach L. A. mitnehmen, oder?«

»Zwei Möglichkeiten«, sagte Policarpo. »Erstens, wir können dem Promoter trauen und seinen Scheck in L. A. einlösen. Aber was, wenn der Scheck platzt? Ich würde ihn hier einlösen, sicher ist sicher. Dann beauftragst du das Kasino, das Geld auf Banken in L. A. zu überweisen, ein Drittel für mich, zwei Drittel für dich.«

»Wieviel haben wir noch von dem Trainingsgeld?« fragte Hoolie.

»Ungefähr dreieinhalbtausend. Tausend für mich und zweitausend für dich, wenn der Sekundant seine fünfhundert gekriegt hat.«

»Der Sekundant kann sich's in den Hintern schieben«, sagte Hoolie, »als Dank dafür, daß er mich so gedrängelt hat.«

»Er wird stinksauer sein, *raza*.«

»*Son cosas de la vida* – so ist das Leben.«

»Kommen wir damit durch?«

»Was kann dieses irische Arschloch schon machen?«

»Du hast unterschrieben.«

»Ich habe mit Julio Cercenar Bauzá und nicht mit Julio César Garza unterschrieben.« Sie lachten über das Wort, *cercenar* – stutzen, reduzieren. »Der blöde alte Sack hat's nicht gemerkt.«

Das stimmte. Wegen Hoolies Klaue mit den ausladenden Kringeln war mir die Namensänderung entgangen.

»Was ist, wenn er sagt, daß du mit falschem Namen unterschrieben hast?« fragte Policarpo.

»Dann sage ich, daß ich überhaupt nichts unterschrieben habe. Er hat doch den Schuldschein geschrieben, nicht ich, stimmt's?«

»Laß uns das Geld teilen, ein Drittel, zwei Drittel, einverstanden?«

»Nein«, sagte Hoolie, »halbe-halbe. Wenn ich den Nigger

in den Arsch getreten habe, kaufen wir uns eine schwarze Muschi auf Kosten des alten Trottels, he?«

Als sie darauf einschlugen, sahen sie mich. Ich schaute in die andere Richtung und wich ihren Blicken aus.

»Hey, Mann«, sagte Hoolie durch die Trennwand, »wie lange bist du denn schon hier?«

»Ein paar Minuten«, sagte ich und schaufelte mir Reis mit den Stäbchen rein. »Was gibt's?«

»Wir vertreten uns jetzt ein wenig die Beine, ist ja nicht allzu kalt, und dann gönne ich mir vielleicht eine kleine Siesta«, sagte Hoolie, als er und Policarpo um die spanische Wand herumkamen. »Warum hast du uns denn nicht begrüßt, Mann?«

»Ich hab gegessen. Hab euch nicht gesehen.«

»Yeah, wir haben dich auch nicht gesehen.«

Sie standen da, während ich weiteraß.

Policarpo fragte: »Du kannst doch kein Spanisch, oder?«

Hoolies Augen wanderten zwischen Policarpo und mir hin und her.

Ich zuckte die Schultern, ohne meine Mahlzeit zu unterbrechen. »Ungefähr soviel wie die anderen kalifornischen Gringos auch«, sagte ich. »*Cerveza* und *puta* und *cuánto* – Bier und Nutte und wieviel.«

Sie lachten und zogen befriedigt ab. Ich holte mir einen Nachschlag, ließ mir Zeit und hatte daran zu kauen, daß mir viertausend Dollar zustanden, nicht tausend. Wie überall im Hotel hingen auch im Restaurant Plakate von Hoolie und Big Willie. Big Willie würde am Abend zum vierten Mal seinen Titel verteidigen, bei seinem letzten Kampf hatte er nicht gut ausgesehen. Bedachte man sein Übergewicht und Hoolies Schnelligkeit und Talent, konnte man sich ausrechnen, daß Big Willie seinen Titel verlieren würde. Aber er war ein zäher, kleiner Bursche, der sich gern damit brüstete, Champ zu sein, und wenn er unter Druck stand, konnte er fies werden. Sein Rücken, die Schultern und das Genick waren stark ausgebildet, und er konnte zuschlagen, selbst wenn er müde war. Zudem war Señor Julio Cercenar Bauzá bekanntlich ein Bluter.

Als weit und breit niemand zu sehen war, der mit dem Kampf zu tun hatte, ging ich ins Kasino und sah nach, wie die Wetten standen. Drei zu eins gegen Big Willie, wegen seines Übergewichts. Darauf ging ich zum nächsten Geldautomaten und versorgte mich mit Geld von drei verschiedenen Banken.

Ich hielt nach jemandem Ausschau, der keine Ahnung hatte, wer ich war. Da waren Landeier und Motorradfahrer und Collegeschüler. Da waren Studentinnen und Telefonistinnen und Wohlfahrtsempfängerinnen. Alte und junge Leute. Sportliche Typen, Spießer, Besoffene und Junkies. Alles nichts für mich, also wartete ich.

Ich geriet an eine thailändische Nutte mit gekräuseltem Haar, die nur Haut und Knochen war, keinen Hintern hatte. Sie war vielleicht dreißig, sah aber wie fünfzig aus. Niemand beachtete sie, niemand schenkte ihr einen freundlichen Blick. Ich fragte mich, wie sie auch nur einen Penny verdienen, geschweige denn ihre Miete bezahlen konnte. Ich weiß nicht, ob sie cracksüchtig war oder Aids hatte, aber offensichtlich hatte sie eine schlimme Nacht hinter sich. Sie hielt mich für so'nen alten Macker, der sie befummeln, aber nicht bumsen wollte. Ich sagte ihr, was ich wollte und daß ich zweihundert zahlen würde. Ich sagte ihr, daß ich ihr auf den Fersen bleiben und sie niederstechen würde, wenn sie mit meinem Geld abhauen sollte. Sie verstand. Ich steckte ihr ein Kuvert mit fünfzehn Hundertdollarscheinen zu und wies sie an, für mich im Wettbüro alles auf Big Willie Little zu setzen. Gewann ich die Wette, ging ich mit leicht verdienten viereinhalbtausend Dollar nach Hause. Danach folgte ich ihr in eine Spielhalle. Sie gab mir meinen Beleg über fünfzehnhundert Dollar, und ich gab ihr vier Fünfziger. Sie steckte sie in ihren BH.

Sie sagte: »Du nix mehr wolln? Nix einen blasn? Ich gut.«

Ich gab dem armen Ding noch einen Hunderter und sagte ihr, sie solle heimgehen. Sie warf mir einen Blick zu und belohnte mich mit einem knappen Lächeln, vielleicht ihrem ersten seit einem Jahr, vielleicht ihrem letzten für immer.

In meinem Zimmer öffnete ich wie immer meinen Aluminiumkoffer und breitete den Inhalt aus, um sicherzugehen, daß ich alles dabei hatte. Aber statt nach einer neuen Adrenalinflasche zu greifen, holte ich aus einer Seitentasche eine zwei Jahre alte Flasche mit längst überschrittenem Verfallsdatum hervor. Ich markierte den Deckel mit einem Stück Klebeband, um Verwechslungen auszuschließen. Nachdem ich das dünne metallene Verschlußsiegel abgezogen und etwas von dem alten Zeug auf ein Papiertuch geschüttet hatte, sah ich, daß es von einem hellen Pißgelb war. Wie gewöhnlich mischte ich einen Vorrat frischen Balsam aus Vaseline und Adrenalin zurecht. Er roch normal, doch ich hatte nicht das wasserklare, sondern das pißgelbe Zeug verwendet. Auf die Farbe der Salbe hatte das keine Auswirkung. Als ich mit dem Balsam fertig war, verdünnte ich die restliche alte Lösung mit Wasser, um die Farbe aufzuhellen. Im Licht der Ringscheinwerfer würde niemand etwas merken, zumal der Geruch noch völlig in Ordnung war.

Obwohl ich kein Trainer mehr bin, sehe ich mir vor einem Kampf immer den Ring an. Ich schreite ihn aus und teste, wie fest oder locker die Seile sind. Ich überprüfe die Federung des Bodens, ob er schnell oder langsam ist. Ich kontrolliere, wie stabil und hoch die Stufen zum Ring sind und wieviel Platz vor den Seilen am Ring ist. Diesmal kontrollierte ich nichts.

Es war ein Zwölf-Runden-Kampf, und er fing pünktlich an. Die ersten beiden Runden gingen für Hoolie und Big Willie punktgleich aus, aber in der dritten und vierten drehte Hoolie auf. In der fünften ging jeder einmal zu Boden, ohne nennenswerten Schaden genommen zu haben. Hoolie hatte sich vorgenommen, Big Willie aus der Distanz anzugehen, ihn auf Armeslänge zu halten, aber Big Willie war ein Bulle und machte ihm einen Strich durch die Rechnung. Hoolie mußte nach Big Willies Pfeife tanzen. Die fünfte war ein Unentschieden, doch nach beendeter Runde kehrte Hoolie mit einer kleinen Platzwunde auf seinem linken Augenlid zurück. Ich stieg schnell in den Ring und trug gerade soviel Adrenalin auf, daß das Blut für kurze Zeit gestillt war. Ich benutzte auch den Schwindelbalsam, was sicherstellte, daß es in der Wunde nicht zu einer dauerhaften Gerinnung kam.

Hoolie entschied ohne Schwierigkeiten die sechste für sich. Gegen Ende der Runde konterte Big Willie, bearbeitete Hoolies Gesicht mit zwei kräftigen Links-rechts-Kombinationen, wobei die zweite noch heftiger war als die erste. Plötzlich klaffte über Hoolies rechtem Auge eine tiefe Platzwunde und die auf dem Lid war weit geöffnet. Der Ringrichter unterbrach den Kampf, besah sich die Verletzungen, ließ dann aber weiterboxen. Beim Gongschlag war Hoolie blind vor Blut und rieb sich die Augen, um etwas sehen zu können. Sobald er in der Ecke war, drückte ich die Wunden mit beiden Daumen aus und reinigte sie mit sterilisiertem Mull. Nachdem die Wunden sauber waren, trug ich mein verfallenes Piß-adrenalin auf und drückte wieder zu.

Hoolie sagte:»Du kriegst das doch hin für mich, Kumpel?«

»Keine Sorge, Mann.«

»Du bist der Beste.«

Da ich die Wunden ordentlich ausgewaschen und ausgepreßt hatte und der Schwindelbalsam zunächst wirkte, war das Problem scheinbar gelöst. Policarpo und die anderen Männer in der Ecke waren so damit beschäftigt, Hoolie mit Anweisungen vollzuquatschen, daß ich grüne Farbe hätte benutzen können, ohne ihre Aufmerksamkeit zu erregen.

Der Gong zur siebten Runde ertönte. Big Willie und Hoolie kämpften wie die Irren, jeder wendete und drehte und duckte sich mit wieselflinken Bewegungen, keiner wich zurück. Jeder von ihnen wollte den Titel und schlug gnadenlos zu. Beide waren mit Hoolies Blut vollgespritzt. Ihre Köpfe knallten zurück, die Rippen krachten, als beide ihre volle Kraft einsetzten. Big Willie mußte einen kurzen Knockdown einstecken, war aber wieder auf den Beinen, noch ehe er bis drei ausgezählt worden war. Während er die obligatorische Auszählung bis acht über sich ergehen ließ, fixierte er Hoolie wie eine Schlange das Kaninchen. Der Ringrichter forderte die Boxer mit einer Armbewegung auf weiterzumachen. Big Willie kam vor und servierte eine Links-rechts-Kombination, eine zweite Linke knallte vor, als wäre sie von einer Sprungfeder ausgelöst worden. Den meisten Weltergewichtlern hätte das den Rest gegeben, aber Hoolie umklammerte Big Willie und hielt ihn fest.

Der Gong beendete die Runde, und ich säuberte die Wunden und drückte sie aus, was das Blut erst mal zum Stillstand brachte. Ich trug wieder vom Pißgelben auf.

»Ich dachte, du hättest es hingekriegt«, sagte Hoolie durch seine mitgenommenen Lippen.

»Hab ich auch«, sagte ich. »Aber du hast zu viele eingesteckt. Ganz cool. Kümmer dich einfach nicht drum.«

In der achten sah Big Willie erschöpft aus, dachte aber nicht daran aufzugeben. Er biß die Zähne zusammen und zielte konzentriert auf Hoolies Verletzungen. Hoolies Augen füllten sich mit Blut, bis er nahezu blind zuschlug und ständig getroffen wurde, egal wie er sich zu decken suchte. Die Leute am Ring schirmten sich vor dem spritzenden Blut ab. Big Willie sah das offene Fleisch, und sein Herz hüpfte, als das Adrenalin in ihm pochte. Durch Hoolies wild fuchtelnde Schläge zielend, landete er seine Fäuste ein ums andere Mal auf Hoolies blutgetränkten Augen. Zwei neue Platzwunden rissen Hoolies Augenbrauen auf. Zwar waren keine Adern durchschlagen, doch das Blut floß in Strömen, und die Fans schrien dem Ringrichter zu, er solle abbrechen. Er unterbrach den Kampf und winkte den Ringarzt herbei, der den Kampf sofort abbrach.

Big Willie Little wurde zum Sieger und zum alten und neuen Champion im Federgewicht erklärt.

In der Ecke untersuchte der Arzt Hoolies Augen. Inzwischen hatte ich frisches Adrenalin benutzt, das das Blut sofort stillte. Die Wunden waren vier bis fünf Zentimeter lang, was für die Augenpartie ganz ordentlich ist. Aber wie gesagt, die Adern waren unverletzt, und mit dem richtigen Zeug in den Wunden hätte Hoolie die ganze Nacht kämpfen können. Da Big Willie früher oder später schlappgemacht hätte und ich das Blut leicht hätte stillen können, schätze ich, daß der neue Champ eigentlich Hoolie hätte heißen sollen. Wenn ich nicht gewesen wäre. *Son cosas de la* Scheiß*vida*.

Hoolies Leute rieben ihn in seiner Ecke mit Alkohol ab,

und der Arzt hatte drei der Platzwunden genäht, als der Promoter mit Hoolies Scheck reinkam. Er war ein großer, dicker Afrikaner aus Johannesburg mit Walroßschnauzer und gütigen, klugen Augen. Er schien mehr zu schweben als zu gehen.

»Wirklich schade, diese Verletzungen«, sagte er. »Ich dachte, Willie würde den Kürzeren ziehen.«

»Ich vermöbel Big Willie seinen dreckigen Arsch, und meine Augen verpatzen alles«, sagte Hoolie, der untröstlich über seine Niederlage war.

»Du hast einen der besten Sekundanten engagiert, die ich je gesehen habe. Behielt stets einen kühlen Kopf. Hab ihn beobachtet. Hat alles richtig gemacht.« Er nuckelte an seinem Schnauzer. »Was war das für eine Salbe in der kleinen Dose?«

Ich öffnete den Tiegel mit dem Pißbalsam. »Riechen Sie.«

»Ah, ja, so ist's richtig, Sie mischen das Adrenalin direkt in die Salbe, ja? Wirkt dann noch während der ganzen Runde, stimmt's?«

»Genau.«

»Ist schon Pech, daß Hoolie ein Bluter ist.«

»Kann man wohl sagen. Hören Sie«, sagte ich, »ich weiß, daß ich hier nichts verloren habe, aber ich fahre nicht mit den Jungs da nach L. A. zurück. Gibt es eine Möglichkeit, daß die den Scheck im Kasino einlösen, damit sie mich auszahlen können, ehe sie abdüsen?«

Der Promoter sah Hoolie an. Weder er noch Policarpo sagten etwas.

»Ich habe einen Schuldschein«, sagte ich.

Hoolie merkte, daß der Promoter argwöhnisch wurde. Er stellte sich dumm. »Aber wenn wir den Scheck mal eingelöst haben«, fragte er, »können wir das Geld doch nicht nach L. A. überweisen lassen, oder?«

»Aber natürlich. Wie ich bereits erklärt habe, können wir die Transaktion über das Kasino abwickeln.«

»Ach ja, jetzt fällt's mir wieder ein. Prima.«

Am Kassenschalter zählte Policarpo mein Geld auf englisch. »Einhundert, zweihundert, dreihundert, vierhundert, fünfhundert.«

Als er mir die Scheine gab, blickte ich zu Hoolie hinüber, dessen von Verbandszeug umrahmte Augen mir sagten, daß er mich nie wieder bitten würde, in seiner Ecke zu arbeiten. Ich mag's wirklich, wenn dir jemand sagt, daß er dich verarschen wird, weil du's dann nämlich nicht zuläßt, daß er dich verarscht.

Als ich die ersten beiden Scheine auf englisch nachzählte, beschloß ich, Hoolie dumm aussehen zu lassen. Ohne Übergang fiel ich in den Singsang des mexikanischen Straßenspanisch. »*Trescientos, cuatrocientos, quinientos. Correcto, mano* – dreihundert, vierhundert, fünfhundert. Stimmt, mein Bruder.«

Hoolie fiel unser Gespräch in dem Lokal ein. »Du kannst doch kein Spanisch, oder?«

Jetzt verfiel ich in ein gutturales Altmännerkastilanisch. »*Pues, coño*, aber nur wenn es zu meinem Vorteil ist.« *Pues, coño* – damit hatte ich die Scheißkerle am Wickel.

Hoolie blinzelte sechsmal. Policarpos Kiefer klappte nach unten. Zum ersten Mal sah ich Angst in Hoolies Augen. *Habe ich ihn beschissen oder nicht?* schrien die Augen.

Ich ließ ihn stehen. Ich duschte und packte, und um zwei Uhr morgens ging ich runter ins Kasino. Die letzten Boxer machten sich auf den Weg. Ich verplemperte einen Fünfziger an den Spielautomaten, um die Zeit totzuschlagen. Ich wußte, daß sich Ike den Kampf angesehen hatte und keinen Zweifel hegte, daß etwas vorgefallen war. Wir würden nie ein Wort darüber verlieren. Ich wartete bis drei Uhr, dann kassierte ich meinen Gewinn plus der fünfzehnhundert des Einsatzes. Ich schlief ein paar Stunden, trank drei Tassen Kaffee in der Imbißstube, und reiste dann ab.

Es war Viertel nach sieben, als ich die alte Karre in den Verkehr schleuste. Eine Zeitlang hörte ich Nachrichten, dann wechselte ich zu einem Jazzsender, der Jackie McLean spielte. Ich fuhr denselben Weg zurück, den ich gekommen war. Es hatte wieder geschneit. Die hügelige Landschaft sah aus wie eine Weihnachtskarte von früher.

In Collins hielt ich bei Amy Jane's an. Kuchenduft lag in

der Luft. Ein netter alter Typ hatte den Kampf gesehen und erkannte mich.

»Hast gestern abend 'ne gute Figur im Fernsehen gemacht, Kamerad. Pech mit deinem Jungen, zäher Bursche das.«

»Ganz zäh.«

Ich bestellte zwei Stücke Zitronenkuchen zu meinem Kaffee, und dann sah ich mich plötzlich auf dem Sofa neben meinem Vater. Er hielt das Ohr an unser neues Radio, so ein schniekes Ding mit magischem Auge. Es war der 18. Juni 1941 im Polo Grounds. Irish Billy Conn, der ehemalige Meister im Leichtschwergewicht, lag nach zwölf Runden gegen Joe Louis, den Weltmeister im Schwergewicht, vorn. Louis war gut zwanzig Pfund schwerer als Conn. In der dreizehnten Runde ging Billy aufs Ganze und versuchte, Joe Louis, den schlagkräftigsten aller Boxer, k. o. zu schlagen. Der Braune Bomber hatte gleich zu Anfang eine Verletzung abgekriegt, und mein Vater brüllte auf gälisch ins Radio, doch Louis mobilisierte plötzlich seine letzten Kräfte und schlug Conn acht Sekunden vor Schluß der dreizehnten Runde k. o.

Als Conn ausgezählt war, konnte ich sehen, wie etwas in meinem Vater starb. Als er so dasaß, sein rotes Gesicht in seinen Ölbohrerhänden verborgen, stellte meine Mutter das Radio ab. Nach dem Kampf sollten wir Zitronenbaiserkuchen essen, Vaters Lieblingskuchen. Ich brachte mit Mühe ein kleines Stück runter, nicht aber mein Vater, obwohl er's versuchte. An diesem Abend verließ Vater der Lebensmut.

Ich trank meinen Kaffee aus und zahlte.

»Sie haben Ihren Kuchen nicht aufgegessen«, sagte die Kellnerin.

»Hab keinen Appetit.«

Ich spielte mit dem Löffel herum, blieb sitzen, starrte auf meine Knie. Ich zählte meine Schlüssel nach. Und dann kramte ich eine El Rey Del Mundo Robusto Suprema hervor, eine handgedrehte Zigarre aus Honduras, die in weißes Seidenpapier eingewickelt war. Ich würde diesen würzigen Stengel anzünden und ihn gut anderthalb Stunden auf dem

Highway rauchen und dann noch ein Weilchen auf ihm rum-
kauen.

Als ich schließlich zum Tresen ging, hatte ich wieder Appetit. Mit einem Lächeln bat ich die Kellnerin herbei und bestellte Kaffee und ein Sandwich mit gebratener Schweine-
lende und Pickles und Chips, alles zum Mitnehmen. Sie
wußte nicht, wie ihr geschah. Und Kuchen. Zwei Stachelbeer
und zwei Rhabarber. Und zwei Zitrone noch dazu. Ich mag
Obstkuchen.

SCHWARZER JUDE

Haben uns gebracht nach Atlantic City, um zu boxen als Herausforderer. Herausforderer in ein Kampf heißt der, wo alle erwarten, daß verliert. Promoter wählt Herausforderer für sein Typ, wo er glaubt, gut genug, Champion zu werden. Und Herausforderer soll helfen, ihm gute Ruf aufbauen. Typ von Promoter muß Anwärter werden, dann kriegen viel Preisgeld und vielleicht Titelkampf. Wenn gewinnt Titel, noch mehr Geld und Promoter groß rauskommt. Wenn alles laufen nach Plan, Promoter kassieren größte Teil von Geld, frag Don King, Bob Arum, Duvas. Immer gleiche Lied bei Boxen.

Aber gibt Promoter, die nix so schlecht. So ist Leben bei Boxen. Alle nur kucken auf Geld, sie auch aufpassen müssen. Ist früher passiert, daß Promoter schickt Boxer Flugticket und Boxer tauschen in Reisebüro Ticket gegen Geld und nix kommen zu Kampf. Jetzt Promoter nur Ticket schicken, wo nix umtauschen können. Auch Boxer manchmal Windhunde. Aber ist gut, wenn du Boxer und hast Promoter, der mit dir arbeiten. Promoter immer versucht, daß seine Typ macht Karriere, und aufpassen, daß Gegner nix zu gut. Problem in Atlantic City, daß wir Herausforderer sein. Im Kasino sie sagen, Wetten 9 zu 5 gegen uns, weil Dashiki Jones gut im Austeilen, hat Joe Frazier zusammengeschlagen wie kleine Kind. Aber Mann von Wettbüro nix wissen, daß wir gekommen zu gewinnen.

Ich heiß Earl Jeter, aber Freunde mich nennen Jeet. Meine Junge Reggie Love geht nach Atlantic City wegen Ausscheidungskampf mit Adolf Dashiki Jones. Lager von Dashiki denken, Reggie am Ende, sonst sie hätten Kampf nix zugestimmt. Kampf ist wichtig, weil Gewinner antritt gegen Cuba Kid Babaloo für USBA-Titel in Supermittelgewicht. *USBA (United States Boxing Association, A. d. Ü.)* nix bedeutende Gürtel und nix große Geld, aber du gewinnen USBA, du automatisch aufsteigen. Wenn Reggie gewinnen, er wieder kämpfen. Wenn eine Manager mit richtige Promoter arbeiten, Reggie kriegt Chance, an große Geld zu kommen, und Reggie wollen große Geld. Ich und Pats auch wollen. Aber von Anfang an für uns nix gut aussehen mit Harvey Silvershade Promotions.

Erste verdächtige Sache, sie fliegen mich und Reggie von L. A. nach Newark, und wir ankommen zwei Uhr Nachmittag. Aber Pats erst um sechs Uhr da und mit andere Fluggesellschaft. Promoter sagen, nix möglich, uns alle in selbe Flugzeug stecken, aber haben Kampf schon gebucht vor zwei Monate.

Pats sagen gleich: »Paß auf, Jackie, die denken, wir erstes Mal in Puff.«

Pats sein der Sekundant, Pats Moran, er mit mir arbeiten, seit ich noch selber boxen. Er sagen, ich so fest zugeschlagen, daß ich eigentlich in Gefängnis müssen. Pats lustiger Vogel, nennt alle Leute Jackie. Er wissen, was gespielt wird. Hat mit viele Champions gearbeitet, viel Geld gemacht. Wenn Pats in deine Ecke, du mußt keine Sorgen machen, hat alles, was du brauchen. Pats und ich gut zusammen, nur ich und er arbeiten in Ecke. Ich und Manager von Reggie mögen Pats dabei haben, weil Pats können reden, hat Sache in Griff, wenn Situation schwierig. Ich und Pats schon waren mit Reggie, bevor er Profi, schon seit er zweiundzwanzig. Reggie werden fünfunddreißig in Atlantic City ein Tag nach Kampf, Valentinstag, Tag, an dem er geboren, und Tag, für den ihm seine Mama Namen gegeben: Reggie Valentine Love. Leute sagen, Reggie zu alt, soll aufhören. Aber Reggie ist clevere Kämpfer, nie geschlagen geben, und noch viel schnell. Reggie spitze.

Vier Stunden nachdem Pats in Newark, wir sitzen noch eine Stunde in Flughafen, bevor Fahrer von Promoter auftaucht. Und dann noch dauern drei Stunden, bis wir kommen zu Hotel, weil jetzt zu schneien anfangen. War lange Tag. War Dienstag, und wir kämpfen Freitag. Nur wenig Zeit zu trainieren in Gym und ausruhen an Tag vor Kampf.

Wir gehen zu Claridge Hotel, wo Kampf stattfinden, und

an Empfang schöne Mädchen mit braune Haut sagen, wir nix auf Gästeliste.

Ich sagen: »Müssen drauf sein. Wir Hauptattraktion.«

Sie gehen nach hinten, kommen zurück mit Umschlag mit unsere Namen. Brief drinnen sagen, wir wohnen weiter oben auf Straße in Roto-Rooter Motel, was Claridge benutzen, wenn zu viele Gäste. Brief sagen, wir essen in Kantine für Angestellte, nix in normale Hotelgaststätte. Gibt uns gelbe Schein für Essen.

Reggie sagen: »So ein Miststück!«

Wir bringen Zeug in Motel rüber, und in Pats Zimmer Heizung kaputt. In unsere Zimmer TV kaputt. Sollen wir Wand anschauen, wenn wir auf Bett liegen und auf Kampf warten? Die spinnen.

Wenn du kämpfen in Hotel, Promoter muß geben Gutscheine für normale Lokal, wo Leute essen mit wenig Geld. Nie schlecht und manchmal so viel gut, du mußt aufpassen, daß dein Boxer nix werden zu schwer. Aber jetzt wir müssen in schmutzige Transportaufzug zu Kantine für Angestellte, und alles da drinnen alt und viel stinken. Alles fettig, und Dampf kommen aus Küche. Hot dogs und vertrocknete Fisch und Hühnchen von viele Braten ganz schwarz. Kalte Schweinkotelett nur Knochen und Fett.

Wir gehen mit Tablett zu Tisch, Pats sagen: »Jackie, das sein Gefängnisfraß.«

Reggie lachen und schieben Tablett fort. Er lieben Pats. Er sagen: »Nur noch fehlen ein Klappbett und wir in Gefängnis.«

Haben offen vierundzwanzig Stunden. Viele Leute da oben, wo arbeiten in Hotel. Weiße und schwarze Typen, Lateinamerikaner, Chinesen und Araber. Männer und Frauen. Sie wissen, wir Boxer, und wenn sie hören, wir Hauptattraktion, und sehen, wir sie mit Respekt behandeln, sie kommen rüber. Nette Leute. Alte irische Typen mit rote Nase erkennen Pats, und sofort sie fragen nach Tickets. Sprechen in irische Tonfall, und Pats fangen auch so an.

Pats sagen: »Ich sie euch ja sofort schenken würden, Freunde, wenn sie uns welche hätten gegeben, aber bei diese Scheißepromotion wir nix kriegen. Ich nix wollen an deine Essen schimpfen, Jackie, aber ich muß füttern eine Boxer, und diese Fraß von Gefängnis viel schlecht.«

Du recht haben, sagen Leute, das Gefängnisfraß hier, ihr sollen erste Klass behandelt werden, weil ihr Hauptattraktion. Leute lieben Boxer, alle Sorte von Leute lieben Boxer, reich und arm. Die hier so nett, sie machen Tisch sauber, werfen Reste weg. Ist alles Reste, weil wir nix essen davon.

Nächste Morgen wir sehen normale Hotelgaststätte an. 5 Dollar 95 für Frühstück, 7 Dollar 95 für Mittag- und Abendessen. Dashiki und die Leute von sein Ecke da essen. Pats auf Teppich spucken. Wir finden Promoter in Zimmer, er als Büro benutzen. Keine Kleider in Wandschrank, keine Koffer in Zimmer. Kellner bringen Rührei auf Servierwagen, viel schön mit Zwiebel und Schinken und Tomate und Brötchen mit Frischkäse. Und geben Tee mit schöne Zitrone. Er sagen, wie froh er sein, wir kämpfen für Harvey Silvershade Promotions, sagen, ob wir was brauchen, sagen, wir ihn Harvey nennen sollen. Harvey hat lange Kopf mit Sommersprossen und eine dicke Arsch, Krawatte offen an Hals. Tragen Cowboystiefel, und blondes Haar ist gebunden in Pferdeschwanz. Mann ungefähr fünfzig Jahre alt.

Pats ihn unschuldig anlächeln und sagen: »Ah, Jackie, ist viel nett, daß du dir solche Sorgen machen. Nun, wir haben nix TV und nix Heizung, und warum wir überhaupt müssen in diese Scheißloch wohnen? Nix für ungut, Jackie.«

»Hey, hey«, Harvey sagen, »ich da nix machen kann. Ich bestellt dreiunddreißig Zimmer, aber Claridge ausgebucht, und von die dreiunddreißig Zimmern nur zehn reservieren können, mehr nix drin. Ganze Stadt ausgebucht an diese Scheißsamstag für Valentinsschätzchen.«

»Du mir sagen, Jackie, wo wohnen Dashiki?«

»Wohnen hier. War schon anderthalb Wochen in Stadt, deshalb ich konnte hier unterbringen. Seine Manager wohnen gegenüber in Hilton. Wenn nach mir gehen, ihr wohnen in feinste Hotel von Stadt, aber nix Zimmer frei, ihr mir glauben müssen. Ist diese Zimmer hier Luxus? Ihr selbst sehen, nix Luxus.«

Pats sagen: »Und wo Dashiki essen?«

»Nix wissen. Organisieren mein Assistent.«

»Dashiki und sein Ecke essen gerade unten in Gaststätte. Und warum wir wohnen drüben in diese Schweinestall, Jackie?«

»Hab gesagt, ich da nix machen kann. Möchten gerne machen, aber nix können. Ich bringen Scheiße mit Fernseher und Heizung in Ordnung. Sonst nix machen kann.«

»Du Promoter und kannst machen was wegen Scheißessen.«

»Was falsch mit Essen?«

»Essen ist Kacke. Nix für ungut, Jackie.«

»Das auch essen Angestellte von Hotel! Essen gut!«

»Nein, Jackie, Essen nix gut.«

»Claridge hat gegeben Garantie, daß Essen gut!«

»Wir wollen essen unten mit Dashiki.«

»Was falsch mit Kantinenessen?«

»Ist Fressen wie in Gefängnis, Jackie.«

»Fressen wie in Gefängnis! Ist Lüge! Alle dort essen!«

»Nix alle, Jackie, und wir auch nix da essen.«

»Kann nix machen. Essen schon alles bezahlt an Hotel. Wenn nix gut, geh zu Hotel beschweren.«

»Fressen wie in Gefängnis.«

»Nix Fressen wie in Gefängnis!«

»Dann du kommen rüber und essen mit uns, Jackie. Nix für ungut.«

»Muß jetzt machen Arbeit. Muß kriegen Essen für fünfzig Männer. Du wollen, ich alle füttern mit Löffel wie kleine Babys?«

»Wir Hälfte von Hauptattraktion, Jackie. Du wissen?«

»Gibt gute Hauptattraktionen und nix so gute Hauptattraktion«, er sagen. Seine Schultern auch sprechen. Sagen, er muß nix lassen auf Nase rumtanzen von abgewrackte alte Sekundant, wo Boxer haben, der bald mit Hirnerschütterung auf Rücken liegen und zu Lampen oben blinzeln.

Ich denken, Pats gleich zusammenschlagen diese Kerl, also ich ihn anfassen und Reggie zunicken, der kältere Augen haben wie Schwanz von tote Eskimo.

Pats sehen Reggies Augen, und wir beide erinnern Reggies Augen von Berlin. Pats mögen Augen von Reggie. Ich auch. Pats ganz nett Harvey zunicken und lächeln wie Freunde, aber sie nix schütteln Hände. Er sagen: »Danke, daß du uns helfen mit Probleme, Jackie. Weil wir Hauptattraktion, gleich gewußt, du uns helfen.«

»Immer gerne helfen.«

Im Aufzug Reggie sagen: »Jude glaubt, wir die Räuber, aber wir die Gendarme.«

Schon mal passiert, als wir gekämpft in Deutschland. Pats kommen da rüber drei Tage nach uns. Deutsche uns gesteckt in Flohhotel, wo stinkt nach Pisse und Bier. Pats sofort Krach schlagen, sagen, wir müssen gut schlafen, also Promoter steckt uns in erstklassige Hotel, wo Titelverteidiger wohnt, Typ mit blaue Augen und Muskeln wie Tarzan. Sein Bruder hat lange blonde Mähne, und er sagen, sie nix kämpfen gegen uns, wenn wir wohnen in selbe Hotel. Promoter schafft uns zu dritte Platz, so eine Hotel für Studenten und Vertreter. Ist sauber, und Essen ist anders als zu Haus, aber wir essen können. Reggies Augen damals auch kalt. Reggie verprügeln diese Kerl in zehn Runden so schlimm, daß er seine Hände verletzen. Hätte können Tarzan k. o. schlagen in drei Runden, aber Reggie wollen Respekt, so er Fritzyboy bestrafen. Großmaul Bruder fangen in Ecke an zu schreien, wenn er sehen, was Reggie Gesicht und Rippen von seine kleine Bruder antun. Reggie schicken diese Tarzanboy in Ruhestand, nie wieder kämpfen, nie wieder Reggie verarschen.

Harvey kommen am selben Tag, Mittwoch, als wir gerade wollen zur Trainingshalle. Hat schwarze Fahrer dabei. Harvey sagen, nix Training, sagen, Reggie nach Philadelphia müssen für EEG-Test.

Ich sagen: »Was das?«

»Muß lassen seine Gehirn prüfen.«

»Sein Gehirn in Ordnung.«

Harvey sagen: »Kommission kriegen EEG oder nix Kampf. Die wollen so.«

Ich sagen: »Aber wir trainieren müssen.«

»Termin um halb drei. Wenn nix hingehen, alles in Wasser fallen.«

»Wissen Reggies Manager von diese Test?«

»Ihm gesagt, wenn wir alles gesprochen über Kampf. Hat vergessen, dir zu sagen.«

Reggie sagen: »Wer zahlen?«

Harvey sagen: »Keine Penny aus dein Tasche. Ich abziehen von Preisgeld.«

»Wieviel?«

»Zweihundertfünfzig Dollar.«

»Zweihundertfünfzig!« Reggie sagen. »Ich nix dahin gehen.«

Aber Reggie gehen. Als wir zurück, wir finden raus, daß Harvey nix gesagt zu Reggies Manager von EEG-Test. Reggie nach Philadelphia mit dem Fahrer und sechs Stunden fort. Fahrer sagen, viel verfahren und viel Zeit futsch. Fahrer nix wissen, wo in Philly essen, deshalb Reggie essen gebratene Hähnchen und selbst zahlen und sauer, wenn zurückkommen. Wir stellen ihn auf Waage in Fitnessraum von Hotel, und er drei Pfund über Limit von 152 Pfund. Diese Abend wir wollen, daß Reggie lange Strecke rennen, aber wieder schneien.

Reggie sagen: »Ist zum Kotzen.«

Also wir gehen in Kantine, und Reggie essen matschige Obstsalat. Pats haben lockere Brücke oben links in Mund, er rausnehmen und in Papierserviette wickeln und in Hemdtasche stecken. Er essen Kuchen und trinken Magermilch. Ich essen Suppe, wo kommt aus Dose. Wir alle sauer. Reggies Augen immer kälter werden. Wir wissen, Harvey uns aufs Kreuz legen und schikanieren wollen, aber wir nix vergessen dürfen, warum wir hier sein. Er uns wie Dreck behandeln, so wir denken, wir Dreck sind. Wir nix reden darüber, aber wir wissen, was werden gespielt, und wir alle wissen, daß müssen klare Kopf behalten. Reggie hart trainiert für seine Kampf. Ist in zwei Monate runterkommen von seine 171 Pfund. Er nix gehabt mit seine Frau in sechs Wochen, Reggie spitze.

Hat drei Kids in katholische Schule und eine Frau, wo

arbeiten an Kasse in Supermarkt. Haben kleine Haus in La Puente, sie abbezahlen. Jetzt wir alle bereit, Kampf hinschmeißen, aber wir das Geld wollen. Reggie nie großes Geld in seine Kämpfe gemacht, aber zurechtkommen, und wenn er Geld machen, er gut einteilen. Leute sagen, er hat noch seine erste Nickel.

Reggie sagen: »Nach Wiegen morgen, ich geh runter in Gaststätte und viel essen. Kosten Geld, aber ich nix kämpfen können bei Gefängnisfraß, Hälfte auch noch Schwein, Scheiße.« Reggie kein Moslem, aber nix essen Schwein. »Du mußt nix mitkommen, wenn du den Mist hier essen wollen.«

Ich und Pats uns in Kantine umsehen. Viel laut. Zwei Fernseher auf verschiedene Kanäle an, und an hintere Wand Videospiele machen viele Krach. Dampf und Fett in unsere Nasen. Wir sagen, wir morgen auch gehen, wir Kantine satt haben. Hier morgen frühstücken okay, Apfel, Bananen und Cornflakes und Magermilch für mich und Pats. Reggie nix essen. Kaffee in Ordnung. Alles andere Sünde sein.

Reggie sagen: »Eigentlich sie müssen zahlen.«

Pats sagen: »Wie oft wir essen da?«

Reggie sagen: »Ich zweimal. Zuerst nach Wiegen, und ich gehen zurück für viele Nachschlag. Und morgen nachmittag vor die Kampf, wieder viele Nachschlag. Fünfzehn Dollar neunzig Cent. Nix mein Geld verschwenden. Scheißpromoter.«

Ich sagen: »In Kasino drüben Wettheinis verschwenden ihr Geld.«

Reggie sagen: »Idioten nix kapieren Unterschied zwischen diese Schinderei und Wetten und diese Drogenscheiße, sie mit rummachen. Heute sie sind in Kasino, morgen auf Straße. Größte Idioten, die mich anhauen um Geld, sagen, ich ihr Mann, sagen, meine Frau Arbeit haben, sagen, ich haben ein Haus, sagen, ich haben Geld, sagen, morgen Geld zurück. Ich nix zu verschenken. Sie wiederkommen, ich sagen, ich schwarzer Jude und du nix wiederkommen.«

Nächster Morgen Donnerstag, Tag vor Kampf. Wiegen sieben Uhr am Abend. Reggie ganze Tag austrocknen, nix essen, nix trinken, steckt Pennies in Mund, damit kotzen müssen. Ich und Pats haben Cornflakes und Milch und Obst in Kantine. Pats nimmt lockere Brücke raus, damit essen können, wikkelt in Serviette ein. Diesmal nix Tasche an sein Hemd, legt Zähne auf Tablett. Wir schnell essen, gehen zurück zu Reggie, damit er nix abhauen und essen Pizza und trinken Pepsi. Bevor wir fertig mit Kaffee und fortgehen, nette Lady aus Puerto Rico nehmen unsere Tabletts und kippen Reste in Müllschlucker, sagen auf spanisch, sie wetten auf uns und viel Glück, sagen, ihr Daddy war früher Boxer in Puerto Rico. Sie sagen sein Name, und Pats wissen, wer er war, aber was Pats nix wissen, daß seine Zähne futsch.

Wir schnell zurück in Zimmer, Reggie in Bett liegen und kuckt Fernsehen, Mund trocken, Zähne fühlen wie Kieselsteine in Rattenloch. Man nix sprechen über Essen oder Wasser bei Mann, der austrocknen. Wir kein Lunch, damit Reggie nix allein. Plötzlich Pats erinnern, daß seine Zähne in Müllschlucker von Kantine.

Pats sagen: »Das Schuld von diese Scheiß-Silvershade!« Und er wie Blitz zurück zu Kantine. Alte Mann kann rennen.

Pats eine Stunde später zurück. Noch immer keine Zähne oben links. Pats war unten in Müll mit gelbe Handschuhe, die Koch ihm gegeben, bis zu Nase in Müll. Hat durch viel Säcke wühlen müssen, weil von oben noch mehr Müll draufgekommen. Er sagen, hat Koch anlügen müssen, damit er nach unten dürfen, hat gesagt, er verloren Diamantring von acht Karat Gold, damit Leute von Hotel ihn zu Müllcontainer lassen. Wenn Kantinenhilfen hören, daß sie Diamantring weggeworfen, sie alle runter in Schmutz und auf Knie vor Müllsäcke wie betende Araber. Jemand von Straße kommt vorbei und fragen, was los. Einer von die Leute sagen, sie suchen nach zwanzig Karat Diamantring mit Rubine und Smaragde. Während sie suchen nach Diamanten und Rubine und Smaragde, Pats suchen nach seine Zähne. Sechs von die Leute fangen Schlägerei an. Leute von Straße packen Müllsäcke und auf und davon.

Pats sagen: »War Teufel los, Jackie, besser als kucken *Der*

Preis ist heiß. Nix gefunden mein Brücke, Scheiß-Harvey, aber gutes Show. Bei nächste Hotel, wir einchecken, ich gleiche Nummer machen, aber ich dann sagen, ich verloren Gold-Rolex mit viele Diamant. Wird geben richtiges Blutbad.«

Reggie sich krank lachen. Das gibt große Spaß.

Vier Uhr wir gehen in Fitneßraum. Reggie noch immer nix essen oder trinken und austrocknen, daß schon weh tut. Er stellt auf Waage und noch zwei Pfund zu schwer. Wenn er Gewicht nix schaffen, Kampf wird abgesagt. Das, oder er müssen eine Teil von sein Preisgeld Dashiki geben, damit Dashiki gegen ihn kämpfen, obwohl zu schwer. Vielleicht Dashiki nein sagen.

Reggie Glück haben. Er auf Klo müssen und verlieren dort eine Pfund. Muß nur noch eine Pfund in Sauna loswerden. Aber Sauna ist Hölle, wenn du schon ausgetrocknet. Gott sei Dank wir haben noch eine Tag bis Kampf. Gott sei Dank wir haben Pedialyte, diese Zeug für Babys, wenn sie nach Durchfall ausgetrocknet. Pats reiben Reggie mit Babyöl ein. Reggie in Sauna gehen und nach fünf Minuten rauskommen, krumm vor Schmerz und kaum naß. Er eine Minute hinlegen und wieder rein für fünf Minuten. Jetzt naß und nix mehr so viel weh tun, sich dran gewöhnen. Dann rein für zehn Minuten, rumlaufen und rauskommen mit viel Schweiß, aber noch immer nix aufrechtstehen. Er auf Waage stellen, muß noch eine viertel Pfund verlieren. Er zurückgehen und schattenboxen. Nach drei Minuten wir ihm helfen müssen zurück in Zimmer, wo er zu durstig zu schlafen. So schwach, er nix Fernseher anstellen.

Pats sagen: »Wenigstens nix Scheiß- und Pißmedizin nötig.«

Sieben Uhr wir sind am Schwimmbad von Hotel zum Wiegen. Hunderte von Leute da, meiste sind Boxer oder Betreuer und Rumtreiber, wo wollen ein paar Dollar machen mit Stuhl oder Wassereimer hochreichen. Ich und Pats das machen alles allein. Reggie genau 152, Dashiki 150,5. Kriegen frische Obstsalat raufgereicht, und Reggie aufessen, während Pats Pedialyte über Eiswürfel gießen wie Orangenlimo. Pats benutzen

Papptüte für Orangensaft, so niemand weiß, was Reggie trinken. Reggie fast eine Liter trinkt, wir Papierkram für Lizenz erledigen, und er weiteressen Weintrauben und Honigmelone und Orangenstücke. Pedialyte ekelhaft. Pats sagen, soll Oliven essen für Salz. Mann von New Jersey Kommission will Namen von alle Leute, wo in unsere Ecke arbeiten. Ich geben ihn meine Name und die von Pat.

Er sagen: »Das sein nur zwei. Regeln erlauben drei. Sie können haben vier bei Titelkampf, aber dies nix Titelkampf, also Sie können drei haben.«

Ich sagen: »Zwei genug.«

Mann von Kommission mich ansehen, als ob ich keine Ahnung, schütteln seine Kopf. Mein ganzes Leben bei Boxsport gewesen, und Pats noch länger wie ich. Wir wissen, was wir brauchen. Was nix brauchen, ist Schwatzmauls. Gibt keine Boxer, wo allein Kampf gewinnen kann. Ist wie Rennpferd. Sogar John Henry ohne Jockey nix gewinnen können. Aber wenn du zu viel Quatschen in Ecke hast, Boxer abdrehen und nix mehr hören. Darum ich und Pats arbeiten allein.

Ich zweitwichtigster Mann, einziger in Ring mit Reggie bei Ankündigung, einziger in Ecke innerhalb von Ring zwischen Runden, außer wenn Reggie verletzt. In Minute, wo wir haben, ich ihn aufbauen müssen und ihm erzählen, was machen soll. Wenn er Verletzung hat, Pats kommen mit seine Medizin, um Blut zu stillen. Dann ich mit Wassereimer außerhalb von Ring arbeiten und zu ihm reden. Sonst Pats außerhalb von Ring, seine Mundschutz waschen, ihm Wasser geben und ihn abkühlen, wenn nötig. Er benutzen Eisbeutel und Spezialsalbe, damit Veilchen und Beulen abschwellen. Ich reichen Hocker in Ring, Pats reichen zurück. Er reichen Eimer hoch und runter, außer wenn mit Verletzung beschäftigt, dann ich das machen. All das gehen schnell, dürfen nix Zeit verschwenden. Darum ich und Pats arbeiten allein. Titelkämpfe dasselbe, wir flink wie BMW. Manche Ecken wie chinesische Feuerwehrübung, jeder reden wie Maschinengewehr. Zwischen und während Runden nur ich reden. Wenn ich was vergessen, Pats was sagen, aber er meiste Zeit nix sagen. Während Kampf Pats mit mir außerhalb von Ring sprechen. Ist wichtig für mich.

Reggie ein Boxer, wo viel Pech gehabt, Titelkämpfe zu kriegen, weil er zu gut. Jeder ihm Bein stellen. Er 45 zu 8 Kämpfe gewonnen und zwei Unentschieden, wo eigentlich Sieger war. Hatte eine Titelkampf unten in Südafrika, aber hat gegen Champ verloren wegen nix einstimmige Entscheidung. Wenn du verlieren wegen nix einstimmige Entscheidung in Heimatstadt von Gegner, du weißt, du eigentlich gewonnen. Amerikanische Punktrichter geben Reggie zwei Punkte mehr, was okay, weil knappe Kampf. Italienische Punktrichter geben südafrikanische Junge zwei mehr, weil italienische Richter Gauner und gekauft von Afrikaner. Nigger von Südafrika geben Zulu zehn Punkte mehr. Drei andere Mal Reggie auf Weg zu Titelkampf, aber er verlieren und müssen wieder vorn anfangen. Bei letzte Mal fünf Kämpfe in Rückstand. Jetzt Reggie vier Kämpfe hintereinander gewonnen, zwei durch K. o.

Mein Junge Reggie so schön rausgeputzt bei Kampf, daß sie ihn nennen Valentine Reggie Love. Kommt rein in rosarote Satinshorts mit weiße Saum und weiße Herz am Hosenbein. Tragen hohe rosarote Schuhe mit weiße Schuhbänder und rosarote Satinrobe, wo reichen fast bis Boden, und in Mitte von seine Rücken weiße Satinschleife mit Bänder, wo bis zu seine Knie hängen. Ich und Pats auch tragen Rosarot, kannst nix übersehen uns, vor allem Pats mit seine weiße Haar und rote Backen und seine kaputte, rote Adern wie Spinnennetz auf Nase. Wir eine Schau. Wir eine *Ecke*.

Nach dem Wiegen Mann von TV kommt wegen Interview vor Kampf. Dashiki sagen, er haben wenig Zeit, will zuerst drankommen. Reggie noch immer trinkt Pedialyte und wollen sofort was essen. Er anfangen, Dashiki zu hassen.

Dashiki nette Junge, ernst und stolz, er nur Muskel und Knochen und nix schlaffe Haut. Sechsundzwanzig Jahre alt, und er ganz wild drauf sein, Champ werden, was ist normal. Sagen, das seine große Chance und er nix verschenken. Er wissen, wenn er Reggie Love besiegen, er auf Weg nach oben.

Sagen, haben alle seine siebenundzwanzig Kämpfe gewonnen, zweiundzwanzig durch K o., und werden Kraft in beide Hände benutzen, um alte Mann weh zu tun. Sagen, er werden auf Reggie losgehen. Sagen, er wollen Reggie früh besiegen, weil er wissen, daß Reggie ein gewiefter Boxer und daß Reggie Kampf bis zum Schluß will, damit Punkte entscheiden. Dashiki sagen, daß er alles mit seine kurze Gerade erledigen und ganze Kraft reinlegen.

Dashiki sagen: »Ob ich mit linke Hand oder rechte Hand treffen, alte Mann wird Schläfchen machen.«

Was Dashiki nix wissen, daß wir hinter schwarze Vorhang zuhören. Was er nix sehen, ist Augen von Reggie.

Wenn Mann von TV mit Reggie sprechen, er ihm sagen, daß Dashiki ihn wollen früh besiegen.

Reggie sagen: »Will jeder.«

TV sagen: »Viele Angst haben vor seine rechte Gerade, die Gegner kaputt machen. Sie morgen Schwierigkeiten haben, weil er Linkshänder?«

Reggie sagen: »Er Linkshänder?«

TV sagen: »Sie etwa nix wissen? Sie sagen, Sie Videos mit seine Kämpfe nix studiert?«

Reggie sagen: »Ich nix Videos ansehen.«

TV sagen: »Aber das machen jeder.«

Reggie sagen: »Warum ich soll Videos ansehen? Ich ansehen, und dann ich Kampf durchgehen. Kann eine Woche vor Kampf nix mehr richtig schlafen, weil jede Nacht ich die ganze Nacht Kampf kämpfen.« Reggie lächeln. »Manchmal geht hundert Runden. Ist sowieso egal, was auf Video, alles anders, wenn Gong schlagen. Gegner ist anders, wenn gegen mich kämpfen, und ich anders, wenn gegen ihn kämpfen.«

TV sagen: »Was Sie halten von seine große Schlagkraft?«

Reggie sagen: »Rechte Gerade von Linkshänder mir nix Sorgen machen. Meine linke Gerade ihm werden Sorgen machen.«

TV sagen: »Sie sagen wollen, Sie als Rechtshänder einfach reinspazieren und Linkshänder kaltstellen? Das du selber nix glauben!«

Reggie sagen: »Das ich nix gesagt. Was ich sagen, ich seine Gerade ausschalten. Dann sein Kraft keine Pfifferling wert.«

TV sagen: »Wie Sie wollen ausschalten Geraden von eine Linkshänder? Sie treffen immer von falsche Seite.«

Reggie sagen: »Sie sehen werden.«

TV sagen: »Es stimmen, daß Sie wollen gehen über volle Distanz?«

Reggie jetzt Muhammad Ali nachmachen und sagen: »He, warum über ganze Distanz gehn mit 'nem Joe Fraaazier?«

TV lachen, Hände schütteln. »Viel Glück, Reggie.«

Inzwischen halb zehn, und wir alle so hungrig, daß wir bereit, eine Supermarkt zu überfallen. Gaststätte ist großes Platz, hohe Decke, helle Lichter und zwei lange Tresen, wo Essen gibt. Reggie inzwischen am Durchdrehen. Er nehmen Spinatsalat und Matzebrotsuppe. Er haben gegrillte Fisch und gebackene Hähnchen. Er haben Fettucini Alfredo und Kartoffelbrei mit Bratensoß. Er haben zwei Bananen und drei große Eistee mit Zitrone. Nach das alles er essen zwei Eisbecher mit Pfirsich, und er noch immer trinken Pedialyte.

Reggie sagen: »Gutes Portion für 7 Dollar 95.«

Wir alle essen viel, aber nix gegen Reggie. Nächste Morgen wir frühstücken in Kantine, aber nur Cornflakes und Backpflaumen, essen Äpfel und machen kleine Spaziergang an Uferpromenade. Viel kalt, aber tut gut. Pats gehen katholische Kirche suchen, wie er immer macht. Ein Uhr wir gehen zurück in Gaststätte, und Reggie essen so viel wie vorige Abend. Danach er geht auf Klo, scheißen wie verrückt und in Fitnessraum wieder wiegen 161.

Reggie sagen: »Dashiki Jones werden zahlen diese 7 Dollar 95.«

Reggie sich ausruhen und gegen sechs wieder auf Klo gehen. Kampf um neun anfangen. Um halb acht Reggies Bauch flach wie eine Handtuch, und er bereit. Vor und nach Kampf er zu Hause anrufen. Er knallhart aussehen, Reggie, aber er mit seine Frau und Babys so sanft und lieb sprechen, daß Tränen in Augen kommen.

Unser Umkleidekabine klein, aber warm. Wasser und Eiswürfel vorhanden und viele weiße Handtücher. Pats Reggies Hände reiben und ihn gut aufwärmen. Sie uns aufrufen, und Reggie schwitzen in seine Robe. Dashiki angezogen wie aus Afrika, trägt rot und grün und schwarze Robe und Shorts und runde Hut von gleiche Farbe. Alle in seine Ecke auch so angezogen. Irgendein Idiot Trommel schlagen. Ansager stellen Boxer vor für TV und Publikum. Alle schreien. Ringrichter geben Anweisungen, und Boxer berühren mit Handschuhe. Harvey grinsen von andere Seite. In unsere Ecke ich sagen Reggie, in erste zwei Runden er Dashiki rauslocken soll, sehen, wie er bewegt, was er machen, ihn treffen, wenn geht, aber cool bleiben und nix zu nah.

Ich sagen: »Und atmen, Baby, ganz ruhig bleiben und atmen, verstehen?«

Reggie mit Kopf nicken, er wissen. Er wissen, wenn nix atmen, wie Boxer atmen sollen, man wird müde. Wenn du bei Schlag versetzen Luft anhältst, du bald erschöpft. Du müde, und andere hat dich in Tasche. Das passiert, als er letzte Mal verloren. Hat nix trainiert, weil geglaubt, daß leichte Kampf. Gegner Druck ausüben auf Reggie, setzen Schläge auf Körper, und Reggie angespannt und nix atmen. Ringrichter brechen Kampf ab, als Reggie verletzt und zu müde zum Schlagen.

Vor Gong Reggie berührt Hände mit mir und Pats. Ich und Pats gehen Stufen von Ring runter, und Gong klingen.

Pats sagen: »Aufpassen, Dashiki!«

Erste zwei Runden Reggie ihn veralbern. Ihn danebenschlagen und dafür büßen lassen. Dashiki am Ende von erste Runde Selbstgespräche halten. Männer in Ecke wissen, daß Dashiki Kraft wie Dynamit, nix Sorgen machen. Sagen, er soll Zeit lassen, ihn hinter Gerade halten, dann alles gehen von selbst. Aber Dashiki Zweifel haben. Er verwirrt, weil noch nie gegen jemand gekämpft, der wissen, wie man mit Linkshänder kämpft. Reggie kommt zu Ecke, fühlt gut und gelassen. Er gut atmen.

In dritte Runde Dashiki kommt vor, als wollen eine Baum fällen, Füße fest an Boden, so viel Kraft in seine Schläge.

Sechs verfehlen und gleich noch mal vier, nur Luft treffen. Er versuchen, zu Mitte gehen und ihn von rechts nehmen, aber Reggie weichen von vorgestellte Fuß zurück und zwingen Dashiki nach links. Linkshänder immer wollen nach rechts, so wie für Rechtshänder nach links gehen natürlich. Dashiki wieder nach rechts, Reggie noch weiter nach links. Dashiki sein große Gerade feuert, Reggie abwehren sein Gerade mit ein Gerade genau auf Handschuh von Dashiki, wenn Schlag auf halbe Weg. Das genug, damit Dashiki Gleichgewicht verlieren, heißt, kann erst wieder schlagen, wenn gerade auf Beine. Ist ganz einfach, wie Reggie Gerade von Dashiki nehmen. Macht immer wieder so ganze Abend. Dashiki nur treffen Arme und Ellbogen und Handschuhe von Reggie. Reggie dem Jungen eine Lektion erteilen. In Mitte von Runde Dashiki verzweifelt. Meiste von seine K.-o.-Schläge in erste drei Runden gewesen, aber Reggie kaum getroffen. Er mit große Haken angreifen, aber Reggie sich ducken und gleichzeitig eine Schritt nach links machen und Junge mit eine Rechte in Bauch schlagen und dann mit Linke auf Kiefer so stark, daß Hände von Dashiki runterfallen auf Körper. Und Reggie setzen ihm drei harte Gerade auf Nase und Augen, daß er nach hinten weichen. Dashiki so was noch nie erlebt, weiß nix, was machen soll.

Pats es zuerst sieht.

Pats sagen: »Los, Jeet! Er nix machen kann, wenn rückwärts gehen.«

Ich warten und zusehen. Pats recht haben von wegen Dashiki rückwärts gehen. Pats mein Mann. Gong schlägt.

Ich sagen: »Kann nix kämpfen bei rückwärts gehen. Dich nur trifft, wenn er vorwärts zu Mitte geht und drei oder vier einstecken, um eine zu landen. Du müssen ihn nach hinten treiben.«

Jetzt Reggie treibt Dashiki in Richtung Seile und immer abwehren Dashikis Gerade. So er ohne Deckung, und Reggie kann ausholen mit Rechte zu Haken auf Körper und Kopf und schnell zurück und weg von Dashiki. Reggie so weitermachen. Manchmal es gelingt Dashiki, sein rechte Fuß außen neben Reggies linke Fuß zu setzen, und wenn das tun, er kann eine Schlag landen. Aber Reggie so schnell, Dashiki können keine Kombinationen landen.

An manche Orte erlaubt Kommission mehr als an andere, deine Boxer zuzurufen. In New Jersey sie lassen Ecke von Dashiki rufen, soviel sie wollen, so ich auch rufen.

Ich sagen: »Nix nachgeben, Baby, nix nachgeben, und du bewegen, ihn nach hinten treiben! Kann kein Stück kämpfen, wenn nach hinten gehen! Du merken? Bleib bei ihm!«

Dashiki können mich ebenso gut hören, wie Reggie hören können Ecke von Dashiki. Dashiki mich hört, wenn ich sagen, er mit seine demolierte Kopf nix kämpfen können, wenn nach hinten gehen. Jetzt er sich wundert, warum ihm das niemand beigebracht. Jetzt er gibt seine Ecke Schuld für seine mitgenommene Gesicht. Jetzt er kann Reggie nix mehr klar sehen, und der alte Mann seine Arsch versohlen. An seine linke Augen lauter Beulen, und von Reggies Rechte bald ganz zu. Seine Rippen, wo Reggie draufgeschlagen, ihn vor Schmerz umbringen. Dashiki noch nie in solche Klemme gewesen. Reggie in Bewegung bleiben und draufhämmern. Rechte wieder da, und Dashiki verhauen wie Daddy kleines Kind.

Pats sagen: »Reggie ihn aufmischen, Jeet. Reggie ihn *auf*mischen.«

Mädchen mit halbnackte Arsch reintänzelt, hält Schild hoch, das Nummer von Runde anzeigt. Sind jetzt in vierte.

Reggie dem Jungen weiter bös zusetzen. Ich Reggie zurufen, er soll entspannen und Spaß haben. Dashiki wirft mir Blick zu, kann nix glauben, daß ich von Spaß sprechen. Junge stand Wasser noch nie so hoch an Hals. Ist starker Junge und zäh, hat Gewicht zugelegt, wie Reggie, aber ist müde von all das Boxen ins Leere, von all die Schläge, er eingesteckt. Er so oft getroffen worden, daß schon glaubt, er kämpft gegen Tunte mit Handtäschchen. Gefällt uns.

Pats sagen: »Du ansehen diese Beulen, Jeet. Junge ist zäh, aber nie vermöbelt worden. Würde am liebsten heulen.«

Pats recht haben. Ich sagen: »Junge sieht aus wie verlorene Kind.« Ich Reggie zurufen: »Nix nachgeben, und beweg dich, Reggie! Ihn zurücktreiben! So ist gut. Kann nix kämpfen, wenn rückwärts gehen, Baby! Nix nachgeben!«

Reggie trifft Junge so fest, daß seine Mundschutz rausfliegen. Ringrichter gibt es zu eine Mann in Ecke von Dashiki, damit gewaschen wird. Reggie stehen bei der Ecke, wo Ringrichter dem Mann Mundstück gibt. Mann läßt es zweimal von Ring auf Boden fallen, um Dashiki Zeit zu Ausruhen geben.

Reggie schon eine Mordskerl, sagt zu Mann von Ecke: »Dank auch, Kumpel, für Pause.«

Mann von Ecke springt auf wie von Blitz getroffen, aber grinst und schüttelt Kopf, weil Reggie so cool.

Boxen sieht nur aus wie Sache von Muskeln, wie zwei Idioten da oben, die gegenseitig Köpfe einschlagen. Es nix darum geht, daß Boxer sein Stärke benutzen, sondern seine Kraft austeilen. Boxen im Kopf stattfinden, wenn du Technik beherrschst. Jetzt wir sind tief in Dashikis Kopf, er nur noch denken, nach Hause gehen. Aber seine Stolz verbieten aufgeben. Noch zu früh.

Gong schlägt, und wenn Reggie in Ecke, ich seh, wie er schwer atmen.

Ich sagen: »Was los?«

Reggie sagen: »Hab eine Haufen Schläge verpufft, nix rübergekommen.«

Ich sagen: »Du ihm sagen, Pats.«

Pats sagen: »Du bitte atmen, Baby, tief einziehen und wieder lassen ausströmen. Nix ausstoßen, einfach ausströmen. Genau, dich vollsaugen wie eine Opernsänger, von Bauch aus, und jetzt laß ausströmen. Laß mich hören das Geräusch, Baby, so ist richtig. Noch mal.«

Meiste Trainer nie sprechen über Atmen und Zuschlagen gleichzeitig, sagen in Ecke nur, sollen tief durchatmen. Aber Pats lehrt Atemtechnik wie heilige Handlung. Hat recht. Richtig atmen rettet deine Arsch. Reggie läßt Atem hören, wie Pats ihm gesagt, und gleich zehn Jahre jünger aussehen.

Fünfte Runde, und Dashiki legen los. Er rauskommen und

Bomben werfen. Zweimal Reggie ordentlich was verpassen, und Reggie müssen in Deckung gehen.

Pats sagen: »Reggie warten ab. Dashiki versuchen ranzugehen, aber Saft ist raus. Reggie muß Junge wieder zusetzen.«

Pats trifft Nagel auf Kopf. Ich Reggie zurufen: »Nix warten! Volle Kraft mit Rechte! Er müde, Reggie, er müde!«

Reggie schnell nach links und landet rechte Uppercut und setzt Haken nach. Ein Bein von Dashiki einknicken, und er alt aussieht vor laufende TV-Kameras. Harveys Gesicht so finster, du meinst, er hat ein Strick um Hals. Gong schlägt, und Mädchen mit Schild springen in Ring, tänzeln und mit Hintern wackeln.

Sechste Runde und Dashiki ganz verquollen, sich bewegen in Zeitlupe. Reggie über ihn herfallen, daß er nix mehr wissen, wo seine Arsch. Trifft den Jungen mit sechsfacher Kombination, daß vor Freude deine Schwanz steif werden. Junge wakkelig auf Beinen und so gut wie am Ende. Reggie setzen noch mal fünfe nach: Gerade, Linke, Körperhaken, Doppelhaken auf Kopf. Dashiki fast erledigt, stolpert zurück in Ecke. Aber statt ihm auf Fersen zu bleiben, Reggie ihn in Ruhe lassen. Weil er nix weitermachen, ich denken, er hat Hand verletzt.

Pats sagen: »Nix gut. Hat sein Scheißluft angehalten bei die Kombinationen und ist viel müde geworden. Du sehen, wie seine Mund offenstehen?«

Pats wieder recht haben. Ich rufen: »Entspannen, Baby! Gut atmen, dir Zeit nehmen und dann wieder drauf auf ihn. Machen das Geräusch.«

Reggie nicken und laut ausatmen, und jetzt verteilen nur eine Geplänkel von Schlägen, aber Beinarbeit ist gut, und er haben gesunde Farbe. Als er lockerlassen, Dashiki versucht aufzudrehen. Reggie muß sein vorsichtig. Glückstreffer von Dashiki können sein Karriere beenden, Reggie nix mehr jung, und wenn Dashiki ihn ein paarmal erwischen, er verletzen Reggie. Aber Reggie zurückkommt am Ende von Runde und kein Zweifel läßt, wer der Boss.

In Ecke ich sagen Reggie, was er machen müssen, aber vergessen, über Atmen sprechen.

Pats nix vergessen. Er sagen: »Du sehen, was ist passiert? Er schon fast erledigt. Du gut ausgeteilt, aber vergessen zu atmen. Darum du müde.«

Reggie aufrecht dasitzen. Er sagen: »Stimmt! Yeah, stimmt!«

Reggie glücklich lächeln, weil er jetzt wissen, daß er nix müde, weil er alt.

Pats sagen: »Du immer atmen müssen, mein Sohn. Jetzt du bitte atmen und lassen es ausströmen, du doch wissen wie, laß mich hören Geräusch.«

Reggie macht's, er groß aufstöhnen und sich schnell erholen. Aber Unterlippe ist gespalten, und er Blut spucken. Er getroffen wurde, als mit offene Mund geatmet, während er Dashiki mit Fäusten bearbeitet. Wir nix bemerkt, bis er kommt in Ecke. Pats Wunde von draußen von Seile behandeln und gut reparieren.

Kleine blonde Schnalle reintänzeln mit Schild Nummer sieben in Luft und diese Röckchen über ihre Hintern. Sie Reggie zulächeln, als ob er King. Gong für siebte Runde schlägt. Reggie wieder richtig atmen, und er wieder ganz frisch und sich bewegen wie junger Dachs. Gehen drei Minuten lang wie Wilder auf Dashiki los. Verletzt seine Auge so schlimm, daß wenn Dashiki Blut abwischt, er kann nix glauben, daß so viel auf sein Handschuh. Reggie auf diese Auge konzentrieren, als würde er Muschi bearbeiten, macht es mehr kaputt, jedesmal er treffen, und er immer weiter draufschlagen. Ich Reggie zurufen, daß man kann Augapfel von Dashiki durch Platzwunde auf Lid sehen, daß Dashiki wahrscheinlich erblinden. Ist nix wahr, und Reggie wissen das, aber Dashiki nix wissen, verstehen, was ich meine? Dashiki sein Gesicht deckt, und jetzt Reggie zielt auf Leber, auf Magengrube, auf untere Rippen, tut, als wollen auf Niere schlagen. Reggie kämpfen wie Weltmeister.

Ich rufen: »Laß Sau raus, Reggie, du Spaß haben! Du ihm zeigen, Baby!«

Reggie ihn auseinandernehmen. Dashiki versuchen, aber weiß, daß er unterlegen. Ich weiter Reggie zurufen, daß Dashiki nix kämpfen können, wenn nach hinten getrieben. Gong schlagen, und Pats kommen in Ring, um Lippe zu reparieren. Aber zuerst er muß das ganze Dashiki-Blut von Reggie wischen. Ich was von Reggies blutiger Spucke abkriegen, als Reggie hoch in Luft springt und wie wilde Indianer schreit. Pats hochblicken, ich auch.

Aber Pats und ich nix sehen, daß Ringrichter gekommen und mit seine Hände winken, daß Kampf aus, daß Dashiki in seine Ecke aufgegeben und Reggie Sieger. Ich und Pats aufspringen wie Reggie, wir alle schreien wie Kinder in Sandkasten. Harvey hoch zu den Scheinwerfern blicken, als ob er derjenige, wo Hirnerschütterung haben. Dashikis Gesicht viel ramponiert, aber Blut nix mehr von Auge fließen. Dashiki ein Mann sein und kommen rüber und sagen zu Reggie und mir und Pats, daß gute Kampf gewesen.

Pats sagen: »Bist gutes Boxer, Dashiki, nix aufgeben deswegen.«

Dashiki sagen: »Ich zurückkommen. Müssen nur noch einige Scheiß lernen.«

Gehen mit Reggie in Ecke von Dashiki und schütteln Hände mit Trainer. In Umkleidekabine zurück, Pats Reggie mit Alkohol abreiben, und wir packen unser Sachen und fertig zu gehen. Zahlmeister von Harvey kommen rein mit Reggies Scheck. Ist kleiner alter jüdischer Dandy, hat diese runde Ding auf Kopf, nette kleine Dandy. Lachen mit Augen und Stimme wie Pralinen. Er erklären, wofür Geld abgezogen, und fordern Reggie auf, Papier zu unterschreiben. Sagen, Reggie ist echte Krieger, kämpfen wie von Antike. Gibt uns heiße Kastanien aus kleine braune Tüte. Reggie ihn mögen. Kleiner Dandy uns erzählen jüdische Witze und uns verlassen mit Lachen.

Dann Reporter, und dann Harvey reinkommen und lächeln wie König von Welt. Reden, wie schön Reggie kämpfen, wie schlau und klasse er sein, wie er kann boxen und zuschlagen.

»Mir zuhören, Jungs«, er sagen, »ich weiß, ihr sauer wegen Abzüge und daß nur wenig Geld für euch.«

Reggie ihm in Wort fallen. Er sagen: »Sie mir schulden fünfzehn Dollar und neunzig Cent.«

Harvey sagen: »Wofür?«

Reggie sagen: »Für zweimal in Gaststätte.«

Harvey sagen: »Ach Teufel, wenn nix weiter ist.« Er lächeln, ziehen eine Zwanzigdollarschein von große Rolle in seine Tasche und geben Reggie. »Kannst behalten.«

Reggie den Zwanziger nehmen, holen vier Dollar und zehn Pennies aus seine Tasche und geben Harvey. »Ihre Wechselgeld.«

Harvey sagen: »Nix für ungut wegen schlechte Essen, okay? Du nix vergessen, daß ich dir Gelegenheit geben, ganze Welt zu zeigen, daß du nix am Ende, stimmt's? Weil ich viele Vertrauen in dich, du können jetzt einlassen mit Babaloo. Hab Vertrag mit ihm praktisch in Tasche.«

Auf einmal Harvey Silvershade ganz vernarrt in Reggie Love, weil er promoten will Babaloo-USBA-Kampf. Ist komisch. Harvey haben Babaloo gebucht für Dashiki, und jetzt er tun so, als hätten nur getan für Reggie. Reggies Augen wieder kalt werden.

Harvey sagen: »Na ja, diesmal noch nix viel Geld, aber nach Kampf heut abend, ich glauben, daß du Babaloo k. o. schlagen. Wenn wir haben USBA erst, wir zweimal auftreten in Vegas für fünfzigtausend pro Kampf. Dann wir steuern IBF-Titel *(International Boxing Federation, A. d. Ü.)* an, gibt ordentliche Haufen Kleingeld. Ich schätzen, du noch sechs große Kämpfe vor dir, Reggie. Wenn ich dir besorgen die richtige Gegner, vielleicht zwei Millionen mehr für Kampf. Klingen gut?«

Reggie sagen: »Kommen drauf an, was meine Manager sagen.«

Harvey sagen: »Du recht haben, ich nix sollen über Geld reden, wenn er nix dabei. Wir jetzt nix mehr sprechen darüber, und ihr Jungs kommen hoch in Penthouse. Gute Freunde warten, ihr kennenlernen, die Nummernmädels und so, und ich haben bestellt Steaks und kalte Champagner.«

Reggie wissen, daß Party sein sollte für Dashiki. Reggie

sagen: »Ich nix mögen Steak, trinken keine Alkohol und nix rummachen.«

Harvey sagen: »Keine Problem. Ich bestellen Koteletts.«

Reggie sagen: »Nix essen Schweinefleisch.«

Harvey sagen: »Na gut, was du mögen?«

Reggie sagen: »Hähnchen und Fisch.«

Harvey sagen: »Ich bestellen beides. Wir lange ihr brauchen, bis ihr raufkommen?«

Reggie sagen: »Müssen erst unsere Zeug durch Schnee bringen zu unsere Bude am Ende von Straße.«

Harvey sagen: »Yeah, blöd, diese Schnee. Hey! Meine Leute eure Sachen da rüberschleppen. Ihr gleich hochgehen. Tolles Blick da oben.«

Pats sagen: »Wir Scheiß herbringen, also auch bringen wieder zurück, Jackie. Machen nix halbe Sachen.« Er noch immer an seine verlorene Zähne denken und will Harvey lassen auf Arsch auflaufen.

Harvey nix glücklich aussehen. Er sagen: »Gut, wenn ihr wollen. Aber ich schon mal vorgehen und bestellen Hähnchen und Fisch. Wann ich euch erwarten dürfen?«

Reggie sagen: »Nix erwarten. Feiern mit unsere Freunde in Kantine.«

Harvey ganz rot in Gesicht, als wären erwischt worden bei spielen mit seine Schwanz. Er sagen: »Okay, wie ihr wollen. Vielleicht nächste Mal, in Ordnung?«

Reggie sagen: »Wer weiß?«

Promoter gehen aus Tür raus, aber seine Augen ohne Mut. Was zwischen Reggie und Harvey passiert, nix heißen, daß Valentine Reggie Love nix werden mit Harvey Silvershade Promotions zusammenarbeiten, wenn Geld stimmt. Reggie nur wollen, daß weißer Jude wissen, daß er mit schwarzer Jude zu tun hat.

MILLION $$$ BABY

»Boxen ist wider die Natur«, flüsterte die Stimme. »Schreib dir das hinter die Ohren, Junge. Beim Boxen läuft alles umgekehrt wie im Leben. Willst du dich nach links bewegen, gehst du nicht nach links, sondern verlegst das Gewicht auf den rechten Zeh. Und auf den linken, wenn du nach rechts willst, kapiert?« Der alte weißhaarige Mann blickte dir nicht in die Augen, er sah direkt durch sie hindurch und geradewegs in den hintersten Winkel deines Kopfs. »Anstatt wegzurennen, wenn einem weh getan wird, was im Leben nur natürlich ist, machst du beim Boxen das genaue Gegenteil, verstehst du? Also, wenn du dich entschieden hast, ein Boxer zu *sein*, mußt du wissen, *wie* man boxt, denn egal, wie tough du bist, diese Schwanzlutscher werden dir den Pimmel in den Dreck hauen.«

Frankie Dunns Stimme war durchdringend. Während eines einzigen Satzes konnte sie in grelle Höhen klettern oder pfirsichsüß säuseln – wie Benny Goodman, wenn er »Body and Soul« spielt – oder zum tiefen Brummen eines Grizzlys sinken. Sie konnte dich seitlich streifen und sich dann wieder zurückschlängeln, doch immer prägte die Stimme dir bleibende Bilder ein, weil ihr Klang Bilder herbeizauberte, die ein Teil von dir wurden, und du den alten Mann hörtest, selbst wenn er gar nicht da war. Wenn Frankie Dunn einem Boxer erklärte, wie und warum er sich so und so bewegen sollte, konnte er es von Frankies Augen ablesen und spüren, wie es ihm in Fleisch und Blut überging, und es durchfuhr ihn so etwas wie die Magie des Verstehens und ein Gefühl der Macht. Einige nannten den alten Mann Doc, einige nannten ihn Onkel Frank. Die schwarzen Veteranen und Trainer nannten ihn Frankie Dunn Frankie Dunn, wiederholten seinen Namen mit einem Kopfnicken oder Lächeln. Frankie liebte Krieger.

Nahezu fünfunddreißig Grad Hitze herrschten im Hit Pit, einem Gym, zu dem man über zwanzig schiefe Steinstufen Ecke Fifth und Maple Street gelangte – in der Skid Row im Zentrum von Los Angeles. Dampfend heißer Sommer, alles voll von Boxern jeder Hautfarbe, einige acht oder zehn Jahre alt, andere dreißig oder darüber, Altgediente, die bereit waren, gegen jeden anzutreten, egal wo.

Zwei der Boxer, ein Schwarzer und ein Chicano, fochten einen Sparringkampf aus, mußten demnächst in verschiedenen Gewichtsklassen in Titelkämpfen antreten. Während eines Trainings fünf oder mehr Pfund runterzuschwitzen ist für Boxer eine Kleinigkeit. Fast alle Boxer hier waren Männer, aber es waren auch drei Frauen da.

Trainer, beweglich wie Kobras, arbeiteten mit ihren Boxern, gefangen in dem Lärm und der Hitze und dem Dampf. Einige schoben sich nah ran, um ihnen etwas zuzuflüstern, andere brüllten drauflos. Alle waren schweißgebadet, sogar die paar Zuschauer, die auf den niedrigen Tribünen vor den beiden Ringen saßen. Aus jeder der vier Ecken plärrte aus Lautsprechern eine andere Musik. Hörte sich an, als sei man in einem Zellentrakt im Knast.

Frankie trocknete ein vielversprechendes 120-Pfund-Talent ab, einen sechzehnjährigen Chicano aus Boyle Heights. Wenn man dem Jungen so zusah, hatte man den Eindruck, er sei reif für die Olympiamannschaft. Der nächste Junge, den Frankie am Wickel hatte, war ein schwarzer Profi, der neunzehn Kämpfe hinter sich hatte, siebzehn K.-o.-Siege, eine Niederlage, ein Unentschieden. Egal wie groß seine Boxer waren, Frankie hielt trotz seines Alters mit. Frankie hatte herabhängende Schultern, und die violetten Adern auf seinen Unterarmen zeichneten sich dunkel gegen seine helle Haut ab. Seine Brauen waren von wächsernen Narben durchzogen. Auf dem linken Auge war er blind, und das Lid hing schlaff hinunter. Wenn er schlief, blieb es offen. Er war ein sommersprossiges Kind mit schwarzem Kraushaar gewesen. Jetzt war seine Nase ein Klumpen und sein verwittertes Gesicht eine rosa Landkarte unter dem vollen weißen Haar. Außer dem

Mädchen, das auf der Tribüne saß, war er die einzige weiße Person im Gym. Aber um Hautfarben hatte Frankie sich nie geschert, weshalb er von allen im Gym respektiert wurde, auch von den mohammedanischen Trainern und Boxern. Vor allem die Afrikaner hatten einen Narren an ihm gefressen.

In den Köpfen alter Menschen spulen Szenen ab, von denen junge Menschen nichts ahnen. Zuweilen spielt sich in einem kurzen Augenblick ein ganzer Tag ab, der fünfzig Jahre zurückliegt. Aus unerklärlichen Gründen erinnerte sich Frankie, wie der ehemalige Boxer Houston »Stone« Stokes eines Tages in die Trainingshalle kam. Er hatte seine beiden jüngsten Kinder dabei, einen sechsjährigen Jungen und ein siebenjähriges Mädchen. Frankie hatte mit Houston trainiert, zusammen hatten sie eine hübsche Stange Geld verdient und waren kreuz und quer gereist. Aber Houston hatte seine liebe Mühe, die Kinder vom Ring fernzuhalten, und er beschloß, ihnen mal tüchtig Angst einzujagen.

»Möchte jemand die beiden da kaufen? Verkaufe sie für 'n Appel und Ei.«

Die Kinder spitzten die Ohren, vor allem als Frankie sagte: »Vielleicht kauf ich sie, Stone. Arbeiten sie auch?«

»Und wie die arbeiten werden!«

»Aber pflücken sie auch Baumwolle?«

Der alte, tuberkulöse Earl McClure, der wie eine Mumie aussah, saß an seinem Tischchen, schlug sich auf die Schenkel und wäre vor Lachen beinahe vom Stuhl gefallen. Earl hatte inzwischen das Zeitliche gesegnet, und Frankie gedachte seiner, wenn er betete. Wie der Blitz waren die Kids an den Beinen ihres Daddys hochgeklettert, und Stone hatte Frankie zugezwinkert und geflüstert: »Mann, du bist unschlagbar.«

In Frankies Alter hatte man solche Erinnerungen, und oft zupften sie ihn am Ärmel. Aber er hatte noch so manches Ziel vor Augen, Träume, die noch immer in ihm lebendig waren. Sein Schwergewicht zur Meisterschaft zu führen etwa – bei einem Preisgeld von zwei Millionen Dollar wären zweihunderttausend für Frankie. Als er so dastand und überlegte, wie er das Geld mit seinen Kindern teilen würde, klopfte ihm jemand von hinten auf die Schulter und sagte: »Sir?«

Frankie drehte sich um. Es war das weiße Mädchen von der Tribüne.

»Yeah?«

»Sie heißen doch Frankie Dunn, oder?«

Das war eher eine Feststellung als eine Frage, und sie sprach mit einem Hillbilly-Akzent. Zwei dicke Zöpfe kastanienroten Haars hingen hinter ihren Ohren und umrahmten ein Gesicht mit Sommersprossen und Augen, die an Achate erinnerten – wie die von Frankies Tochter. Sie war etwa einsfünfundsiebzig groß, wog ungefähr hundertfünfundzwanzig Pfund. Sie stand entspannt und anmutig da, ihr Gewicht auf beide Füße verteilt, und trotz ihrer gebrochenen Nase sah sie klasse aus. Frankie hatte sie schon seit einer Woche im Gym rumhängen sehen, hatte bemerkt, wie andere Trainer sich über sie lustig machten. Er hatte das Gefühl, sie schon mal irgendwo gesehen zu haben.

»Ja, ich bin Frankie Dunn«, sagte er und war aufs Schlimmste gefaßt. »Was ist los? Schulde ich Ihnen Geld?«

»Nein, Sir«, sagte sie so ernsthaft wie eine schwangere Freundin, »aber wir ham 'n Problem, größer als 'n Kofferradio in 'ner Kirche.«

»Ich höre immer *wir*. Haben Sie *wir* gesagt?«

»Sind Sie schwerhörig?«

Frankie sagte: »Was ist dieses große Problem, das wir da angeblich haben haben?«

»Des Problem is', Sie zu überreden, mit mir zu trainieren.«

Er lachte laut auf. »Kofferradio in einer Kirche trifft's ziemlich genau. Ich trainiere keine Mädchen.«

»Erinnern Sie sich nich' an mich? Vorletzten Winter in Kansas City oben? Mein erster Kampf?«

Frankies Augen schweiften in die Ferne, musterten dann das Mädchen. »Jetzt fällt's mir wieder ein.«

»Hab mir 'nen Nasenbruch geholt, erinnern Sie sich? Bin fast k. o. geschlagen worden, hab aber weitergemacht und gewonnen. In der Umkleidekabine war 'n Gejohle wie bei der

Speisung der Fünftausend, aber Sie ham sich nich' drum ge-
kümmert, wissen Sie noch?«

»Ich war in K. C. mit meinem Schwergewichtler zu einem
Acht-Runden-Kampf. Yeah, hab deinen Kampf auf dem Monitor in der Kabine verfolgt.«

»Wissen Sie noch, was Sie gesagt ham?«

»Hast du mich nicht um meine Meinung gebeten?«

»Sie haben gesagt: ›Mädel, tough reicht nicht.‹«

»Stimmt«, sagte Frankie.

»Und dann ham Sie gesagt: ›In diesem Spiel geht's um
Geld, nicht darum, tough zu sein.‹ Richtig?«

»Richtig.«

»Nun, Sir, darum bin ich nach L. A. gekommen.«

»Moment mal, ich habe mit keiner Silbe gesagt, daß ich
dich trainieren würde«, sagte Frankie.

»Weiß ich doch.«

»Was ist dann das Problem?«

»Immer noch dasselbe«, sagte sie. »Sie zu überreden, mich
zu trainieren, Boss.«

»Ich bin nicht dein Boss.«

»Wenn ich Sie nicht mehr Boss nenne, trainieren Sie mich
dann?«

»Nein.«

»Dann kann ich Sie doch ebensogut Boss nennen, richtig?«

»Falsch«, sagte er. »Komm mal mit da rüber.«

Frankie führte sie in den Raum, in dem gewogen wurde
und wo es relativ ruhig war. Auf dem Weg überschlug er alle
Gründe, die gegen das Training mit einer Boxerin sprachen.
Entscheidend war, daß er es nicht mochte, wenn Frauen Gewalt ausgesetzt waren. Gleichwohl gab es inzwischen Frauen
in der Amateurliga, und bald würden sie an den Olympischen
Spielen teilnehmen. Es würden immer mehr, und sie würden
immer besser werden. Sie würden also besser sein als die, die
zur Zeit im Ring standen, und es herrschte die allgemeine
Ansicht, dem Sport könne das nur nützen. Ihm war das egal.
Es ging ihm grundsätzlich gegen den Strich, daß Mädchen
vermöbelt wurden.

Okay, dachte er, die Zeiten haben sich geändert. Die Damen machen, was die Kerle machen, aber das ist keine Rechtfertigung. Und dann gab es noch ganz praktische Gründe. Kampftermine nach ihrer Periode ausrichten. Und verletzte Titten. Und was, wenn eine schwanger war und wegen eines Kampfes eine Fehlgeburt hatte? Außerdem dürfte er sie nicht anschnauzen. Schön, das tat er nicht ununterbrochen, aber manchmal war Anschnauzen die beste Methode, wenn man jemandem etwas verklickern wollte. *Halt deine Scheißpfoten hoch!*

»Yeah«, sagte er und fuhr fort, seine Gedanken laut auszusprechen, »und jede zweite ist total degeneriert, trägt violette Jockeyshorts und quatscht feministischen Scheißdreck, weißt du, was ich meine? Und wenn man Weiber trainiert, darf man keine anschnauzen, weil man sonst verklagt wird.«

»Nicht von mir, Boss, ich stamme aus den Ozark-Bergen.«

»Und da gibt es noch jene Sorte, die sich großtut und mordsmäßig angibt, wie sie's in der Nacht zuvor in irgendwelchen Bumslokalen wie dem Puss 'n' Boots oder dem Yellow Brick Road getrieben hat.«

»Ich bin keine Lesbe, wenn Sie das meinen«, sagte sie.

»Geht mich so und so nichts an. Was immer du bist, lass es verflucht noch mal außerhalb der Trainingshalle.«

»Heißt das, daß Sie mit mir trainieren werden?«

»Nein, zum Teufel.« Dann wurde er ein wenig milder. »Ist nicht persönlich gemeint, verstehst du? Aber ich müßte zu viel umkrempeln. Und ich bin keine Dampflok, verstehst du? Außerdem bist du zu alt.«

»Ich bin erst zweiunddreißig.«

»Eben. Man muß früh anfangen, das geht nicht von heute auf morgen, genau wie beim Ballett. Du würdest ja auch nicht mit Ballett anfangen und glauben, daß du es bis zur Spitze bringen würdest, aber bei unserem Sport meint jeder, er könne es noch als Greis schaffen. Die Ausbildung dauert vier Jahre, wie im College. Und dann erst darf man an Kämpfe und Siege denken, von Rückschlägen mal ganz abgesehen.«

»Ich bin schon fast drei Jahre dabei. Und ich bin'ne brauchbare Sportlerin.«

»Unzählige Mädels kommen vom Karate, was etwas völlig anderes ist, beim Gleichgewichthalten angefangen. Andere Frauen kommen vom Softball oder vom Basketball oder Volleyball oder Fußball. Was davon hast du gemacht?«

»Alles.«

»Oder sie haben sich in den Kopf gesetzt, irgendein politisches Zeichen zu setzen bei einem Sport, bei dem's nur darum geht, dem anderen für Geld ordentlich in den Arsch zu treten. Ich hab versucht, Mädels zu trainieren, ich weiß, wovon ich rede. Außerdem halte ich es für ziemlich sinnlos, wenn Frauen auf Frauen einschlagen, zumindest, wenn so viele dazu gedrängt werden, ehe sie die geringste Ahnung haben. Klar, einige beherrschen ihr Handwerk. Und wenn zwei im Ring sind, die's beherrschen, kann man sich das ansehen, und gewöhnlich wird niemand dabei verletzt. Aber oft stehen sich da Mädchen gegenüber, die nichts können, oder eine ist derart überlegen, daß es zum Himmel stinkt.«

»Sollte man nicht selbst entscheiden dürfen, ob man boxen will, unabhängig vom Geschlecht?«

»Eigentlich schon, aber was, wenn die Kämpfe zur reinsten Freakshow werden, wie Hundekämpfe? Ich hab mal zwei kleine hundert Pfund schwere Mädchen gesehen. Sie standen stocksteif da und haben Schläge ausgeteilt, als würden sie auf einem Haufen Glasscherben stehen. Eine hatte schließlich einen gebrochenen Kiefer, und die Siegerin wurde mit einer gequetschten Milz ins Krankenhaus eingeliefert. Was soll das, zum Teufel? Und was, wenn so ein Mädel krepiert? Nee, such dir 'nen anderen Trainer.«

»Ich will keinen anderen.« Sie lächelte, und beinahe hätt's ihm das Herz zerrissen.

»Warum ausgerechnet ich?«

»Weil ich weiß, daß ich mit Ihnen Geld machen kann.«

»Das ist der erste vernünftige Satz aus deinem Mund. Aber die meisten Mädchen machen kein Geld. Na schön, inzwischen machen sie mal zwei Runden bei den Vorrunden, aber im Gegensatz zu den Jungs kämpfen sie bloß zwei Minuten pro Runde, womit wir wieder bei den Freakshows wären. Und dann dieser Blödsinn, daß Mädchen schon nach sechs oder acht Kämpfen einen Titelkampf austragen dürfen. Das sind keine echten Titel, verstehst du? Keine nennenswerten Einnahmen. Darum ist's ein langer Weg, ehe Mädchen an die große Knete rankommen, kapiert?«

»Ich würde Drei-Minuten-Runden kämpfen, wenn sie mich ließen.«

»Aber sie lassen dich nicht.«

»Sehen Sie mich an, Mr. Frankie Dunn. Mal angenommen, Sie haben recht mit Ihren Ansichten über Boxerinnen. Aber ich bin zweiunddreißig, und wenn ich kein Fressen in 'n Trog kriege, weil ich nicht boxen darf, was zum Teufel soll dieses olle Hillbillymädel dann machen?«

»Angenommen, du wirst verletzt.«

»Ist mein Bier, nicht Ihres. Sie werden's nicht bereuen, Boss, ich versprech's.«

»Nichts zu machen.«

Sie ließ ihren Kopf hängen, blickte dann zu ihm auf und verließ die Trainingshalle.

»Gut«, sagte Frankie.

Sie war im Südwesten Missouris geboren und aufgewachsen in den Ozarkbergen, in der Nähe eines Dreckskaffs namens Theodosia. Viele der Ortschaften am Highway 160 bestanden aus kaum mehr als einer Tankstelle und einem Postamt zwischen Zedern und Eichen in Gegenden, wo sich die Füchse gute Nacht sagen. Sie war eine Wohnwagenpflanze, auf die man während ihrer ganzen Kindheit herabgesehen hatte. Als ihr Daddy noch lebte, war das Leben anders gewesen.

Mardell, ihre älteste Schwester, war mit fünfzehn abgehauen. Ihr Bruder Eustace landete im Gefängnis. Der andere, J. D., war Unteroffizier in der Armee. J. D. hatte vier Kinder und eine schwangere Frau und kam als Sozialhilfeempfänger gerade so über die Runden. Ihre andere Schwester lebte noch bei der Mutter, beide wogen knapp dreihundert Pfund. Mit Hilfe der Sozialfürsorge und staatlichen Essensmarken hangelten sie sich von Monat zu Monat. Außer von gebratenem Wels und Brathähnchen ernährten sie sich von Brötchen und Bratensoße, von Oreo-Schokokeksen und Billigcola.

Jeden Tag war sie noch vor Frankie im Gym. Sie trug Shorts, zwei T-Shirts und ein Sweatshirt, dessen Ärmel an den Ellbogen abgeschnitten waren. Sie umwickelte ihre Hände und trainierte unermüdlich, meistens mit dem Springseil und am Sandsack. Den hatte sie noch nicht im Griff und wußte es, also ging sie eines Tages geradewegs zu Frankie, der seine Tasche auspackte.

»Tut mir leid, wenn ich störe, aber ich mach's nicht richtig, stimmt's?«

Er nickte.

»Muß ein Trick dabei sein.«

Er spuckte in den Eimer beim Ring. »Okay, ich zeig's dir, aber nur dieses eine Mal.«

Er ging zum Sandsack und versetzte ihm einen Stoß. Dann fing er an, sich mit ihm zu bewegen. Während er ihm entgegen- oder von ihm fortglitt, sich zur Seite drehte oder um ihn herumtänzelte, hielt er immer den gleichen Abstand.

»Anpirschen, nicht anspringen«, sagte er. »Wenn du am Sandsack arbeitest, mußt du an einen Menschen, nicht an einen Beutel denken. Wenn du das mal begriffen hast, schlägst du erst zu, wenn der Sack anfängt, sich von dir fortzubewegen.« Er demonstrierte es beim Sprechen. »Totes Gewicht, siehst du? Wenn du also draufschlägst, wenn es sich auf dich zu bewegt, wirft es dich zurück und bringt dich aus dem Gleichgewicht, nimmt deinem Schlag den Schwung – verhindert, daß du einen Schlag voll durchziehst. Joe Luis sagte, man soll nicht auf, sondern *durch* seinen Gegner boxen.«

Sie hielt sich an Frankies Anweisungen. Zuerst war sie ein wenig unbeholfen, aber als sie erst mal ihr Gleichgewicht gefunden hatte, bewegte sie sich wie Frankie, drehte erst die eine Schulter vor, dann die andere, so daß sie ganz automatisch die richtigen Kopfbewegungen machte.

»So ist's recht, drehen. Auf diese Weise ist dein Kopf dauernd in Bewegung, und du hast immer eine Schulter nach hinten und bist bereit, mit aller Kraft zuzuschlagen – du mußt nichts tun, bevor du etwas tust, wenn beispielsweise in der Deckung des Gegners ein Loch ist. Nicht stehenbleiben, mit dem Sandsack mitgehen, ihn umkreisen«, sagte er und gab ihm einen Stoß. »Er sagt dir schon, wann du zuschlagen mußt, genau wie ein Gegner.«

Frankie ging weg und vergaß sie, als er sich wieder seinen Jungs zuwandte.

»Das verdammte Ding sagt dir, wann du zuschlagen mußt«, grummelte sie. Eine Welt aus Angriffswinkeln und -flächen tat sich ihr auf. Sie machte weiter, noch lange nachdem Frankie das Gym verlassen hatte. Als er am nächsten Tag aufkreuzte, hatte sie den Bogen raus, zielte Schläge auf Kopf und Körper – in Haken verwandelte Gerade, Uppercuts, präzise Jabs und kurze Rechte, gefolgt von Doppelhaken, wobei sie nach mehrfachen Kombinationen seitwärts auswich.

»Wie stell ich mich an?«

»Nicht schlecht, aber du machst noch zu viel aus den Armen, die Schläge sind gut, weil du stark bist, aber das verpulvert zuviel Kraft. Du mußt dich erst mal in einem Winkel von fünfundvierzig Grad aufstellen, verstehst du? Und dann mußt du beim Zuschlagen deine Hüfte drehen. Wenn du eine Rechte durchziehst, mußt du dich gleichzeitig ein paar Zentimeter nach links bewegen, während du mit beiden Füßen einen halben Schritt machst. Das entlastet rechts Hüfte, Bein und Fuß, und du kannst deinen Schlägen mit dem Arsch zusätzlichen Schwung verleihen. Ich meine, mit deinem Gesäß.«

»Hab's schon beim ersten Mal kapiert.«

Lange Beine mit Waden wie eine Ballerina, dachte Frankie, dazu lange Arme und ein kurzer Oberkörper, die ideale Boxerfigur. Wegen ihres Sweatshirts und der T-Shirts konnte er ihren Brustumfang nicht abschätzen, aber sie schien nicht vorderlastig zu sein, was bei einer Boxerin nur gut war.

Am nächsten Tag machte sie noch immer zu viel mit den Armen allein. Am den beiden folgenden Tagen ebenfalls – so würde sie niemanden k. o. schlagen. Frankie beobachtete sie, während er mit seinen Boxern arbeitete, sah, wie andere Trainer versuchten, mit ihr ins Geschäft zu kommen. Sie lächelte höflich, nickte zuweilen, schüttelte aber meistens den Kopf.

Sie setzte sich neben Frankie auf eine niedrige, blaue Bank. »Ich versuch's die ganze Zeit, aber es klappt einfach nicht. Woran liegt's?«

»Schlechte Balance«, sagte Frankie. »Du weißt nicht, wie man sein Gewicht verlagert.«

»Und wie soll ich das lernen, Boss?«

»Das kann dir jeder Trainer hier beibringen.«

»Wohl kaum.«

»Warum nicht?«

»Weil sogar ich sehe, daß die meisten Boxer das gleiche Problem wie ich haben.«

Er lächelte. »Kannst du mit einem Punchingball umgehen?«

»Mit den Armen drauf los, wie sie's im Film machen.« Sie lächelte, gab ihre Ahnungslosigkeit zu. »Mehr weiß ich nicht.«

»Wo ist dein Punchingball?«

»Hab keinen.«

»Du lieber Himmel.«

Frankie kramte seinen Punchingball vor, pumpte ihn mit einer Fahrradpumpe auf und schraubte den Drehring an eine von der Decke herabhängende verstellbare Platte, so daß der Ball die richtige Höhe für sie beide hatte.

»Was den Film angeht«, sagte er, »hast du recht, nur Geballer und kein Arsch.« Er verbesserte sich. »Ich meine, kein Gesäß. Aber das allein reicht nicht. Es kommt auf den Rhythmus an, das Zusammenspiel von Auge und Hand. Aber das Wichtigste ist das Gleichgewicht. Vergiß nie dieses Wort, Gleichgewicht. Damit meine ich, daß du in Null Komma nichts in der Lage sein mußt, dein Gewicht von einem Fuß auf den anderen zu verlagern.«

»Ich dachte, es geht darum, auf das Ding feste einzuschlagen.«

»Beim Boxen schlägt man nicht fest, sondern gezielt. Sieh mal her«, sagte Frankie. »Und zähl mit mir, eins, zwei, drei, vier. Ich fahr meine Linke bei *eins* voll aus. Dabei ist mein Gewicht auf dem rechten Fuß. Dann schwenke ich rüber und verlagere das Gewicht auf meinen linken Fuß und laß es da, während ich bei *zwei* dem Ball mit meiner Linken eine versetze, als würde ich ihm seitlich einen Eispickel reinhauen, so. Während das Gewicht noch immer auf meinem linken Fuß ruht, fahre ich bei *drei* mit meiner Rechten durch den Ball. Jetzt verlagere ich das Gewicht wieder auf meinen rechten Fuß, und bei *vier* wiederhole ich den Eispickel-Schlag mit meiner Rechten.«

Frankie legte ein wenig Tempo zu, und sie sah, wie der Ball eine 8 beschrieb. Frankie sagte: »Achte auf meine Hüften während der Beinarbeit. Die Kraft kommt aus dem Arsch, verstehst du? Entschuldige den *Arsch*, weiß nicht, wie man das sonst nennen soll.«

Frankie drehte voll auf, trommelte hintereinander weg auf den Ball, eins, zwei, drei, vier, daß der Ball bei jedem Schlag dreimal auf die Platte knallte – *boing*-boing-boing, *boing*-boing-boing, *boing*-boing-boing, *boing*-boing-boing. Bei jedem Schlag drehte er seine Hüfte, und darum kamen die Schläge ohne Kraftaufwand. Von der Vorführung fasziniert, sah Maggie zu, wie der alte Mann auch seine Füße in einem Halbkreis hin und her bewegte – Gleichgewicht, Hebelwirkung, Schnelligkeit, Kraft. Der Ball war nur noch ein verschwommener Kreis. Er machte weiter, bis das Klingelzeichen ertönte. Ohne eine Spur von Atemnot trat er zurück, damit sie's versuchen konnte.

»Moment mal«, sagte sie. »Irgendwie hast du auch eine besondere Atemtechnik drauf.«

»Gut beobachtet.«

»Wie soll ich atmen?«

»Darüber reden wir, wenn…« Er unterbrach sich. »Nein, werden wir nicht. Hab keine Zeit, Liebes, ehrlich.«

»Hab doch gesagt, wir haben ein Problem«, sagte sie.

»Mach weiter«, sagte er. »Zeig mir, wie gut du bist.«

»Ich pack das alles nicht. Ich weiß es.«

»Wenn du auf dein Gleichgewicht achtest, klappt's schon«, sagte er, nahm seine Tasche und trollte sich.

»Verdammt!« sagte sie.

Am nächsten Tag kaufte sie einen Punchingball, so einen wie Frankie hatte. Das haute für ein paar Tage ein Loch in ihre Kasse, aber es war ihr egal. Sie wartete, bis Frankie am späten Nachmittag gegangen war, dann machte sie sich an den Punchingball, zuerst in Zeitlupe, und dann, als sie ohne Mühe das Gleichgewicht wechseln konnte, in immer schärferem Tempo. Sie arbeitete, bis das Gym um acht Uhr schloß. *Boing*-boing-boing, *boing*-boing-boing, *boing*-boing-boing, *boing*-boing-boing.

Nach einer Woche war sie bereit, ihm eine kleine Privatvorstellung zu geben, und sie war so gut, daß er lächeln mußte.

»Okay«, sagte er, »und nun zeig mal, wie du mit dem Sandsack zurechtkommst.«

Sie schlug ihn förmlich in Fetzen, blieb ständig in Bewegung, tänzelte, zog schlängelnde Kreise, drehte ihre Schultern und setzte ihre Schläge, ohne daß sie etwas tun mußte, bevor sie was tat. Ging nach links, wenn ihre Rechte vorschnellte, und vergaß ihren Arsch nicht, wenn sie das Gewicht auf das Knie des vorderen Beins verlagerte.

»Nicht schlecht, *Macushla*. Immer den Hintern in Bewegung halten.«

»Du wirst es nicht bereuen, mich zu trainieren«, sagte sie. »Ich versprech's.«

»Ich habe *Nein* gesagt.«

Sie arbeitete an beiden Geräten, wurde jeden Tag besser, ihre Schläge waren so schnell und präzise, daß Boxer und Trainer stehenblieben, um ihr zuzusehen. Am folgenden Montag heftete sie sich wieder an Frankies Fersen. Sie überreichte ihm ein mit Datum versehenes Schreiben, handgeschriebene Druckbuchstaben auf einer linierten Seite, die aus einem Spiralblock gerissen war.

Erklärung. Mr. Frankie Dunn hat meine Einwilligung, jedes Wort zu benutzen, das ihm passend erscheint. Insbesondere sämtliche Vulgärausdrücke, ob sie nun 3, 4, 5, 6, 7, 8 oder gar 10 und 12 Buchstaben umfassen, sowie alle anderen Wörter, die ihm passend erscheinen. Ich bin im Vollbesitz meiner geistigen und körperlichen Kräfte, und dies ist mein ehrlicher Wunsch, der aus meinem Herz, meinem Geist und meiner Seele kommt.

Unterzeichnet

Ihre Unterschrift war ein Gekritzel, das er nicht entziffern konnte. Er starrte sie an, und sie starrte zurück.

Er sagte: »Wer hat dich für deinen Kampf in K.C. trainiert?«

»Ich.«

»Hast du einen Manager?«

»Dich.«

»Hast du einen Job?« Er wollte niemanden, der nach einem Wohltäter Ausschau hielt.

Sie sagte: »Frühstückskellnerin am Strand von sechs bis mittags.«

Er sagte: »Siege, Niederlagen?«

»Neun zu drei, aber nur ein Knockout.«

»Du hast nie einen Trainer gehabt?«

»Hab anfangs einige durchprobiert, aber die wollten mich nur beschlafen, Männer wie Frauen. Teufel, ich will boxen lernen, nicht, wie man die Beine breitmacht«.

Er sagte: »Wie heißt du überhaupt?«

»Margaret Mary.«

»Margaret Mary was?«

»Margaret Mary Fitzgerald. Aber mein Daddy hat mich Maggie genannt.«

Die kämpfende Maggie Fitzgerald, dachte Frankie und wandte sich ab. »Lieber Himmel.«

»Hier ist mein Angebot«, sagte Frankie. »Du machst, was ich sage. Ich mache nicht, was du sagst.«

»Abgemacht.«

»Wenn ich dir was zeige und du kannst es nicht, ist das

okay. Aber wenn ich dir was zeige, das du machen kannst, aber nicht willst, ist das nicht okay.«

»Abgemacht.«

»Wenn du nicht mehr mit mir arbeiten willst, kündige mir jederzeit und Schwamm drüber«, fuhr er fort. »Wenn ich nicht mehr mit dir arbeiten will, kündige ich dir jederzeit und Schwamm drüber.«

»Abgemacht.«

So fing's an, und Frankie nahm sie regelrecht auseinander. Sie arbeitete so verbissen, daß er wünschte, seine Jungs würden sich eine Scheibe davon abschneiden. Er stellte ihre Kraft und ihr Durchhaltevermögen auf die Probe, indem er Runde um Runde mit ihr im Ring war. Er machte Lauftraining mit ihr. Er brachte ihr die richtige Körperhaltung bei, daß man die Beine stets unter Schulterbreite öffnete, statt breitbeinig wie festzementiert dazustehen.

»Warum?«

»Gleichgewicht – bei richtigem Gleichgewicht bist du frei. Außerdem ist deine Reichweite größer, wenn deine Beine nicht so weit gespreizt sind.« Er demonstrierte es.

Er zeigte ihr, wie man sich nach innen und außen bewegt und von Seite zu Seite. Er brachte ihr bei, wie man beim Zurückweichen weiterkämpft. Um ihre Beinmuskulatur zu stärken, warf er aufs Geratewohl die Boxhandschuhe in den Ring, und sie mußte sie im Entengang holen und zurückbringen. Am ersten Tag hielt sie eine Minute durch, ehe ihre Beine versagten. Nach zwei Wochen stand sie drei Drei-Minuten-Runden durch und hatte gelernt, wie Boxer die Oberschenkel, den Hintern und die Beinmuskeln einsetzen.

Er brachte ihr bei, wie man auf den Fußballen bleibt, wie man seinen Schlägen vom rechten Zeh aus Wucht verleiht, wie man das Gewicht aufs linke Knie verlagert und das Knie beugt, wenn man eine Gerade abschießt, wie man der Geraden eine Doppel- und Dreifachkombination folgen läßt, was die Gegnerin zum Rückzug zwingt. Er brachte ihr bei, wie man einem den Weg abschneidet, wie man Schlägen ausweicht und eine Linke oder Rechte pariert. Egal, wie hart er sie rannahm, sie konnte nicht genug kriegen. Allmählich schloß er sie ins Herz, nannte sie *Macushla*, abgeleitet vom gälischen *mo cuishle* – Liebling, mein Herzblut.

»Du hast die schlechte Angewohnheit, deine linke Hand einfach fallenzulassen«, setzte er ihr auseinander. »Joe Louis hatte dieses Problem, obwohl er siebenundzwanzig Kämpfe hintereinander gewonnen hat, davon dreiundzwanzig durch K. o. Bis Max Schmeling über Louis' träge Linke zuschlug und ihn ausknockte.«

»Im zweiten Kampf hat ihn Louis besiegt.«

»Yeah, aber zwischen ihnen steht's für alle Zeiten eins zu eins«, sagte Frankie. »Es ist okay, wenn du jemanden ködern, eine Rechte provozieren willst, um auszuweichen und zu kontern – es ist okay, wenn du einen Angriff planst. Sugar Ray Robinson hat das gemacht, dann machte er einen kurzen Schritt nach hinten, und *wumm!* ein Haken und gute Nacht. Aber soweit bist du noch nicht.«

»Immer in Deckung bleiben.«

»Eine Grundregel.«

Er ließ sie mit anderen Mädchen in der Trainingshalle sparren. Wie er vermutet hatte, hielt sie die Luft an, wenn sie unter Druck geriet, und dann wurde sie müde. Also brachte er ihr richtiges Atmen bei. Wenn sie richtig atmete, konnte sie schneller zuschlagen, und sie setzte ihre Fäuste gnadenlos ein. Beim nächsten Mal ergriffen die Sparringpartnerinnen die Flucht.

»Wie mach ich mich, Boss?«

»Besser.«

»Ich wieg nur noch hundertsiebzehn.«

Genau richtig, dachte Frankie, groß und langgliedrig für ihr Gewicht, gute Reichweite und Kraft. Er unterdrückte ein Lächeln, als er sich abwandte – sie würde bald so gewieft sein, daß sie im Regen kämpfen konnte, ohne naß zu werden.

Als Frankie keine weiblichen Sparringpartner mehr für sie fand, ließ er sie gegen Jungs antreten, um sie noch fitter zu machen und ihren Körper an Schläge zu gewöhnen. Die Jungs wogen genauso viel und hatten die gleiche Erfahrung, und in aller Regel bekam sie ganz schön was ab. Aber manchmal lief es auch umgekehrt, und eines Tages streckte sie einen Jungen mit einem Uppercut aus einer Geraden heraus nieder, wie im Bilderbuch. Und irgendein Scheißkerl rief dem Jungen zu: »Hey, Mann! Du läßt dich von einem Mädchen umnieten?«

Frankie sagte: »Das ist kein Mädchen, das ist eine Boxerin.«

Der Kerl warf die Hände hoch und verzog sich.

Anfangs war es einfach, Maggie mit ihrer mittelmäßigen Erfolgsbilanz und offenbar schwachen Schlagkraft für Kämpfe zu buchen, zumal die Promoter erpicht darauf waren, Frauenkämpfe ins Programm zu nehmen – Vereinskämpfe in Reseda und Sacramento, in Kasinos in entlegenen Indianerreservaten. Maggie hatte vier Runden zu je zwei Minuten zu kämpfen, zweihundert Dollar pro Runde. Frankie kleidete sie in das traditionelle irische Gelbgrün, ein großes goldenes Kleeblatt unter dem weißen MAGGIE hinten auf ihrer Robe. Und Maggie ging knallhart zur Sache. Vier Kämpfe und vier Knockouts, davon zwei in der ersten Minute der ersten Runde.

Eine Woche nach ihrem letzten Kampf – ihre Bilanz lautete inzwischen 13 zu 3 mit 5 Knockouts – wurde Maggie angeboten, in Hamburg für zwanzigtausend Dollar gegen Billy Astrakhov, »die blaue Bärin«, in der Junior-Leichtgewicht-Klasse anzutreten. Frankie lehnte ab, obwohl er sich von einigen Wertpapieren trennen mußte, um bei Kasse zu sein.

Maggie fragte: »Warum bloß, Boss? Ich hätt mir ein Auto kaufen können.«

»Wir sind noch nicht soweit.«

In ihrem letzten Kampf hatte Maggie die linke Hand fallen lassen und prompt ein blaues Auge kassiert.

»Du hast diese empfindliche irische Haut. Was hab ich gesagt, von wegen Handschuhe hochhalten?«

»Ich hab's nicht mal gespürt«, sagte sie.

»Wart nur, bis du mit den Großen spielst«, sagte Frankie. »Sag mir, wenn du für sechs Runden bereit bist.«

»Gestern.«

In die nächsthöhere Liga aufgestiegen, gewann Maggie ihren ersten Sechs-Runden-Kampf nach Punkten, aber ihre nächsten drei Gegnerinnen besiegte sie durch K. o., jeweils in der dritten. Eine der Boxerinnen mußte mit geplatztem Trommelfell und einer Gehirnerschütterung ins Krankenhaus eingeliefert werden.

»Willkommen beim Boxsport«, sagte Frankie.

»Wird man sie wieder hinkriegen?« fragte Maggie.

»Vermutlich. Aber was, wenn nicht?«

»Dann muss sie sich wohl 'nen ollen Macker an Land ziehen und 'nen Haufen Kinder in die Welt setzen«, antwortete sie. Kaum hatte sie das gesagt, sah sie sich, wie sie als Dreizehnjährige in einem ausgebleichten Kleidchen barfuß im Dreck stand, das Gesicht von Flechte überzogen. »Hab's nicht so gemeint.«

Jetzt lautete ihre Bilanz 18 zu 3 mit 8 Knockouts, und Frankie hatte achtzehnhundert pro Kampf für sie vereinbart. Die Medien waren inzwischen auf sie aufmerksam geworden, und in den Boxzeitschriften waren mehrere Artikel über sie erschienen. Aber so mancher Manager scheute davor zurück, Maggie gegen seine Mädchen antreten zu lassen, um deren Bilanz nicht zu gefährden – nicht für das bißchen Geld, das die Schmalspurpromoter zahlen konnten. Also warf Frankie selber was in den Topf, hob Bares von seinem Sparkonto ab, um dem anderen Mädchen zusätzlich bis zu dreitausend Dollar zu zahlen. Maggies Bilanz stieg auf 19 zu 3 mit 9 Knockouts, was weniger als fünfzig Prozent K.-o.-Siege bedeutete. Aber ihre Bilanz bei Frankie lautete 10 zu 0, wobei acht Gegnerinnen ausgezählt worden waren, also achtzig Prozent Knockouts.

»Laß mich wenigstens die Hälfte dazuzuzahlen«, sagte sie.

»Nee, ich krieg's schon wieder zurück. Hör damit auf.«

Sie sagten einen Acht-Runden-Kampf in London zu für achttausend Dollar plus zweitausend Trainingskosten. Sie waren im Vorprogramm eines Titelkampfes im Federgewicht, und für das Ereignis hatte Frankie Maggie ein neues Outfit verpaßt, ein Grün so hell, das es fast weiß war und im Flutlicht glitzerte. Auf ihren Shorts stand in knallgrünen keltischen Buchstaben *Maggie*. Auf ihrer Robe war hinten eine goldene irische Harfe. Über der Harfe stand in knallgrünen, goldumrandeten keltischen Buchstaben das gälische *Mo Cuishle*. Frankie bestand darauf, daß sie die Robe beim Wiegen trug, und als die irische Presse sie sah, wurde sofort im irischen Fernsehen und in den Zeitungen über Maggie berichtet. Die englischen Medien zogen nach, und die in England lebenden Iren füllten das Stadion. Frankie hatte dafür gesorgt, daß Dudelsackspieler im Kilt sie zum Ring begleiteten, und die Menge skandierte: *Ma-cush-la! Ma-cush-la!*

Der Kampf wurde in den Staaten von dem Fernsehkanal Wide World of Sports übertragen, und Maggie setzte ihre Gegnerin – eine zähe Jamaikanerin mit Rasta-Frisur und einer Erfolgsbilanz von vierzehn Knockouts hintereinander – in der sechsten außer Gefecht. Als Maggie nach Los Angeles zurückkehrte, wollten alle Fernsehstationen ein Interview. Ihr Preis stieg, und Frankie verschaffte ihr Kämpfe in Vegas und Atlantic City für fünfzigtausend Dollar, was mehr war, als die meisten männlichen Boxer bekamen. Inzwischen ließen alle Promoter sie von Dudelsackspielern zum Ring geleiten. Die Iren, die schon so lange keinen Star mehr gehabt hatten, blähten sich auf einmal mächtig auf. Nach ihren letzten beiden Siegen, einer davon durch Knockout, unterschrieb Frankie mit einem New Yorker Promoter einen Vertrag für zwei Zehn-Runden-Kämpfe im Madison Square Garden. Für den ersten Kampf würde Maggie beispiellose fünfundsiebzigtausend erhalten. Sollte sie ihn gewinnen, wäre das Preisgeld für den zweiten hunderttausend. Irische Fans aus Boston kamen in gecharterten Zügen nach New York.

Maggies erste Gegnerin in New York blieb in der vierten auf dem Boden liegen. Die zweite gab nach der achten in ihrer Ecke auf. Die Headline auf der Sportseite der *New York Times* fragte: *Macushla – Erstes Million $$$ Baby?*

Ein neues Angebot für einen Titelkampf kam aus Atlantic City, aber Frankie lehnte wegen der Aufteilung des Preisgeldes ab.

»Kommt nicht in Frage, daß wir weniger kriegen als die

Titelverteidigerin«, sagte Frankie. »Wir sind die Attraktion, nicht diese russische Deutsche oder was sie sonst ist.«

Frankie und Maggie brachten immer mehr Geld zur Bank. Mittlerweile wollten sämtliche Manager irgendwelcher Boxerinnen Maggie als Gegnerin verpflichten, da ihr Name beträchtliche Summen garantierte. Frankie wußte, daß diese Boxerinnen wenig Chancen gegen Maggie hatten. Aber sie hatten inzwischen fast drei Jahre zusammengearbeitet, und er wußte auch, daß Maggies Uhr allmählich ablief, daß ihr Körper nicht mehr alles wegstecken konnte. Ihre Brüder und Schwestern schrieben Bettelbriefe. Sie schickte ihrer Mutter Earline jeden Monat fünfhundert Dollar. Zwischen zwei Terminen fuhr Frankie mit ihr nach Missouri, wo sie ein hübsches Dreizimmerhaus kaufte und gemütlich einrichtete, als Überraschung für ihre Mutter.

»Wie soll ich denn da noch Sozialhilfe und Essensmarken kriegen?« sagte Earline.

»Gibt es keinen Job für dich und Roxanne?«

»Deine Schwester und ich schauen uns im Fernseher das Nachtprogramm an und schlafen dann bis in die Puppen.«

»Dann verkauf das verdammte Haus.«

»Haste 'n bißchen was übrig, Schätzchen?«

»Hier sind zweihundert«, sagte Maggie.

»Wenn du das nächste Mal heimkommst, laß deinen Freund, wo er ist.«

»Mama, was ist aus dir geworden?«

Sie kämpfte in Johannesburg und Paris. Frankie hatte ihr beigebracht, wie man angriff und sich verteidigte, wie man auf die Gegnerin losging, sich von ihr losriss, wie man sie auf Distanz hielt, anstatt sie an sich ranzulassen. Beide Mädchen gaben in der Ecke auf. Von Paris ging es nach Dublin, wo sie in einem Schaukampf mit drei Mädchen sparrte – jede zwei Runden lang –, um Geld für Irlands Amateurboxer zu sammeln. Der Oberbürgermeister erklärte den Tag zum Maggie-Macushla-Tag und überreichte ihr den Stadtschlüssel. In den Straßen jubelten die Fans.

»Geld auf 'm Konto«, sagte Frankie.

Obwohl Frankie viel Zeit in Maggie investierte, kamen seine anderen Boxer nie zu kurz, er arbeitete täglich mit ihnen und begleitete sie, wenn sie außerhalb kämpften. Der Jetlag setzte ihm zwar heftig zu, doch am nächsten Tag war er immer in der Trainingshalle. Seine ehrgeizigen Boxer merkten nie, wie müde er war. Mädchen aus allen Ecken der Welt tauchten auf und wollten Frankie als Trainer und Manager gewinnen.

»Das Geld teilen wir fifty-fifty«, boten sie an. Eine schlug sogar eine Aufteilung 70 zu 30 vor und zeigte ihm Nacktfotos von sich, eine ziemlich klares Angebot.

»Ich weiß, Sie werden es nicht verstehen«, erklärte ihnen Frankie, »aber ich trainiere keine Frauen.«

Mehr als eine bezeichnete ihn als Chauvinistenschwein.

Als Maggies Zehn-Runden-Titelkampf gegen die Astrakhov endlich unter Dach und Fach war, einigte man sich als Austragungsort auf das Mirage Hotel in Las Vegas und auf eine Direktübertragung bei HBO *(Home Box Office, bekannter privater US-Fernsehkanal, A. d. Ü.).* Frankie handelte zwei Kämpfe aus, den ersten für $ 225.000. Würde Maggie diesen Kampf gewinnen, sollte sie für den zweiten Titelkampf gegen eine noch zu benennende Herausforderin $ 500.000 Dollar erhalten.

Für den Kampf im Mirage würde die Titelverteidigerin Astrakhov $125.000 erhalten, im Fall einer Niederlage allerdings nur $ 75.000 – immer noch mehr, als sie je bekommen hatte. Doch sie war außer sich vor Wut, daß sie weniger als Maggie erhalten sollte, und schwor Rache für diese Beleidigung.

Frankie war klar, daß Maggie nur noch zwei, vielleicht drei Titelkämpfe würde durchhalten können. Er wollte unbedingt, daß sie das erste Million Dollar Baby werden würde, wollte, daß sie jemand war, wenn sie die Handschuhe an den Nagel hing, damit sie auch danach für immer jemand war.

»Du wirst dann auch aufhören, Boss, oder?« fragte Maggie.

»Nee. Ich würde den Gestank zu sehr vermissen.«

Billy »die blaue Bärin« Astrakhov war ein großbusiges rus-

sisches Mannweib, das in Hamburg lebte, einen leichten An-
flug von Damenbart hatte und mit Models aus der Modebran-
che ausging. Eine ehemalige Moskauer Prostituierte, die gern
weiße Smokings und lavendelfarbene Krawatten trug. Eine
echte Kampfmaschine, die mit Verve Schläge aus allen Win-
keln verteilte und ohne Mühe Mädchen von Berlin bis Australien niedergestreckt hatte. Sie galt als die gemeinste Boxerin der Frauenliga und war für ihre Kopf- und Ellbogenstöße
berüchtigt. In Deutschland war sie eine große Nummer. Ihr
Lieblingstrick war, ihren Gegnerinnen mit der Innenseite ihres Handschuhs die Nase zu zertrümmern. Daß sie eine von
ihnen dabei umbringen könnte, bereitete ihr keine Kopfschmerzen. Sie versprach, Maggie k. o. zu schlagen.

»Wenn ich sie alle gemacht habe«, sagte sie beim Wiegen
und grinste Maggie zu, »nehm ich sie auf mein Zimmer mit.
An einer Hundeleine.«

Maggie wurde um eine Stellungnahme gebeten.

»Ich werde sie wie eine Winchester in ihre Bestandteile
zerlegen und ihre beiden Gewehrläufe reinigen.«

Billy trug eine russische Pelzmütze und ein stahlblaues Outfit
mit glänzenden Blitzen aus rot-lila Noppen an beiden Är-
meln. Sie nahm die Mütze ab, um ihren polierten kahlrasierten Kopf zu zeigen, kasperte voller Zuversicht im Ring herum, ließ ihre Muskeln spielen und lächelte der Menge zu.
Maggie in ihrem üblichen Hellgrün schillerte bunt unter den
farbigen Flutlichtlampen. In der Umkleidekabine war ihr der
Schweiß ausgebrochen, und sie stand leicht aufgeregt in ihrer
Ecke, ernst und streng.

Die Iren waren überall verteilt, einzelne Gruppen stimmten irische Lieder an. Die Dudelsackklänge brachen sich in
der Halle.

»Schlag sie zusammen«, sagte Frankie. »Hau deine Gerade
auf ihre großen Titten, bis sie blau werden und abfallen.«

Maggie mußte lächeln, während sie Frankies Kriegsgesang
lauschte. »Jetzt tut's dir nicht mehr leid, daß du dieses alte
Hillbillymädel gerettet hast, stimmt doch, Boss?«

Frankie küßte sie auf die Wange und flüsterte: »Macushla, du bist mein ein und alles. Und jetzt geh da rein, und hau ihr die Hucke voll.«

Der Gong ertönte, und die Bärin fegte durch den Ring, eröffnete mit einem rechten Schwinger. Maggie tauchte darunter weg, wich nach links aus und versetzte der Bärin eine Rechte ins Gedärm, ein bißchen zu tief für die empfindliche Magengrube, aber die Bärin sank nieder und japste nach Luft. Die johlende Menge sprang von den Sitzen, aber noch ehe sie ausgezählt war, rappelte sich die Bärin wieder hoch.

»Zähes Luder«, zischte Frankie einem der Sekundanten zu, die er von Los Angeles mitgebracht hatte.

»Lesben sind nun mal zäh.«

Maggie fügte Billy zwei Verletzungen mit ihren Kombinationen zu, aber die Bärin umklammerte sie und überstand die Runde.

Da der Eckschemel durch die Metallbeine ungewöhnlich schwer war, hatte Frankie Mühe, ihn unter das Seil durchzuschieben, aber als Maggie die Ecke erreichte, war er soweit. Er versorgte sie mit Wasser, fettete sie ein und ermahnte sie, von außen zu kämpfen. Als der Gong ertönte, griff der Sekundant den Schemel und stellte ihn so an den Ring, daß Frankie bequem dem Kampf folgen konnte.

Der Gongschlag eröffnete die zweite Runde, und Maggie feuerte ihre Geraden ab. Billy klammerte wieder, versuchte, den Kampf in eine Rauferei ausarten zu lassen, um dann urplötzlich wieder Boden zu gewinnen. Aber Maggie war zu raffiniert und setzte Billy mit ihren Geraden und Uppercuts zu. Billy schlug derart oft ins Leere, daß sie wegen ihrer Fehlschläge ebenso oft nach Atem ringen mußte wie durch Maggies Treffer. Billy rammte ihren Ellbogen in Maggie, zielte aber daneben, als sie versuchte, Maggies Nase zu zertrümmern. Maggie ging sie weiter von außen her an, schoß ihre Gerade auf Billys Brüste, als würde sie sie mit einem Balken rammen. Die Bärin knickte in der Hüfte ein und stöhnte vor Schmerzen.

In der dritten Runde geriet Billy durch Maggies Gerade ins Taumeln, so daß Maggie blitzschnell ein paar Kombinationen landen konnte. Ein Haken sandte Billy zu Boden. Frankie dachte, Billy hätte genug abgekriegt, um ihr den Rest zu geben. Da es sich um einen Titelkampf handelte, gab es nicht die obligatorische Auszählung bis acht, und bei fünf war sie schon wieder dabei, Maggies Gesicht zu traktieren.

Billy packte Maggie und versuchte, sie zu Boden zu werfen. Der Schiedsrichter drohte, ihr Punkte abzuziehen, wenn sie so weitermache, aber Billy kümmerte das einen Dreck, und sie beschimpfte ihn auf russisch. Sie trat Maggie auf den Fuß und versuchte wieder, sie umzustoßen. Maggie hatte ihr Gleichgewicht noch nicht wiedergefunden, da erwischte Billy sie mit dem Ellbogen, was der Schiedsrichter nicht merkte, und fügte Maggie am linken Auge eine leichte Platzwunde zu. Schlimmer war, daß das Gewebe um das Auge herum anschwoll. Frankies Sekundant hatte keine Mühe, das Blut zu stillen, aber die Eisbeutel richteten nichts aus, und es bestand Gefahr, daß das Auge völlig zuschwoll.

Frankie wies Maggie an, in der vierten aufs Ganze zu gehen und einen Knockout zu versuchen, weil er fürchtete, daß der Schiedsrichter den Kampf abbrechen würde, sollte sich das Auge schließen. Sie erwischte Billy mehrmals, aber Billy hielt durch und konterte mit Kopfstößen. Der Schiedsrichter zog ihr Punkte ab und verwarnte sie. Maggie tat, als würde sie sich entschuldigen, und griff sofort wieder in ihre üble Trickkiste. In den Pausen zwischen den Runden klagte Maggie darüber, alles nur noch verschwommen zu sehen. Sie sagte Frankie auch, daß sie kein Mittel gegen Billys schmutzige Taktik wisse. Frankie behandelte ihr Auge mit Visine, einem nicht erlaubten Mittel, und erklärte ihr, daß man zum Boxen nur ein Auge benötige.

»Okay, aber was soll ich mit der Bärin machen?« sagte Maggie.

»Du weißt doch, wie du ihrer Rechten ausweichen und ihrer Leber einen linken Haken verpassen kannst, oder?«

»Hab ich gemacht. Sie ist aus Eisen.«

»Nicht mehr lang«, sagte Frankie. »Ich will, daß du ihr diesmal nicht an die Leber gehst, sondern in die rechte Seite ihres fetten Lesbenarschs einen linken Haken reinrammst, hau ihn wie einen Dolch in ihren Ischiasnerv und nicht nur einmal.«

»Und wenn mich der Schiedsrichter sieht?«

»Wird er nicht, wenn du das Miststück zwischen dir und ihm hältst. Und hau in diesen Saftarsch rein. Kapiert?«

»Und ob.«

Gegen Ende der fünften zog Billy ihr rechtes Bein nach, das vor Schmerz weiß geworden war. Erschöpft ließ sie sich auf ein Knie nieder, um sich freiwillig bis acht auszählen zu lassen und die Schmerzen zu lindern. Das war ein gutes Zeichen, aber Frankie machte sich noch immer Sorgen um Maggies Auge, er befürchtete, es könnte wie eine Muschelschale zuklinken und sie den Titelkampf kosten.

Als Billy wieder auf den Beinen war, konnte Maggie zwar noch immer nicht richtig sehen, übte aber weiter Druck aus. Sie ging die Russin mit Kombinationen an, daß ihr Kopf nur so wackelte und die Menge auf die Füße sprang. Der Schiedsrichter war nahe dran, den Kampf abzubrechen, als der Gong ertönte.

In der Mitte des Rings hatte Maggie gerade vier kräftige Schläge abgefeuert, die allesamt ihr Ziel erreichten, und sie war drauf und dran, Billy mit einem linken Kinnhaken den Rest zu geben, als der Gong kam und sie innehielt. Anstatt zuzuschlagen, wandte sie sich kurz nach rechts, sah mit ihrem unverletzten Auge, daß Frankie den Schemel unter dem Seil hindurchschob und ließ beide Hände sinken.

Beim Gongschlag hatte Billy jedoch gerade zu einer Rechten ausgeholt. Anstatt sich wie Maggie zurückzuhalten und in dem Wissen, daß Maggie links nicht richtig sehen konnte, machte sie einen Schritt nach vorn und setzte eine Rechte auf Maggies linkes Ohr.

Da Maggie sich in dem Moment abwandte, landete der Schlag zwar nicht mit voller Wucht, aber er war noch kräftig genug, um ihr Innenohr in Mitleidenschaft zu ziehen. Ihr Gleichgewichtssinn war gestört, der Ring wurde zur Achterbahn, und es kam ihr vor, als würde sie in Löcher treten. Obwohl sie bei vollem Bewußtsein war, gaben ihre Beine nach und knickten ein. Noch nie waren ihr die Beine weggezogen worden, und alles in ihr sträubte sich gegen den Gedanken, zu Boden zu gehen.

Frankie, mit seinem Schemel beschäftigt, hatte nicht mitgekriegt, was da passiert war, und sah nur, daß Maggie ihm mit gummiweichen Beinen entgegenstolperte.

»Herr im Himmel!«

Er ging auf sie zu, aber Maggies Beine versagten, ehe er sie auffangen konnte. Wie ein Mehlsack brach sie vor seinen ausgestreckten Armen zusammen. Sie versuchte noch zu verhindern, daß sie mit dem verletzten Auge auf dem Boden aufkam und riß ihren Körper herum, um den Sturz mit ihren Schultern abzufedern. Aber sie hatte sich zu ruckartig gedreht, und ihr Genick knallte mit voller Wucht auf die Metallstrebe des Schemels. Als die oberen beiden Nackenwirbel brachen, hörte es sich an, als würde jemand mit dem Absatz ein Schneckenhaus zertreten.

»Nein!« schrie Frankie und sah, wie sie zur Seite plumpste.

Ringärzte eilten herbei, während Frankie sie auf den Rükken legte. Sie hatte zu atmen aufgehört.

Bei allen wichtigen Boxkämpfen steht immer ein voll ausgerüsteter Krankenwagen mit Sanitätern bereit. Die Ärzte forderten sofort eine Trage an, und Maggie wurde im Laufschritt hinausgebracht. Publikum und Dudelsackspieler waren verstummt. Billy stand regungslos da, ihr Schweiß war inzwischen ebenso kalt wie ihre farblosen Augen.

Im Krankenwagen wurde Luft in Maggies Lungen gepumpt, gerade rechtzeitig vor Ablauf der kritischen vier Minuten, nach denen es zum Gehirnschaden kommt.

Der Sauerstoff erreichte ihr Gehirn, und sie murmelte: »Ich liebe dich, Daddy«. Doch sie blieb bewußtlos.

Einige Stunden später gaben die Spezialärzte des Krankenhauses bekannt, Maggie sei auf der Intensivstation und habe das Bewußtsein noch nicht wiedererlangt.

Frankie gab sich als ihr Großvater aus. »Kann sie schon wieder alleine atmen?«

»Nein.«

»Hat sie eine Rückenmarksverletzung?« fragte er.

»Kann man noch nicht sagen.«

»Ich bin ein Krüppel, Boss«, sagte Maggie. Sie war ausgemergelt und blaß, das Feuer in ihr war erloschen. Ihre leblosen Augen lagen in tiefen, dunklen Höhlen. »Das heißt, daß mein Rückgrat derart mitgenommen ist, daß sie mich nie wieder hinkriegen.«

Nach neun Tagen war sie aus dem Koma erwacht. Dann wurde sie zwei Wochen lang unter Betäubungsmittel gesetzt, um zu verhindern, daß sie ihren Kopf bewegte. Aus den Ergebnissen der MRT und anderer Untersuchungen schlossen die Neurologen, daß sie für immer an allen vier Gliedmaßen gelähmt sein würde, unfähig, ohne Sauerstoffapparat zu atmen. Ihre oberen beiden Nackenwirbel waren verletzt worden, was bedeutete, daß sie sprechen und den Kopf ein wenig bewegen konnte, aber das war alles. Sie konnte weder Arme und Beine bewegen noch aus eigener Kraft atmen. Sie hatte keine Kontrolle über Blase und Darm. Sie würde den Rest ihres Lebens wie erstarrt zubringen.

Es dauerte jeden Tag mehrere Stunden, sie für den Rollstull fertigzumachen und die Schläuche, die in ihre Blase, ihren Magen und ihren Hals führten, zu überprüfen. Nachdem ihre Arme und Beine bewegt und massiert wurden, hoben ihre Pfleger sie in einen Rollstuhl, in dem man sie festband. Ihr Sauerstoffapparat wurde auf den im Rollstuhl umgeschaltet. Da sie nicht selbständig atmen konnte, waren die Sauerstoffapparate für Bett und Rollstuhl ständig in Betrieb, sie wurde vierundzwanzig Stunden am Tag mit Sauerstoff vollgepumpt.

Da verschiedene Komplikationen auftraten, blieb sie zwei Monate in Las Vegas. Sie hatte keinen Appetit, hielt aber ihr Gewicht, weil man ihr Kalorien durch die Magensonde zuführte. Auf ihrer Haut bildeten sich Geschwüre, weil sie sich nicht umdrehen konnte. Sie hatte Wasser in den Lungen, die leergepumpt werden mußten, als sie eine Lungenentzündung bekam. Es gab Probleme mit den Blutgerinnseln in ihren Beinen und den roten Blutkörperchen. Um den täglichen Stuhlgang zu fördern, wurde sie auf die Seite gelegt, dann drückte man ihr so lange auf den Unterleib, bis die Ausscheidungen aus ihr herausgepreßt waren. An jedem Tag ihres Lebens wurde sie gedemütigt.

Es war spät am Nachmittag. Als sie erwachte, saß Frankie an ihrem Bett. »Bist du okay, Darling?« fragte er.

Sie war noch immer erschöpft. »Na ja, du weißt schon, die haben mir Schläuche an Stellen reingestopft, von denen ich gar nichts wissen möchte. Hast du jemals was von Dysreflexion gehört?«

»Kann ich nicht behaupten.«

»Passiert ganz schnell, wenn du etwa 'nen Knick in deinem Pinkelschlauch hast. Dann schlägt dein Herz wie wild.« Sie blickte verlegen zur Seite. »Ich hab's dir nicht gesagt, aber manchmal hab ich mir einen nächtlichen Herzanfall gewünscht. So schrecklich es ist, wenn dein Herz am Explodieren ist, war ich doch glücklich, Boss, weil ich dachte, die ganze Scheiße jetzt hinter mir zu haben. Aber dann haben sie's wieder hingekriegt und mich wieder zu dem erstarrten Schneemann im Januar gemacht, demselben bekloppten Schneemann, der hier rumhängt und bei Gott wünscht, es wäre Juli.«

»Himmel noch mal«, sagte Frankie. »Ich wußte, ich hätte dich nicht trainieren sollen.«

»Sag das nicht«, sagte Maggie. »Die Arbeit mit dir war die einzige Zeit, in der ich respektiert wurde, seit Daddy nicht mehr ist. Hey, und wir haben sie doch um ein Haar fertiggemacht, oder nicht, Boss? Ich wäre beinahe das erste Million Dollar Baby der Welt geworden, ist das nichts?« Sie lächelte, mußte sich dann aber abwenden, weil ihre Lippen bebten. »Daddy wäre stolz gewesen.«

Die Boxkommission kam für Maggies Krankenhausaufenthalt und auch für die Rehabilitation auf. Frankie blieb die ganze Zeit in Vegas. Er schlief bei einem befreundeten Trainer und verbrachte so viel Zeit mit Maggie, wie die Ärzte erlaubten. Er las ihr aus Zeitungen und Magazinen vor. Er brachte ihr einen kleinen Fensehr mit eingebautem Videogerät, damit sie sich Filme ansehen konnte. Er schob sie durch den Garten des Krankenhauses, wenn das Wetter kühl genug war.

Er beauftragte Trainer in Los Angeles, mit seinen Boxern zu arbeiten, und telefonierte einmal wöchentlich mit seinen Jungs. Sie waren entsetzt über Maggies Schicksal. Alle waren stolz darauf, sie zu kennen. Sie nannten sie Macushla.

Maggie hätte sich in eine Reha-Klinik in Las Vegas oder Missouri einweisen lassen können, wollte aber lieber in Los Angeles behandelt werden, um bei Frankie zu sein. Die Fahrt im Krankenwagen dauerte sechs Stunden. Sie erlitt zwei spastische Anfälle, die sie zu einer grotesken Karikatur ihrer selbst verzerrten, und der begleitende Lungenfacharzt mußte Maggie fragen, wie er sie auseinanderdrehen sollte.

»Am schlimmsten sind die wundgelegenen Stellen, wenn sie zu stinken anfangen.«

Das Evergreen Rehabilitation Center an der Ecke Dritte und Alvarado Street war von einem weitläufigen, schön gestalteten Rasen mit kalifornischen Platanen und Palmen umgeben. Maggie wurde eine erstklassige Behandlung zuteil, mit aufrichtiger Sorge um ihr Wohlergehen. Sie war eine von zehn vollständig Gelähmten, aber es gab noch zahlreiche Patienten mit Teillähmungen und diverse Amputationsfälle. Die meisten Patienten waren guter Dinge. Maggie allerdings nicht – sie fürchtete sich vor einem Leben in völliger Bewegungslosigkeit.

Frankie versuchte, sie aufzumuntern, es gäbe immer Hoffnung, jeden Tag würden neue medizinische Wundermethoden entwickelt werden, aber sie wandte sich ab und biß sich auf die Zunge, um nicht loszuschreien.

»Und selbst wenn nicht, jetzt, wo du nicht mehr am Herzmonitor hängst, wirst du dich bald selbständig bewegen können. Es gibt Rollstühle, die man steuert, indem man in einen Strohhalm bläst, und Fernseher und Computer, die man mit seiner Stimme bedienen kann. Du könntest eine Schule besuchen. Ich würde dich fahren.«

Maggie nickte bloß. »Ich weiß, daß du das tun würdest, Boss. Aber irgendwann werde ich hier den letzten Atemzug tun, wie alle anderen auch. Ich kann nicht nach Hause gehen, das steht fest, und sonst kann ich nirgendwo hin.«

»Du kannst bei mir wohnen.«

»Es wäre mir unerträglich, jemandem zur Last zu fallen.«

»Du stehst mir so nahe wie meine Tochter«, sagte Frankie, Schmerz und Zärtlichkeit überfluteten sein irisches Gesicht. »Du wärst keine Belastung für mich.«

»Du hast ja keine Ahnung«, sagte sie. »Und das ganze Geld, das ich verdient habe, wäre schneller futsch als Butter in der Sonne.«

»Ich hab Geld.«

Wenn Frankie nicht da war und die täglichen Pflegerituale beendet waren, wurde Maggie aus ihrem Zimmer am Ende des Flügels auf den Balkon im ersten Stock geschoben. An kalten oder stürmischen Tagen saß sie am Fenster ihres Zimmers. Sie klagte nie, bat nie um etwas, außer um stärkere Schlafmittel. Sie flehte zu Gott, wieder mit Dysreflexionen gepeinigt zu werden, so stark, daß ihr Herz geradewegs aus den Ohren spränge. Beim nächsten Mal würde sie's für sich behalten.

Anfangs rief jeden Tag jemand von Maggies Familie an, dann einmal pro Woche. Als ihr Bruder J. D. erfuhr, daß man sie nach Los Angeles brachte, sagte er, die Familie würde zur Stelle sein. Maggie bat ihn, keine Umstände zu machen.

»Nee, nee, Schwesterchen«, sagte er. »Mama will, daß unsere Geldangelegenheiten unter Dach und Fach gebracht werden.«

Die Familie war eine Woche in der Stadt gewesen und hatte mehr Zeit in den Universal Studios und in Disneyland als mit ihr verbracht. Am Tag vor ihrer geplanten Abreise tauchten sie bei Maggie auf – mit einem Notar und einem Anwalt, die eine Generalvollmacht für Earline vorbereitet hatten. Maggie sagte ihnen, sie sollten ihre Ärsche zurück in die Ozarks bewegen. Frankie hatte schweigend zugesehen.

»Hab ich was falsch gemacht?« fragte Maggie, nachdem alle gegangen waren.

»Ich bin mit allem einverstanden, was du willst.«

»Ich möchte mein Geld der Amerikanischen Paralysegesellschaft spenden, damit niemand mehr so leben muß.«

»Berat dich mit deinem Arzt und mach's.«

»Hab ich schon«, sagte sie. »Die liebe Familie war umsonst angereist.«

»Nicht umsonst«, sagte Frankie. »Sie haben Donald Duck und Mickey gesehen.«

Am nächsten Tag wurde Frankie von Maggies Familie auf dem Parkplatz gestellt. Maggie sah von ihrem Balkon aus zu. J. D. war einsneunzig groß und wog gut zweihundertzwanzig Pfund. Er war ein grobknochiger Mann mit kräftigen Armen und Beinen. Sein Haar war von einem hellen Blond, und sein Uniformhemd spannte sich über dem Bauch. Frankie war einsfünfundsiebzig und wog wenig mehr als hundertvierzig Pfund.

»Hey, Kumpel«, sagte J. D. »Wir wollen, daß du die Finger von unserer Schwester läßt.«

»Hör mal zu«, sagte Frankie. »Laß uns zu Maggie gehen. Wenn sie sagt, ich soll mich verziehen, verziehe ich mich.«

»Daraus wird nichts«, sagte J. D. »Du schleimst dich bei ihr ein, um ihr Geld zu kriegen, aber das kannste dir abschminken.«

»Du irrst, Freundchen. Es geht mir um ihre Freundschaft.«

»Wenn ich dir eine verpasse, hast du nichts mehr zu lachen, alter Knabe.«

»Du bist zu blöd, um 'ner Ameise mit 'nem Hammer eine zu verpassen.«

»Wie alt bist du, Kumpel?«

»Rat mal.«

J. D. warf Frankie gegen ein Auto und versuchte, ihn in den Schwitzkasten zu nehmen. Frankie ließ sein Kinn auf die Brust fallen, rammte J. D. sein Knie in die Eier und befreite sich, als J. D. reflexartig zwischen seine Beine griff. Frankie täuschte eine Linke an, schnellte eine Rechte vor, und J. D. deckte mit beiden Händen sein Gesicht. Als Frankie seine Rechte landete, trat er gleichzeitig nach rechts und bohrte einen linken Haken in J. D.s Schmerbauch, so daß die Knöpfe von seinem Hemd platzten.

J. D. knickte vornüber und stöhnte vor Schmerz, während Frankie seine Wut in einem rechten Haken bündelte, der das Zeug hatte, J. D.s linke Niere zu quetschen. J. D. schrie auf und sackte als keuchendes Bündel auf dem Asphalt zusammen.

Mit zwei Schritten war Frankie bei Mutter und Tochter und haute beiden mit voller Kraft eine runter. Die Schwester landete auf ihrem Hintern, und Earline schrie J. D. an, weil er sie nicht verteidigte.

Frankie war in Hitze geraten. »Gesindel!« rief er verächtlich. »Haut ab, ihr Schwachköpfe!«

Maggies Mutter warf sich in Positur. »Fahr uns nach Hause, J. D., wo sich die Leute zu benehmen wissen.«

Maggie hatte den ganzen Zoff mit angesehen und war stolz auf Frankie, als er über die Hintertreppe zurück auf ihren Balkon kam.

»Verdammt, Sie scheinen ja noch einiges drauf zu haben, Mr. Dunn«, sagte sie schmunzelnd.

»Tut mir leid, daß das ausgerechnet mit deiner Familie passierte«, sagte Frankie und setzte sich.

Maggie sagte: »Du erinnerst mich an meinen Vater, hab ich dir das jemals gesagt?«

»Nein.«

»Die gleichen herabhängenden Schultern, die gleichen Arme mit den dicken Adern«, sagte sie, während sie zusah, wie ihre Familie vom Parkplatz fuhr. »Er war Fernfahrer, und sein Truck sah wie aus dem Ei gepellt aus. Sein alter Schäferhund Axel war immer bei ihm. Daddy war viel unterwegs, aber wenn er nach Hause kam, war das wie Weihnachten, und wir verbrachten herrliche Zeiten. Anziehsachen und Spielzeug für uns Kinder, Kleider und Seidenfummel für Mama, außerdem Kuchen, wenn er durch Collins gekommen war.

Für sich selbst kaufte er neben Arbeitsklamotten nur Kautabak, und bei Kautabak war er der reinste Snob. Damals gab's diesen Tabakladen hier in Santa Monica, und er machte den

Umweg, um da immer gleich zehn Pfund zu kaufen, weil's so weit weg von zu Hause war. Würziges Zeug, süß und gut wie Bonbons. Er kaufte alle möglichen Geschmacksrichtungen, Lakritze, Limone und Rum, und dann dieses feste dunkle Naturzeug. Pfirsichgeschmack mochten wir beide am liebsten. Hast du jemals gekaut, Boss?«

»Nein«, sagte Frankie und schüttelte lächelnd den Kopf. Er war hocherfreut, daß Maggie redete. Der erste Lebensfunke, den er seit ihrem Unfall wahrgenommen hatte.

»Kauen hat mir einen Mordsspaß gemacht.«

»Du hast Tabak gekaut?«

»War 'n frühreifes Kind. Als ich zehn war, konnte ich schon mit der Gangschaltung vom Truck umgehen, runter, rauf und wieder zurück, Zwischengas inklusive. Daddy hatte mir versprochen, ich dürfte mal mit ihm mit, wenn ich die sechste Klasse hinter mir hätte. Ich war 'ne Einserschülerin. Ich war schneller und stärker als alle Jungs in meinem Alter, manche waren sogar älter. Daddy sagte, ich sei 'ne Wucht.«

»Wie alt warst du, als dein Vater starb?«

»Fast zwölf. Es war April, und ich sollte im Juni mit ihm fahren. Daddy sagte, er würde sich um einen Transport in die Gegend hier bemühen. Dann könnten wir zusammen den Kautabak mit Pfirsichgeschmack kaufen, Hummer am Pier in Santa Monica essen und Karussell fahren, bis wir schwindlig werden. Wir hatten ein Haus, Mama fuhr einen neuen Pick-up, und auf der Bank war Geld. Dann erkrankte Daddy an Zungen- und Kehlkopfkrebs, und wie das ist, erspar ich dir lieber. Aber Mama hat's durchgestanden.

Mama ist nicht von Grund auf schlecht, aber sie braucht jemanden, der sich um sie kümmert. Sie war ein verdammt hübsches Ding, und nach Daddys Tod hab ich die Kinder versorgt, während Mama als Kellnerin gearbeitet hat, um das Haus zu halten. Aber wir haben's verloren und landeten in einer Wohnwagensiedlung.

Als Vater krank wurde, wußte der gute Axel nichts mehr mit sich anzufangen. Er kam zu Daddy ans Bett und legte seine Schnauze auf die Matratze. Daddy konnte schon nicht mehr sprechen, aber er mußte den Hund nur anschauen, und Axel fing an zu winseln und mit dem Schwanz zu wedeln. Bald darauf versagten Axels Hinterhände. Kommt bei vielen Schäferhunden vor, wegen der Überzüchtung. Bald konnte sich der alte Axel vor Schmerzen kaum noch fortbewegen. Daddy war so krank, daß er sich nur mit Mühe aufrechthalten konnte, aber er schaffte Axel ohne fremde Hilfe in seinen Truck, und die beiden saßen da eine halbe Stunde bei laufender Standheizung. Daddy hatte eine Schaufel und eine Fünfundvierziger dabei. Axel dachte, es ginge wieder über Land und benahm sich wie ein junger Hund. Dann fuhr Daddy in die Berge, um seinem besten Freund den Gnadenschuß zu geben. Mama und wir Kinder saßen aneinandergeschmiegt auf dem Fußboden und warteten. Kurz vor Sonnenuntergang tönte der Schuß durch die Bäume. Daddy brauchte lange, ehe er zurückkam. Seine Augen waren gerötet, und er ist nie wieder in seinen geliebten Truck gestiegen.

Etwas in mir ist auch gestorben. Als ich sechzehn war, hab ich die Schule geschmissen und ebenfalls als Kellnerin gearbeitet. Dann war ich Teilzeitkassiererin in einem Supermarkt. Mir war klar, daß ich immer nur elende Hilfsjobs kriegen würde.

Ich hab ein paar Kröten zusammengekratzt und bin durch die Gegend gezogen. Ich hab eine Zeitlang Karate gemacht, als ich in Springfield arbeitete, und ich war gut. Ich hab Baseball und Basketball in Kansas City gespielt, wo ich Wachtposten in einem Einkaufszentrum war. Und dann hab ich die Boxerinnen im Fernsehen gesehen und wußte gleich, daß sich mein Schicksal gewendet hatte. Das Schicksal spielt immer eine Rolle.«

»Stimmt.«

»Frankie, ich hab mich gefragt«, sagte sie und blinzelte in die Sonne, »ob du mir wohl einen Gefallen tust?«

»Natürlich, das weißt du doch.«

»Einen größeren Gefallen als 'n Kofferradio in 'ner Kirche?«

»Einen noch größeren, wenn du willst.«

»Frankie«, sagte sie und sah ihm jetzt direkt in die Augen. »Ich möchte, daß du mit mir das machst, was Daddy mit Axel gemacht hat.«

Frankie beugte sich in seinem Sessel vor, als hätte ihm jemand einen Tritt in den Magen versetzt. »Lieber würde ich sterben.«

»Ich sterbe jeden Tag. Jetzt reden sie schon darüber, ob sie mein vereitertes Bein abschneiden sollen. Ich weiß, daß dir der Gestank in die Nase zieht.«

Frankie nickte.

»Es geht bergab, Boss«, sagte sie langsam. »So will ich nicht weiterleben.«

»Darum darfst du mich nicht bitten. Ich liebe dich.«

»Deswegen bitte ich dich ja.«

Am nächsten Tag fragte sie ihn wieder. »Für einen Hund würdest du es tun.«

»Du bist kein Hund. Du bist mein Herzblut.«

Sie schwiegen achtundzwanzig Minuten lang.

Frankie sagte: »Du darfst die Hoffnung nicht aufgeben. Sogar die Ärzte sagen...«

Sie fiel ihm ins Wort. »Es gibt keine Hoffnung. Ich bin nur noch totes Gewicht, siehst du das nicht? Der Körper, den du da anschaust, ist leer. Der Vogel in mir kann nicht fliegen.«

Frankies Herz fing an zu rasen, und er spürte, wie ihm das Blut in den Kopf schoß und sein Mund austrocknete. Er hatte keine Antwort für sie. Er würde für Maggie sterben, aber er konnte sie nicht umbringen. Erstmals in seinem Leben kam er sich wie ein Feigling vor. Er versuchte, normal zu atmen, aber es gelang ihm nicht. Nach einem tiefen Atemzug hörte er ihre Stimme, wieder ganz langsam.

»Die Nachtschwester dreht ihre Runden um Mitternacht, um zwei, um vier und um sechs. Ich bin die erste auf ihrer Liste. Sie braucht vierzig Minuten, dann erledigt sie wieder Papierkram an ihrem Schreibtisch. Du könntest dich in dieser Zeit reinschleichen. Du könntest ein Messer in mein Herz rammen. Ich würd's nicht mal spüren.«

»Mein Gott!«

»Ich bin nicht der Typ, der gern um etwas bittet, Mr. Dunn«, sagte sie mit einem Lächeln um die Mundwinkel. »Aber jetzt bitte ich dich.«

Frankie bedeckte mit beiden Händen sein Gesicht und schüttelte den Kopf.

»Verstehe«, sagte sie.

Als Frankie am nächsten Tag zurückkam, sagte ihm die Schwester, er könne Maggie nicht besuchen.

»Warum?«

»Ich hole den Doktor.«

Der Doktor kam eilends herbei. »Sie ist ins Cedars Sinai in West Hollywood verlegt worden. Sie liegt auf der Intensivstation.«

»Warum?«

»Sie hat versucht, Selbstmord zu begehen«, sagte der Arzt.

»Wie denn bloß? Sie kann sich nicht bewegen.«

»Sie hat sich die Zunge abgebissen, in der Hoffnung zu verbluten.«

Im Cedars wurde Frankie gestattet, sie zu besuchen. Der Überrest ihrer Zunge war vernäht worden und so geschwollen, daß er aus ihrem Mund ragte. Frankie wohnte praktisch im Wartezimmer des Cedars, obwohl Maggie während der zwei Wochen, die sie dort war, wegen der Beruhigungsmittel meist nur dahindämmerte.

Als sie ins Evergreen zurückverlegt wurde, war sie wieder bei klarem Bewußtsein, konnte aber nicht mehr sprechen. Die Schwestern brachten ihr bei, mit den Augen zu kommunizieren. Um eine Frage mit Ja zu beantworten, sollte sie zweimal langsam mit den Augen zwinkern und dann weggucken. Um Nein zu sagen, sollte sie ihre Augen schließen und langsam bis drei zählen, ehe sie ihr Gegenüber wieder ansah.

Am zweiten Tag nach ihrer Rückkehr in die Reha-Klinik fragte Frankie sie, ob sie sich besser fühle. Sie machte die Augen zu und zählte bis drei. *Nein.*

Sie öffnete die Augen, und Frankie sagte: »Die kämpfende

Maggie Fitzgerald. Gott, es tut mir leid. Es ist meine Schuld.«

Sie schloß ihre Augen, um bis drei zu zählen. *Nein.*

»Doch«, sagte Frankie. »Wenn ich bloß ich selbst geblieben wäre.«

Sie zählte wieder mit geschlossenen Augen bis drei.

»Herr im Himmel«, sagte Frankie und schluckte, um nicht die Fassung zu verlieren. »Gibt es denn nichts, was ich für dich tun könnte?«

Sie zwinkerte zweimal und sah weg.

Ja.

Sie sah ihn an und zwinkerte wieder zweimal.

Ja.

Dann zwinkerte sie ohne Unterbrechung: *Ja – ja – ja – ja – ja!*

Frankie legte ihr die Hand auf die Augen. Er spürte ihre Wimpern, als sie weiterzwinkerte.

Frankie blinzelte gegen das schräg einfallende Sonnenlicht, als er wie ein alter Mann die Stufen der römisch-katholischen St. Brendan's Church emporstieg. Es war der 28. Oktober, der Tag des Heiligen Judas. Obwohl es ein warmer Herbsttag gewesen war, wehte nun frostige Luft vom nahen Pazifik herüber, wo die in Nebel eingehüllten Tankschiffe ihr wehklagendes Tuten ertönen ließen. In seinem Herzen war Frankie Dunn bereits verdammt.

In wenigen Tagen war Allerheiligen, ein heiliger Festtag. Seit Maggies Unfall hatte Frankie nicht mehr am Abendmahl teilgenommen. Er fühlte sich deswegen elend, doch seine Wut auf Gott hatte seinen Glauben zerstört – wie ein Tropfen Säure, der ins Auge gerät. Er sehnte sich nach der Hostie, ihrem ungesäuerten, faden Geschmack – ohne sie war er kein ganzer Mensch, befürchtete, nie wieder ein ganzer Mensch zu sein. Ihm graute, so zur Beichte zu gehen, einer halben Beichte, etwas, das er nie zuvor getan hatte und das ihm weder vor sich selbst noch vor Gottes Augen helfen würde, weil Gott wußte, was in seinem Herzen vorging. Er hoffte, daß nicht Pater Tim O'Gorman die Beichte abnehmen würde;

dann besann er sich und wünschte sich Tim. Wer auch immer der Priester sein mochte, Frankie brannte darauf, die Absolution für all seine Sünden zu erhalten, die läßlichen und die Todsünden, vor allem aber für diese eine Todsünde, die seine Seele zerfraß.

Fliegen tanzten und flirrten zwischen den schweren geöffneten Türflügeln, die das Licht von draußen gegen die Schatten im Inneren abblockten. Frankie ging durch die Fliegen hindurch, tauchte die Finger in das kalte Marmorbecken mit dem Weihwasser und bekreuzigte sich. Seine Finger bebten.

Er ging durch das Seitenschiff zu den aufgereihten Votivkerzen vor dem Schrein des Heiligen Judas, Schutzpatron der hoffnungslosen Fälle. Er zündete fünf Kerzen an – eine für seine Frau, die er so sehr vermißte; eine für seine Eltern, Brüder und Schwestern; eine für seine Söhne, Töchter und Enkelkinder; eine für noch lebende und verstorbene Freunde – die meisten waren tot. Und er zündete eine für sein Mädchen an. Er kniete nieder, bekreuzigte sich erneut und betete.

»Leg Fürbitte für mich ein, Judas Thaddäus. Obgleich ich Gott hasse, bitte ich um etwas Undenkbares. Wenn es Gott gefällt, möge er mich wieder schlafen lassen. Darum bitte ich und nur darum, im Namen des Vaters, des Sohnes und des Heiligen Geistes. Wie es am Anfang war, so soll es jetzt sein und immerdar. Amen.« Er war sich des Widerspruchs zwischen seinem Gotteshass und dem Gebet in der Kirche bewußt.

Seine Knie schmerzten, als er sich erhob. Inzwischen hatten sich seine Augen an das diffuse Licht gewöhnt, das durch die bunten Glasfenster sickerte und wie der samtige Schwanz einer Katze um die Statuen des gemarterten Jesus, der Schmerzensmutter und der leidenden Heiligen strich. St. Brendan's war eine alte Kirche, stets von Weihrauch und dem Geruch brennender Kerzen durchzogen. Für Frankie war sie ein heiliger Ort, der ihm Trost und die Gewißheit gab, daß sich seine Qual im gemarterten Körper des Gekreuzigten widerspiegelte.

»Heiliger Gott, ich bereue aus tiefstem Herzen, dich beleidigt zu haben...«

Pater O'Gorman war so alt wie Frankie, seine Figur erinnerte an eine Weintraube. Flink und leichtfüßig trippelte er durch das Seitenschiff.

»Ah, Frank, alter Junge, zeigst du mir mal wieder ein paar stramme Burschen im Fernsehen?«

»Nein, Pater Tim. Keine.«

Zwei Bußfertige waren vor Frankie an der Reihe – ein alter italienischer Gärtner in Arbeitskleidung und eine schwangere junge Schwarze. Sie brauchten wenige Minuten.

Frankie ging in den Beichtstuhl, schloß die Tür hinter sich und kniete nieder. Pater Tim saß auf der anderen Seite der Trennwand, schob das Gitter beiseite und war ganz Ohr. Er kannte Frankie seit seiner Kindheit in Irland. Sie waren beide bei den Christian Brothers zur Schule gegangen, hatten im selbem Sportverein gespielt Als Neunjähriger war Frankie 1938 mit seinen Eltern in die Staaten gekommen. Pater Tim war als junger Geistlicher in den fünfziger Jahren ausgewandert. Seinen irischen Akzent hatte er nie abgelegt, im Gegensatz zu Frankie, der seinen Schulabschluß in Kalifornien gemacht hatte. Aber wenn Frankie mit Iren zusammen war und ihnen zuhörte, brach der alte Akzent wieder durch.

Frankie konnte den rundlichen Priester hinter der Trennwand kaum ausmachen. »Segne mich, Pater, denn ich habe gesündigt«, sagte er. »Meine letzte Beichte ist ein Weilchen her.«

»Vielleicht mehr als ein Weilchen, Frank?«

»Stimmt, Pater.« Er fragte sich, ob der Priester seine Fahne riechen konnte.

Frankie wollte fortfahren, aber konnte nicht. Der Priester hörte, wie er schluckte und mit sich rang.

»Hast du mir nichts zu sagen, gar nichts?« fragte der Priester.

»Doch, Tim. Es ist nur wegen des Gläschens, das ich hatte.«

»Ah«, sagte der Priester, der bekanntlich selber gern einen zur Brust nahm. Er wartete die Ewigkeit einer ganzen Minute ab, ehe er sprach. »Red weiter, alter Junge.«

»Ich kann nicht.«

»Ist es so schlimm?«

»Das, woran ich denke, ist es«, sagte Frankie.

»So schlimm, daß du nicht darüber reden kannst?«

»Ach, Tim, ich hab ein Mädel umgebracht.«

»Jesus!« flüsterte O'Gorman und bekreuzigte sich. »Jesus, Maria und Joseph, Frank, sag, daß das nicht stimmt.«

»Doch. In Gedanken.«

»Wir meinen nicht so 'n kleines Püppchen, oder?«

»Nee, Tim, nicht so was. Du hast sie mit mir im Fernsehen gesehen.«

»Die, die gestürzt ist?«

»Mhm ... die, die gestürzt ist.«

»Willst du etwa sagen, daß sie bereits tot ist, Frank?«

»Noch nicht.«

»Was also?«

»Tim, ich weiß es nicht. Aber ich glaube, es zu wissen, ich kann's nur nicht sagen.«

»Nicht einmal hier?« fragte der Priester sanft und spürte Frankies Seelenqual. »Das kannst du nicht machen, Frank.«

»Ich weiß, Vater.«

Frankie saß neben Maggie auf dem Balkon. Nachdem er ihr einen Gruß zugeflüstert und Maggie zweimal gezwinkert hatte, schwieg er den ganzen Nachmittag, betrachtete die Bäume. Er wollte ihr sagen, daß er's machen würde, aber konnte es ihr nicht sagen, weil er nicht sicher war, ob er's fertigbrächte.

Sie wollte ihm sagen, daß sie zuviel von ihm verlangt hatte, und hätte es ihm auch gesagt, aber sie hatte keine Zunge.

In seiner Einzimmerwohnung in der Nähe des Venice Boulevard in Culver City kippte Frankie noch einen Whiskey. Er holte ein neues Fläschchen mit Adrenalinchloridlösung aus dem Kühlschrank, wo er das Zeug aufbewahrte, damit es wirksam blieb. Er öffnete den Verschluß, saß dann aber eine Weile reglos da. Auf dem kunststoffbeschichteten Tisch lag eine Spritze aus alten Armeebeständen, die er seiner Instrumententasche entnommen hatte. Er hatte sie vielleicht ein dutzendmal benutzt, um Boxern Prokain in die gequetschten Knöchel oder gebrochenen Mittelhandknochen zu spritzen, damit sie den Kampf durchstehen konnten. Auch Adrenalin hatte er schon gut und gern hundertmal benutzt, um das Blut bei Platzwunden zu stillen, was manchen Kampf und manche Boxerkarriere gerettet hatte. Und er wußte, was man mit Adrenalinchlorid sonst noch machen konnte.

Er legte die Spritze und die abnehmbare Nadel in eine saubere Küchenschale, um beide Teile mit brennendem Alkohol zu sterilisieren. Er hielt inne, stellte die Flasche mit dem Alkohol zurück. Es mußte nichts sterilisiert werden.

Er füllte den Inhalt der kleinen braunen Adrenalinflasche in den mit Eichstrichen versehenen Kolben der Spritze. Dann legte er sie in ihren polierten Chrombehälter zurück. Er steckte den Behälter in die Innentasche seiner marineblauen Windjacke, aufrecht, damit nichts auslief. Er zog seinen dunklen Anzug an und fuhr in seinem alten Ford zum Evergreen, wo er nachts um zehn vor zwei mit ausgeschalteten Scheinwerfern auf dem Parkplatz ankam.

Frankie betete, daß er unbemerkt blieb. Als er sah, wie die Nachtschwester um zwei Uhr in Richtung von Maggies Zimmer am Ende des langen Gangs ihre Runde antrat, um sich dann wieder zu ihrem Schreibtisch zurückzuarbeiten, schlich er in das Gebäude und die vordere Treppe hinauf. Er versteckte sich in einer Besenkammer, ließ die Tür angelehnt. Kaum war die Schwester zum nächsten Flügel unterwegs, zog Frankie seine Schuhe aus und ging auf Zehenspitzen den Gang hinunter und in Maggies Zimmer.

Ein schummriges Nachtlicht brannte. Frankie schlich zu dem Tisch neben Maggies Bett und stellte die Schuhe auf den Boden. Maggies Sauerstoffapparat war eingeschaltet, aber sie war nicht an einen Monitor angeschlossen. Frankie holte den Behälter aus der Jacke und stellte fest, daß kein Adrenalin ausgelaufen war. Schließlich warf er einen Blick auf Maggie, die er schlafend wähnte. Zwei Augen starrten ihn an.

Maggie zwinkerte zweimal. Frankie nickte und zwinkerte auch zweimal.

Er ging so schnell und geschickt wie ein Chirurg vor, wußte er doch, daß er nicht innehalten und nachdenken durfte, sonst wäre er nicht mehr in der Lage, das zu tun, was er tat. Er beugte sich ganz dicht zu Maggie, die ihre Augen nun geschlossen hielt.

»*Mo cuishle.*«

Maggie blickte auf und lächelte, dann runzelte sie die Stirn, als sie hörte, wie die Schwester in ihren Gesundheitsschuhen sich näherte. Frankie hielt die Luft an und stand hinter der Tür, als die Schwester hineinsah. Sie fand es normal, daß Maggie wach war.

»Sind Sie allein?« fragte die Schwester flüsternd.

Ja.

»Riechen Sie Whiskey?«

Nein.

»Komisch, ich dachte, ich hätte da was im Gang gerochen. Haben Sie irgend etwas gehört?«

Nein.

»Nun gut«, sagte die Schwester und ging zurück zu ihrem Schreibtisch, der ungefähr vierzig Schritte von Maggies Zimmer entfernt war.

Maggie sah Frankie an, der sich niederbeugte, um ihr einen Kuß zu geben.

»Ich werde dir nicht weh tun«, flüsterte er ihr ins Ohr. »Erst werde ich dich in Schlaf versetzen. Dann gebe ich dir eine Spritze.«

Ja.

Frankie stand hinter ihr, damit er ihr Gesicht nicht sehen mußte. Er preßte seine Daumen links und rechts in Maggies Hals und unterbrach die Blutzufuhr der Kopfschlagader zum Gehirn. Maggies Augen fielen zu, und ihr Mund öffnete sich. Der Sauerstoff entwich durch das Loch in ihrem Hals und vermischte sich mit dem Sturm in Frankies Kopf. Er drückte drei Minuten lang zu, lange genug, um ihm die Zeit zu gewähren, die er brauchte.

Frankie sah sie an, mußte einen Schrei unterdrücken. Er untersuchte ihren drei Finger breit geöffneten Mund und injizierte den Inhalt der Spritze unter den Stummel von Maggies Zunge. Die dreißig Milliliter Adrenalin hätten genügt, einen Drachen zu töten, aber er wußte, daß es sich kurz nach der Injektion vollständig auflösen würde. Sollte eine Autopsie angeordnet werden, würde die winzige Einstichstelle unbemerkt bleiben. Und selbst wenn, Adrenalinspuren konnten niemals nachgewiesen werden.

Frankie ließ die Spritze rasch in ihrem Behälter und diesen in seiner Innentasche verschwinden. Jetzt überkam ihn eine ähnliche Ruhe wie bei seinen schwierigsten Kämpfen. Er prüfte Maggies Puls. Er raste schneller als ein Punchingball. Dann traf sie der Schlag, und ihr Gesicht verzerrte sich, wobei sich ein Auge zur Hälfte öffnete.

Ein Vogel flog am Fenster vorbei, warf seinen Flügelschatten kurz an die Wand gegenüber. Mit einer Fingerspitze drückte Frankie Maggies Augen zu, den Daumen noch immer an ihrem Puls. Seine Schuhe in den Händen, doch seiner Seele beraubt, ging er leise die Hintertreppe hinunter und war verschwunden. Seine Augen waren so trocken wie ein brennendes Blatt.

BOXKAMPF IN PHILLY

»Wir müssen diesen Afrikaner nach links drängen«, murmelte der Sekundant in der Maschine nach Philadelphia vor sich hin. »Wir nageln ihn fest, damit er gar nicht erst zum Zuge kommt, der Mistkerl kann echt zuschlagen.«

Der Sekundant war ein ausgekochter alter weißer Mann, Con Flutey war sein Name. Er hatte weißes Haar und trug eine Trifokalbrille. Die Schönheit des Boxsports hatte es ihm angetan, ein Spiel, bei dem selbst alte Männer noch in den Krieg ziehen können. Den hatte er einfach in den Knochen, den Boxsport. Er war schon lange dabei. Auch bei dem Sport, den man Leben nennt, war er schon lange dabei, und sein Inneres war aus so vielen unterschiedlichen Teilen zusammengesetzt, daß er nicht verstand, wie die alle in einem einzigen Ich Platz haben konnten. Aber da waren sie nun mal, und obwohl die ungleichen Bestandteile ihn zuweilen erstaunten, hatte er im Lauf der Zeit an dem Karussell, das seine Seele war, Gefallen gefunden. Was blieb ihm auch anderes übrig?

Außerdem, je älter er wurde, desto sinnvoller erschienen ihm die Dinge, desto mehr fügten sie sich zusammen, obgleich er die Boxer in den letzten Jahren nicht mehr so wie früher zu trainieren vermochte – wegen seiner Beine konnte er ihnen nicht zeigen, wie man sich bewegt, wegen seines Rückens konnte er kein Sparring mit ihnen machen. Jetzt unterwies er den Nachwuchs in Theorie und ein paar in die Jahre gekommene Profis ebenfalls – wie man Angriffswinkel und Entfernung abschätzt, wie man sich vom zurückgestellten Fuß abstößt, um nach vorn zu gehen, und vom vorgestellten, um nach hinten auszuweichen, wie man das Gleichgewicht hält und wie und warum man eine Drehung mit dem vorderen oder hinteren Fuß macht, wie man rückwärts gehend weiterkämpft, wie man beim Zuschlagen erst den Arsch und dann die Fäuste einsetzt und wie der Körperhaken vom hinteren Fuß auszugehen scheint, obwohl er – wie der Kopfhaken – vom vorderen Fuß ausgeht. Und Atemtechnik, immer wieder. Und Taktik, immer wieder Taktik.

Da war er also. Er stand auf dem schönen Ben Franklin Parkway und hatte seinen Spaß an all den internationalen Flaggen, die vor dem zarten Frühlingsgrün flatterten. Nach dem Sternenbanner mochte er die südafrikanische Flagge am liebsten. Das Orange in der Trikolore Irlands mochte er nicht – Orange hatte keinen Platz in seinem irischen Herzen. Weiter oben waren das Philadelphia Museum of Art und die Stufen, die Sylvester Stallone als Rocky hochgerannt war, die Musik des Soundtracks hatte ihn angetrieben, ihn erstrahlen lassen. Zu dumm, daß Stallone das Wort Boxkampf nicht mal richtig schreiben konnte.

Con war mit einem Flugzeug aus Vegas eingetroffen. Sein Partner und sein Boxer sollten in eineinhalb Stunden aus Los Angeles ankommen. Bei der Heimreise würden sie alle im selben Flugzeug sitzen. Ihr Gespann war aus L. A., und sie flogen zu einem Zwölf-Runden-Kampf im Blue Horizon nach Philly ein. Es ging um einen Titel, keinen besonders wichtigen, aber wenn es ihnen gelänge, den Afrikaner zu besiegen, würde der Junge des Sekundanten mit Sicherheit die Chance erhalten, nach höherem Lorbeer zu greifen. Mitglieder eines Boxergespanns sagen immer *mein* und *wir*: *Wir* kämpften; *wir* werden kämpfen; *wir* haben verloren; *mein* Junge. Sie sagen *wir*, weil sie ebenfalls kämpfen, wenn ihr Boxer kämpft, und wenn ihr Boxer einen abkriegt, kriegen auch sie einen ab. Wenn der Boxer gewinnt oder verliert, gewinnen oder verlieren sie mit ihm, und sie haben alle die gleichen Gefühle dabei. Darum war Mookie für ihn *sein* Junge, und darum sagte er, *wir* waren am Dienstag abend die Hauptattraktion. Und darum wußte er, daß man lernen mußte, wie man gewinnt oder verliert, und daß man lernen mußte, stets sein Bestes zu geben. Nicht es zu *versuchen*, sondern zu tun. *Tun*. Diese Jungs legen nämlich ihr Leben in deine Hände.

Con Flutey hatte niemals einen wichtigen Titel gewonnen,

ebensowenig wie sein Partner Odell Blue. Odell trainierte ihren Jungen, und als sein Trainer würde er der Betreuer sein, der einzige, der zwischen den Runden den Ring betrat. Im Fall einer ernsthaften Platzwunde würde der Sekundant in den Ring gehen, und Odell würde von draußen mit dem Wasser, dem Eis und dem Öl arbeiten. Odell war ein angesehener Boxer mit einer gefürchteten Linken gewesen. All die Schläge, die er hatte einstecken müssen, hatten ihm so zugesetzt, daß er leicht stotterte. Wenn ihn jemand beleidigte, konnte er das Stottern nicht mehr im Zaum halten. Es empfahl sich, ihn nicht zu beleidigen, denn wenn Odell nicht richtig sprechen konnte, fing er an zuzuschlagen. Aber bei einem Kampf redete er zwischen den Runden ohne eine Spur von Stottern auf seinen Boxer ein, und sein Körperbau war noch immer so, daß es den Frauen den Atem verschlug.

Infolge einer Verletzung hatte sich die Netzhaut von einem seiner Augen gelöst. Das war damals passiert, als es nur acht Gewichtsklassen – angefangen beim Fliegengewicht mit 101 Pfund – und in jeder Klasse lediglich einen Champion gab. Im Mittelgewicht war er Nummer fünf der Rangliste gewesen, und man mußte fünfzig- oder sechzigmal angetreten sein, ehe man die Chance zu einem Titelkampf erhielt. Als es soweit war, büßte er allmählich die Fähigkeit ein, dem rechten Haken seiner Gegner auszuweichen und seine Linke einzusetzen. Die Nächte wurden länger. Als er merkte, daß es keinen Sinn mehr hatte, wurde er Hafenarbeiter in L. A. Erst fünfzehn Jahre später kehrte er in die Boxhallen zurück und fing als Trainer bei einem Sport an, in dem er seit seinem elften Lebensjahr aktiv gewesen war – damals, als das einzige Fleisch, das es zu Hause in Cairo, Georgia, zu essen gab, noch das Kaninchen oder der Waschbär gewesen war, den sein Daddy erlegt hatte. Jeder respektierte Odell, und wer ihn kannte, war überzeugt, daß er schon mal einen Champion ausgebildet hatte. Er hatte mehr Enttäuschungen als ein alter Priester hinnehmen müssen. Der Sekundant wußte, daß Odell das Verlieren ebenso haßte wie er, aber Odell gab niemals auf und der Sekundant auch nicht.

»Wenn ich mir bloß einen weißen Schwergewichtler angeln könnte«, pflegte Odell zu sagen. »Wir würden reich werden, du und ich, alter Knabe.«

Con glaubte ihm, Odell hatte das Zeug dazu. Er wußte, wie erpicht die Weißen auf einen weißen Schwergewichtsmeister waren, wieviel sie zu zahlen bereit waren. Auch er hätte nichts dagegen gehabt, einen weißen Jungen in ihrer Obhut zu wissen. Dann wäre er in der Lage gewesen, seinen eigenen Kindern zu helfen, hätte ihnen helfen können, in einer Welt Fuß zu fassen, der immer weniger an den Dingen lag, die ihm immer wichtiger wurden.

Nun waren sie also in Philly, Mookie Bodeen brachte gut 142 Pfund auf die Waage und würde das Gewichtslimit im Mittelgewicht leicht halten. Das Mittelgewicht war Cons Lieblingsklasse. Mookie stammte aus South Central in L. A. und war von seiner Mutter großgezogen worden, die noch vier Töchter von zwei anderen Vätern hatte. Mookie haßte seinen Vater, wer immer er sein mochte, aber er liebte seine Mutter und seine Schwestern, die er auf die Kosmetikschule schickte, damit was Rechtes aus ihnen wurde. Er hatte seiner Mama auch ein Haus versprochen, aber sie wohnte noch immer zur Miete. Er war ein Linksausleger, der von 45 Kämpfen 42 gewonnen hatte, 18 durch K. o. Er selbst wurde zweimal k. o. geschlagen, einmal bei seinem zweiten Titelkampf und einmal bei einer Acht-Runden-Begegnung, nachdem er in Paris seinen ersten Titelkampf durch eine nicht einstimmige Entscheidung verloren hatte. Entmutigt hatte er damals das Boxen ganz aufgegeben. Aber dann machte er pleite, versuchte, sich selbst zu managen, und nahm einen anderen Trainer, redete sich ein, Odell sei schuld an seiner Niederlage in Paris gewesen. Noch nicht in Form, trat er für achthundert Dollar in Tijuana zu einem Acht-Runden-Kampf an – mit Fremden, die in seiner Ecke arbeiteten und nur genug Kohle machen wollten, um sich einen neuen Reifen kaufen zu können. In der fünften Runde bekam er von einem 152 Pfund schweren Matrosen eine verpaßt und gab erneut auf.

Aber was hätte er sonst machen können? In Boxerkreisen

geht es zwar gnadenlos zu, aber Odell war ein nachsichtiger Trainer, und so kehrte Mookie zu seinem schwarzen Daddy und seinem weißen Großvater zurück. Schön, er hatte bereits die erste Runde in seinem zweiten Titelkampf versägt, aber jetzt hatte er fünfmal hintereinander gewonnen, zweimal durch K. o. Das Gespann des Afrikaners hatte diesem Kampf zugestimmt, weil sie in der Videoaufzeichnung gesehen hatten, wie Mookie in der ersten Runde umgeknickt war – aber sie hatten nicht bedacht, daß die erste Runde für jeden Boxer die gefährlichste ist, daß jeder in der ersten praktisch wehrlos ist.

Obwohl er in Topform war und der Sekundant ihn »mein Junge« nannte, war Mookie kein Junge mehr. Er war zweiunddreißig, und Gott allein wußte, was aus ihm, seinen Schwestern und seiner Mama werden sollte, wenn er den Afrikaner nicht besiegte. Aber er war ein junger Zweiunddreißigjähriger, er hatte einen jungen Körper und junge Augen, weil er nicht trank und keine Drogen nahm. Wie er sich von all dem fernhielt, besonders nach seinen Titelniederlagen, wußte der Sekundant nicht. Viele wußten es nicht. Gut, Mookie hatte die Angewohnheit, den Weibern nachzulaufen, aber deswegen war er noch kein schlechter Kerl.

Und nun sollten sie antreten gegen ein einsechsundachtzig großes Monster aus Uganda mit großem Kopf und ohne Nase, mit langen dürren Gliedmaßen, wobei die Arme so lang waren wie die eines Schwergewichtlers. Er hatte einen Mordsrücken und Schultern wie Felsbrocken, und er konnte zuschlagen – sechsundzwanzig Siege, neunzehn davon durch K. o., und keine einzige Niederlage. Con liebte die Afrikaner, liebte ihr Herz, ihre Disziplin. Und er liebte sie, weil sie sich ihres Lebenstraums nicht schämten. Er liebte auch ihre Höflichkeit und wie sie in ihrer schamhaften Bescheidenheit ihr Gemächte mit den Händen verbargen, wenn sie aus der Duschkabine kamen. Und er liebte, wie sie kämpfen konnten und auch tatsächlich kämpften, wie sie alles aufs Spiel setzten.

Mookie hatte zwei Manager, einen Weißen und einen Schwarzen, beide anständige Kerle, die ihn zehn Jahre betreut hatten, nur nicht während der idiotischen Zeit, in der er sich selbst gemanagt hatte, idiotisch deshalb, weil man nicht gleichzeitig das Pferd und der Jockey sein und obendrein noch gewinnen kann. Sie hatten Mookie auf den Weg gebracht, die richtigen Kämpfe für ihn ausgesucht, und obwohl er zwei K.-o.-Niederlagen einstecken mußte, war er nie ernsthaft zusammengeschlagen worden. Die beiden Titelkämpfe für Mookie zu kriegen war schon eine Leistung, weil die meisten Manager der Champions Linksausleger mieden, als hätten sie Aids. Aber das Gespann des Afrikaners wollte seinen Schützling gegen einen namhaften Gegner antreten lassen, einen in die Jahre gekommenen Gegner, der ihm ein Prüfstein sein sollte, jemanden, von dem sie annahmen, sie könnten ihn mit der gewaltigen Rechten des Afrikaners erledigen. Der Afrikaner wollte gegen Mookie antreten, weil Mookie auf Platz fünf war; er selbst rangierte auf Platz sieben, und sollte er Mookie besiegen, wäre er einem Titelkampf ein gutes Stück näher gekommen. Der Afrikaner wollte gewinnen, doch Mookie ebenfalls, und Mookie war so raffiniert und schnell, daß die Leute, die ihm im Gym beim Training zusahen, den Atem anhielten und sagten: »Du bist unser bestes Stück.«

Doch als Mookie in Philly eintraf, konnte er kaum gehen. Con hatte es erst gar nicht bemerkt, aber an diesem Samstagmorgen, als Mookie sein letztes Lauftraining vor dem Kampf absolvierte, schien mit seinem linkem Bein etwas nicht in Ordnung zu sein, dem Bein, das vorschnellte, wenn er seine Geraden austeilte, dem Bein, von dem Tempo und Schlagkraft abhingen. Da Con vor den anderen in Philly angekommen war, machte er erst einmal einen Spaziergang durch den Park und kehrte dann zu seinem Hotelzimmer zurück. Er sah gerade die Nachrichten, als ihn Odell von seinem Zimmer am anderen Ende des Gangs anrief.

»Komm mal schnell her, alter Knabe. Zimmer 645.«

Con hörte an Odells Stimme, daß irgendwas faul war. Als er Nummer 645 betrat, hatte Mookie sein Gesicht in den Händen vergraben. In dem Zimmer herrschte eine Atmosphäre wie bei einer Totenwache. »Was ist los?« fragte Con.

Mookie erzählte ihm von den Schwierigkeiten mit dem Bein, daß es teuflisch weh tat, und führte ihm vor, daß er kaum laufen konnte und das linke Bein nachzog, als sei es an eine Kanonenkugel gekettet. Con bat Mookie, genau zu schildern, was geschehen war. Mookie gestand, daß er den Kampf schon hatte absagen wollen, dann aber wieder Hoffnung geschöpft hätte, daß Con es hinkriegen werde.

Con stellte ihm die entscheidende Frage zuerst. »Als es passierte, hattest du das Gefühl, etwas würde aufplatzen?«

»Nein, es fühlte sich an, als würde es auseinanderfallen oder als würde jemand das Knie nach hinten ziehen, und es tat sofort verflucht weh.«

»Gut, wir haben noch vier Tage. Drei genaugenommen.«

»Ich spür's, aber ich kann's nicht glauben«, sagte Mookie mit einem Gesicht, so lang wie ein Sarg. »Ich habe zwei Monate wie wild trainiert, Mann. Ich war noch nie so gut in Form. Besser als bei meinen Titelkämpfen. Diesmal hatten sie mir sogar einen Ernährungswissenschaftler angeschleppt. Ich bin von meinen hundertzweiundsechzig runtergekommen, aber ich habe Fett und Wasser verloren, keine Muskeln. Sieh dir mal meine Bauchmuskulatur an«, sagte er und hob sein T-Shirt.

»Du hast auch keinen Arsch mehr«, sagte Con, eine Anspielung auf Mookies Neigung, am Hintern Gewicht zuzulegen. Mookie mußte lächeln, die Spannung im Raum ließ ein wenig nach.

Wie zur Selbstbestätigung fing Mookie an, Fläschchen aus seinem Koffer zu nehmen. »Seht nur«, sagte er und reihte ganze Batterien von Pillen, Pulvern und Flüssigkeiten auf, erklärte den Zweck jeden einzelnen Medikaments, und wie er Muskelkraft aufgebaut und Fett abgebaut hatte. »Ich hab wie ein Blöder trainiert, Con, das ist eine Gemeinheit, es will mir einfach nicht in den Kopf, daß mich ausgerechnet mein Bein im Stich läßt, ausgerechnet mein Bein, meine Beine sind kräftiger als sonst was bei mir, verstehst du? Das ist eine Gemeinheit.«

Con bat ihn, sich bis auf die Unterhose auszuziehen. Mookie hatte den Körper eines Zweiundzwanzigjährigen, lange Beine und nicht mal den Ansatz eines Bauchs. Aber sein Gesicht war so traurig, daß Con gerührt war und ihm wie einem Kind die Wange tätschelte. Er wußte nicht, ob er log, als er sagte: »Keine Sorge. Ich krieg das hin.«

»Wirklich?«

»Ohne Schwierigkeiten«, sagte er, aber diesmal wußte er, daß es eine Lüge war. »Jetzt sag mir, bist du sicher, daß nichts geplatzt ist?«

»Wenn, dann hab ich's weder gehört noch gespürt.«

»Hat es dich umgeworfen?«

»Nein, Mann, es hat mich traurig gemacht.«

»Was ich meine, hat es deinen Schwanz in den Dreck gehauen?«

»Nein, ich hab bloß mein Bein gepackt und bin weitergehumpelt. Es ist doch nicht die Sehne, oder?«

»Wenn's die Sehne war, steckt dein Schwanz bereits im Dreck. Hast du mit jemandem darüber gesprochen?«

»Nur mit dir und Odell.«

»Gut. Hat dich jemand ins Hotel humpeln sehen?«

»Nein«, sagte Odell. »Ich hab ihm gesagt, er soll normal gehen.«

Con bat den Jungen, sich aufs Bett zu legen, und stellte weitere Fragen. Er berührte das Bein, und Mookie zuckte zusammen. Mit Erleichterung stellte er fest, daß sich im Muskel und in der Sehne keine Knoten gebildet hatten. Er ging in sein Zimmer, um den Medizinkoffer zu holen – seine private Unfallstation. Da war alles drin von Hustentropfen bis zu Sicherheitsnadeln, von Adrenalinlösung bis zu salzsaurer Salbe, die er nach einem Kampf zur Linderung von Blessuren im Gesicht und von Seilwunden benutzte.

»Ich gebe dir Kodein«, sagte Con, als er das Zimmer wieder betrat. »So lange vor dem Kampf wird es bei deinem Pinkeltest nicht bemerkt werden, also keine Sorge. Ich will, daß die Schmerzen in deinem Bein aufhören, damit ich mich dranmachen kann, okay? Wie ein Zahnarzt an einen Zahn.«

»Du bist der Arzt.«

Odell sah genau zu, sein Gesicht und sein gesundes Auge verrieten nichts.

Con vermengte eine alkoholhaltige Essenz und kaltgepreßtes Olivenöl, eine Mischung, die die Haut während der Massage geschmeidig und die schwarzen Jungs glücklich und zufrieden machte. Jetzt würde er das Olivenöl unterhalb von Mookies Hintern bis hin zur Achillessehne auftragen. In aller Regel hielten Trainer nichts von Massagen kurz vor einem Kampf, weil sie ihren Boxer physisch und psychisch gestählt halten, den Adrenalinfluß zum Geist und Gewebe nicht unterbrechen, den Kriegsgeist nicht dämpfen wollten. Aber Con mußte sich an Mookies Bein machen, mußte es lockern, oder es würde keinen Kampf geben.

»Eiswürfel?« fragte Odell und ging, ohne die Antwort abzuwarten, mit einer von Cons verschließbaren Plastiktüten zur Eismaschine auf ihrem Hotelgang.

Inzwischen hatte Mookie sich ganz und gar in Cons Hände begeben, seinem Betreuer hundertprozentig vertrauend, wie es bei Boxern üblich ist. Dieses Vertrauen berührte Con immer wieder, ob nun in der Trainingshalle eine Handverletzung zu behandeln war oder ob es galt, im Ring zwischen den Runden in weniger als einer Minute Blut zu stillen. Er bearbeitete Mookie ganz langsam, drang millimeterweise in das verletzte Gewebe ein, bis die Rückseite des Beins weich wie Pudding war und Mookie ohne Schmerzen im Zimmer herumlaufen konnte.

»Du hast's geschafft!« rief Mookie. »Du bist der Größte!«

»Vielleicht wird es sich noch verspannen«, sagte Con, »aber dann gehen wir noch mal ran. Ich glaube, die Chancen stehen ganz gut.«

»Aber du hast gesagt, du würdest es hinkriegen«, sagte Mookie mit zweifelnder Stimme.

»Ich hab's hingekriegt. Jetzt laß uns abwarten.«

»Was ist mit meinem Gewicht? Ich muß noch was runterschwitzen.«

»Das haben wir schon im Griff, wenn wir uns richtig ernähren und nicht zuviel trinken. Zwei Tage vor dem Kampf ge-

hen wir dann ins Gym, machen etwas Gymnastik, Schattenboxen und ein wenig Sparring und sehen, was passiert.«

»Es ist doch jetzt schon in Ordnung«, protestierte Mookie.

»Laß uns es noch mit Eis und Salbe behandeln, und dann
gehen wir ein Stück.«

»Es ist alles in Butter, Mann.«

»Abwarten. Abwarten und Tee trinken.«

Sie machten ein Nickerchen. Odell und Mookie hatten die
Heizung dermaßen aufgedreht, daß Con kaum Luft bekam,
schon allein wegen der Ausdünstungen, die er einatmen mußte. In Cons Zimmer stand das Fenster immer offen.

»Ihr Blutsbrüder habt kein Blut«, pflegte Con zu sagen.

»Uns friert, und du spinnst«, pflegten Mookie oder Odell
zu antworten.

Mookie konnte schlafen, das Bein tat kaum mehr weh,
aber es verspannte sich ein wenig, während er ruhte. Con bearbeitete es, bis es wieder locker war, wobei ihm Alkohol-
und Ölschwaden in die Nase stiegen, weil er sich während
der Massage tief über das Bein beugen mußte. Nach zwei Tagen war ihm von den Ausdünstungen fast übel, aber das Bein
schien wieder völlig in Ordnung zu sein, und Mookies Selbst-
vertrauen wuchs mit jeder Stunde.

»Du bist ein Hexenmeister, alter Knabe, der reinste Voo-
doo-Schamane.«

»Alt, aber hübsch.«

»Der hübscheste Weiße, den ich kenne.«

So ging's mehr oder weniger weiter, und als es soweit war,
begaben sie sich gut gelaunt ins Gym. Die Trainingshalle lag
in West Philly, und nach ein paar Gymnastikübungen und einem vollen Trainingsprogramm inklusive acht Runden Sparring war Mookie pudelnaß. Er wog 141 Pfund, noch immer
knapp drei Pfund weniger als das Limit von 144 Pfund. Das
Bein machte keine Scherereien.

»Du hast's geschafft, alter Knabe.«

»Abwarten.«

Das Bein war wieder voll in Ordnung. Con war sich da
sicher, weil es nach dem Training keinerlei Verspannung zeig-

te. Sie mußten den Kampf nicht absagen, und Mookie würde seine Chance kriegen. Außer den Managern, mit denen Odell und Con stets einig waren, hatte niemand etwas von der Beinverletzung erfahren, am wenigsten der Promoter, die Boxkommission oder der Afrikaner.

Mookie war in der Duschkabine. Odell lächelte sein schüchternes Lächeln und blickte zu Boden, wie immer, wenn er etwas geradeheraus zu sagen hatte. »Du hast nicht dran geglaubt«, sagte Odell zu Con. »Ich hab's geglaubt, aber du nicht.«

»Doch, ich hab dran geglaubt.«

»Nix da.«

»Ich hab dran geglaubt, aber erst jetzt weiß ich es«, sagte Con.

»Als ich erst mal gesehen habe, wie du mit ihm sprichst und dich um ihn kümmerst und so, hab ich's gewußt.«

»Das freut mich.« Con nickte in Richtung Duschkabine. »Wie auch immer, Mookie ist in Form, und das hat gewaltig geholfen, wir haben Glück gehabt.«

»Yeah, er ist in Form, aber du bist der Größte.«

Odell hatte ein klein wenig gestottert, und Con wußte, wie schwer es ihm fiel, seine Gefühle zu zeigen. Con erstaunte es immer wieder, daß er Odell auf so vielfältige Weise liebte, Odell, der in Hautfarbe, Aussehen und in vieler anderer Hinsicht ganz anders als er und ihm dennoch ähnlich war.

»Denk mal darüber nach«, hatte ihm Odell einmal gesagt. »Wir haben denselben Daddy. Er liebt uns beide.«

Manchmal reisen Boxer und ihre Betreuer durch die ganze Welt, und die Leute sagen oft, sie würden gern all die Orte sehen, die Boxer zu sehen bekommen. Aber die Boxer und ihre Betreuer bekommen Flughäfen zu sehen, sie sind in engen Flugzeugsitzen eingezwängt, wohnen meist in zweitklassigen Hotels und essen in zweitklassigen Schuppen. Zeitzonen bringen alles in ihnen durcheinander, und manchmal sind die Jahreszeiten genau umgekehrt. Wenn der Boxer arbeitet, arbeiten die Betreuer mit ihm; wenn er ausruht, ruhen sie auch aus. Ob in Paris, Tokio oder Philly, nach dem Essen machen sie einen Spaziergang, aber dann gehen sie zurück in ihre finsteren Zimmer und sehen sich irgendwelche blöden Fernsehshows an, auch wenn sie die Sprache nicht verstehen, damit sie nicht dauernd an den Kampf denken müssen.

Con war da allerdings ein wenig anders, er mochte geistige Anregung, nicht Betäubung. Am Sonntag schaffte er es, zur Messe in die Kapelle von Saint Peter and Saint Paul's zu gehen. Auf dem Rückweg zum Hotel kam er an der Free Library, der Stadtbibliothek, vorbei. Er hatte schon immer gelesen, sich auf diese Weise Bildung angeeignet, und er hoffte, am Montag Zeit zu haben, da reinzugehen. Ein paar Stunden in der Bibliothek würden ihm Frieden schenken. Aber am Montag trafen Mookies Manager ein, und wegen Mookies Fernsehinterview blieb keine Zeit, die Bibliothek aufzusuchen.

Er und Odell mußten in der Stadt frühstücken, weil Mookie fastete und in seinem Zimmer blieb – er hatte keine Lust, mitzuzockeln und auf Essen zu starren, das er nicht anrühren durfte. Aber er war so glücklich wegen seines Beins, daß es ihm nichts ausmachte, allein zu bleiben. Wenn ihn andere Schwarze fragten, warum er einen Weißen statt eines Bruders in seiner Ecke hatte, wiederholte Mookie, was Odell immer über Con sagte: »Er ist ein Teufelskerl.«

Am folgenden Morgen um neun Uhr wurde gewogen. Es war Dienstag, der Tag, an dem der Kampf stattfand. Zwischen dem Wiegen und dem Treffen mit dem Mann von der Boxkommission um elf Uhr wurde Mookie von Odell, Con und seinen Managern per Taxi in die Stadt verfrachtet, wo sie ihm Haferflockenbrei und einen Stapel Pfannkuchen auftischen ließen. Vor seinem Frühstück trank Mookie jedoch widerwillig ein großes Glas Grapefruitsaft – wegen des Kaliums und um seinem Organismus wieder Flüssigkeit zuzuführen. Als Con mit den anderen zum Hotel zurückging, sah er ein Plakat, das für eine Ausstellung im Philadelphia Museum of Art warb: Michelangelo und Rodin. Con hatte sich schon damit abgefunden, niemals einen echten Michelangelo zu sehen, falls er keine Gelegenheit haben sollte, die Casa Buonarroti in Florenz oder das Metropolitan Museum in New York aufzusuchen. Und jetzt war's da, kaum eine halbe Meile entfernt. Er hoffte, hingehen zu können, aber am Tag des Kampfs blieb natürlich nicht viel Zeit.

Mookie kehrte auf sein Zimmer zurück, während sich sein Gespann mit dem Mann von der Boxkommission und dem Gespann des Afrikaners in einem Konferenzzimmer des Hotels traf. Man diskutierte über alle denkbaren Fouls, Kopfstöße und Schläge unter die Gürtellinie eingeschlossen, aber den Tiefschlägen schenkte man besondere Aufmerksamkeit. Man verteilte schriftlich niedergelegte Spielregeln, in denen stand, daß nach zwei Verwarnungen wegen Schlägen unter die Gürtellinie beim dritten Verstoß automatisch ein Punkt abgezogen werden würde. Der Mann von der Boxkommission war ein kleiner, gutaussehender Mann, den Con für einen Italiener, möglicherweise einen Juden hielt. Der Typ war stolz auf seinen Job und geradezu versessen auf Boxkämpfe, vor allem, wenn sie in Philly stattfanden. Er ließ jedermann wissen, daß man stets einen erstklassigen Kampf erwartete, wobei es egal sei, ob es sich um einen Vierrunder oder einen Titelkampf zu zwölf Runden als Hauptattraktion handelte. Man hatte verstanden.

Wieder im Hotel, versuchte Con, ein Nickerchen zu machen, aber es gelang ihm nicht, obwohl er in der vorigen Nacht schlecht geschlafen hatte. Das Rumliegen machte ihn nervös, und plötzlich hatte er Lust auf was Süßes. Er ging in den Lebensmittelladen gegenüber vom Hotel und kaufte eine Tüte Magermilch, einen Apfel und einen Kokosriegel. Ein Teil seines linken Ohrs war ihm bei einer Straßenschlägerei abgebissen worden, als er jemanden erwischt hatte, der sein Auto aufbrechen wollte, und seitdem hörte er links nicht mehr gut. Während er vor der Kasse anstand, hörte er deswegen die Soulmusik nicht, die in den Laden plätscherte – Patti LaBelle, die mit hoher Stimme über dem Baß und dem Schlagzeug einen Text improvisierte und Verstecken mit der Melodie spielte. Con bemerkte die Musik erst, als jemand hinter ihm anfing mitzusingen und Pattis schwarzen Sound haargenau traf. Con drehte sich um, aber er sah keinen schwarzen Teenager, wie er erwartet hatte, sondern einen jüdischen Collegestudenten, dessen Jarmulke mit Haarnadeln auf seinem braunen Kraushaar befestigt war. Bei ihm standen drei Kaugummi kauende, mit Büchern beladene Kommilitoninnen, und als er die hohen Töne intonierte und mit schnippenden Fingern den Stil der Sängerin verblüffend genau nachahmte, stand für Con fest, daß er eine Schau abzog, um angebaggert zu werden. So wie die Mädchen sich anblicken, dachte Con, wird der Typ mindestens eine von ihnen flachlegen, wenn er sich noch ein wenig Mühe gibt. Cons Gedanken schweiften zurück in sein stickiges, dunkles Zimmer zu seinem Babyboy, zu seinem Boxer.

»Entschuldigen Sie, Sir. Sir? Was ist das?« Con hatte die Frage nur halb gehört, da er sich inzwischen auf seinen Kokosriegel konzentrierte. »Sir, entschuldigen Sie. Sie mit der Tätowierung.«

Con drehte sich um und sah den Jarmulketyp, bemerkte, daß die Augen der Mädchen glasig geworden waren. »Das ist doch eine Tätowierung an Ihrem Handgelenk?« sagte der Typ.

Con blickte nach unten. Wie üblich war seine schwere Timex-Armbanduhr runtergerutscht und hatte eine undeutliche Tätowierung entblößt, die an Gefängniskunst erinnerte. Vor bald fünfzig Jahren, während des Dauergezänks mit seiner zweiten festen Freundin und als er sich zur Zeit des Koreakriegs bei der Marine verpflichtete, war sie gut sichtbar gewesen. Jetzt nicht mehr.

»Sie haben das nicht selbst gemacht, oder?« fragte der Sänger ganz aufgeregt.

Seine Stimme drückte eher Erstaunen als Geringschätzung aus, weshalb Con ihm antwortete. »Nein, ich hab's machen lassen.«

»Wo?«

»In der Skid Row in L. A., wenn's recht ist.«

Der Junge war offenbar enttäuscht; Con sah ihm an, daß er zu hören gehofft hatte, die Tätowierung stamme aus Sing Sing oder Alcatraz oder vielleicht von der Teufelsinsel. »Was?! War Ihr ganzer Verein betrunken, oder was?«

»Es war zwei Uhr nachmittags«, sagte Con, und wie so oft mußte er plötzlich an Lorca-Verse denken:

Um fünf am Nachmittag.

Genau fünf Uhr war's am Nachmittag.

»So früh am Tag haben Sie sich tätowieren lassen? Wirklich?«

»Ich war nüchtern, alleine, und es hat mich meine letzten zwei Dollar gekostet.«

»Was heißt der tätowierte Schriftzug?« fragte der Typ, und eins der Mädchen fing an zu kichern. Der Typ drückte ihre Schultern, und sie lehnte sich an ihn.

»Nun gut«, sagte Con. Er überlegte einen Moment, ob er es ihm sagen sollte. »Es heißt: *Rubáiyát of Omar Khayyám.*«

»Heißt was?« fragte der Sänger und meinte das Wort *Rubáiyát* schon mal gehört zu haben, war sich aber nicht sicher. »Ist das ein Buch oder so was?«

»So was Ähnliches.«

»Hat Sie das Buch erleuchtet, oder was?«

»Als ich zwanzig war.«

»Was hat Sie daran so gepackt?«

»Was hat mich gepackt?«

Inzwischen starrten die Mädchen Con an, und die anderen in der Schlange waren ebenfalls neugierig geworden. Die Mädchen hielten ihre Köpfe geneigt, und der Typ war sich seiner nicht mehr so sicher wie zuvor, als er seine Gesangsnummer hingelegt hatte. »Sie wissen schon. Dieses *Ruba*-Ding, was hat Ihnen daran so gefallen?«

Con blickte ihm ruhig in die Augen. Er sprach langsam, und die Mädchen fingen an, zustimmend zu nicken.

Komm, füll den Kelch, und in des Frühlings Feuermeer
Verglüht der winterlichen Reue Wiederkehr:
Wenig nur muß Vogel Zeit noch fliegen,
Und siehe – er folgt der Wolken Zug einher.

Die Mädchen und der Jarmuletyp standen mit offenen Mündern da.

»Wer fragt«, sagte Con und zahlte an der Kasse, »kriegt auch eine Antwort.«

»Die Antwort war riesig!« sagte der Typ kopfschüttelnd. »Mann, das ist die beste Antwort, seit es Fragen gibt.«

Con steckte das Wechselgeld ein, nickte der Kassiererin zu und ging zurück auf sein Zimmer. Langsam verzehrte er den Kokosriegel und trank die Milch, ehe er den Apfel zu schälen und zu essen begann. Um drei Uhr sollten sie Mookie treffen und ihn vor dem Kampf um zehn noch einmal abfüttern. Danach durfte er nur noch Wasser trinken. In der Zwischenzeit würde er drei bis fünf Pfund zunehmen. Wenn Boxer gefastet oder Pinkelpillen oder Abführmittel eingenommen haben, um ihr Gewicht zu erreichen, werden sie danach auf jeden Fall zunehmen. Findet das Wiegen am Tag vor dem Kampf statt, nehmen viele sieben bis neun Pfund zu, manche sogar mehr, besonders in den höheren Gewichtsklassen.

Con blieb noch eine Stunde und überprüfte alle Utensilien, die er vor, während und nach dem Kampf benötigen würde. Alles war in seiner Instrumententasche genau da, wo er es vor seiner Abreise aus Vegas verstaut hatte – die Schwämme, die blutstillende Watte, die Eisbeutel. Er hatte Hilfsmittel für alles, unter anderem Adrenalin, Kokosbutter, Vaseline und sterilisierte Tupfer, sogar Murray's Pomade, diese gelbe, klebrige Masse, die sich Schwarze ins Haar schmierten, die er jedoch manchmal benutzte, um die Augenbrauen oder die Nase einzufetten oder eine Verletzung über den Wangenknochen zu behandeln. Einige Schwarze empfanden den Gebrauch der Murray's als geradezu anstößig, aber weißen und spanischen Boxern war das schnurzegal, solange das Zeug was nutzte. Sein Medizinkoffer war durchorganisiert wie ein Operationssaal. Nachdem er noch mal alles kontrolliert hatte, legte er eine Rolle Mullbinde beiseite und die Röllchen mit dem ein und zwei Zentimeter breiten Stützpflaster, das er zwischen die Finger klebte, damit die Mullbinde zwischen den Knöcheln nicht verrutschte. Dann verstaute er den Koffer wieder in der Instrumententasche. Hier in der Ruhe seines Zimmers ließ er die gleiche Sorgfalt walten wie vor dem Kampf inmitten des Krachs und Tumults in der Umkleidekabine.

Er nahm die Rollen mit den Stützpflastern und der Mullbinde, die er beiseite gelegt hatte, und umwickelte seine linke Hand, als würde er sich für einen Kampf vorbereiten. Es kam fast nie vor, daß einer von Cons Boxern sich während eines Kampfs eine Handverletzung zuzog. Hände umwickeln war Con inzwischen in Fleisch und Blut übergegangen, er hatte es Hunderte Male gemacht. Aber für diese Jungs, die ihm Leib und Seele und ihre Zukunft anvertrauten, mußte er immer wieder auf Nummer Sicher gehen. Um Fehler zu vermeiden, nahm er sich, ehe er den Weg zum Ring antrat, stets die Zeit, seine eigene linke Hand zu umwickeln, wobei er zu Hause oft Boxkämpfen im Fernsehen zusah. Er schätzte, daß keine linke Hand der Welt öfter umwickelt worden war als die seine. Als der Inspektor der Boxkommission kurz vor dem Kampf seine Initialen auf Mookies Schutzbinde schrieb, sagte er: »Yeah, so ist's recht.«

Um drei Uhr ging Con mit den Betreuern in eine irische Kneipe, ein paar Straßenzüge vom Hotel entfernt. Mookie aß gebratene Hähnchenbrust, Suppe aus Meeresfrüchten und mehrere Scheiben knuspriges Roggenbrot. Er trank zwei Gläser Grapefruitsaft und zuckte bei jedem Schluck zusammen. Con hatte sich ebenfalls die Suppe bestellt, aber ihm war nicht nach Essen zumute. Allen ging es so, außer Mookie, dessen Körper nach Nahrung und Flüssigkeit schrie, ein Nestvögelchen, das nach Käfern und Würmern piepste.

»Nach dem Kampf will ich eine ganze Pizza und eine Gallone Cola.«

Vor einem Kampf, besonders vor einem, bei dem so viel auf dem Spiel stand, hatte jeder immer einen Kloß im Hals, und als sie zum Hotel zurückgingen, redete niemand. Um zehn nach vier waren sie wieder im Hotel.

»Wir treffen uns hier um Viertel vor sieben«, sagte Mookies schwarzer Manager. »Ein Wagen wird hier sein, der uns um Punkt sieben zum Kampf fährt.«

Während die anderen auf ihre Zimmer gingen, sagte Con

dem Manager, er habe noch was Persönliches zu erledigen, werde aber bis sechs Uhr zurück sein.

Der Manager nickte, er wußte, daß Con pünktlich war. Er ging zum Empfang, um nachzusehen, ob was für ihn hinterlegt worden war, und Con verließ das Hotel und bestieg ein Taxi, das von einem eleganten Schwarzen mit langem Kinnbart gelenkt wurde.

»Zum Museum of Art, bitte.«

»Mit Vergnügen, Sir«, sagte der Fahrer mit dem singenden Akzent des Westinders.

Das Taxi hielt vor der Freitreppe. Die kurze Fahrt machte 2 Dollar 30. Con gab dem Fahrer einen Fünfdollarschein und sagte: »Stimmt so.«

»Sehr gütig, Sir.«

Der Himmel war blau, und junge Liebespärchen schlenderten händchenhaltend durch das helle Sonnenlicht. Ein paar Penner bettelten um Geld. Con rannte hoch, dieselben Stufen wie Rocky, aber Con rannte, um die Arbeiten von Michelangelo Buonarrotti zu sehen.

Ein Gang führte links von der Eingangshalle zu der Ausstellung. Dem Schild mit den Öffnungszeiten war zu entnehmen, daß um fünf Uhr geschlossen wurde. Nach ein paar Schritten wurde Con von einem der Wärter, die allesamt Schwarze waren, abgefangen.

»Entschuldigung, Sir«, sagte der Wärter. »Die Ausstellung ist geschlossen.«

»Auf dem Schild steht, um fünf.«

»Ich weiß«, sagte der Wärter. »Aber um fünf müssen alle draußen sein, weshalb wir nach vier niemanden mehr reinlassen. Sie hätten sowieso nur noch eine halbe Stunde.«

»Das genügt mir«, sagte Con und zückte seine Geldbörse. »Was kostet das?«

Der Wärter lächelte höflich. »Tut mir leid, die Kasse schließt um vier, weil es nicht fair wäre, für weniger als eine Stunde den Eintrittspreis zu verlangen.« Der Wärter bemerkte gerührt, daß Con bitter enttäuscht war. »Wir haben morgen geöffnet, dann können Sie den ganzen Tag bleiben.«

»Morgen bin ich nicht mehr hier.« Con seufzte und dachte wieder an den Kampf. »Nun ja, ich hab's versucht.«

»Warten Sie«, sagte der Wärter. Wie seine Kollegen trug er einen marineblauen Blazer und graue Hosen. Er war über einsneunzig groß und wog fast 300 Pfund. Er hatte einen kahlrasierten Schädel und das freundliche Gesicht eines dienstbaren Geistes. Er sprach ohne den geringsten schwarzen Akzent, wobei ein goldener Eckzahn sichtbar wurde. »Kommen Sie mit.« Er führte Con ein Stück den Gang hinunter. »Sehen Sie die Wärterin da vorne? Sagen Sie ihr, der Oberwärter hat gesagt, es sei okay, Sie reinzulassen.«

»Danke. Vielen Dank.«

»Gerne.«

In der Ausstellung war Con beeindruckt von den Werken Rodins, den überdimensionalen Studien von Händen und Füßen, den verzerrten, düsteren Formen. Michelangelo aber überwältigte ihn, obwohl einige Arbeiten Gipsabdrücke oder kleine Tusch- oder Kreideskizzen waren. Er schritt von einem Exponat zum anderen und fühlte sich ins Italien des fünfzehnten und sechzehnten Jahrhunderts versetzt, es verschlug ihm den Atem. Er drückte die Hand gegen den Mund. Ein kleiner, schmächtiger Wärter beobachtete ihn und näherte sich Con.

»Gefällt Ihnen das?« fragte er mit mißtrauischer Stimme.

»Das sind die reinsten Wunder.«

Der Wärter lächelte, nickte und verschwand wieder.

Con nahm soviel Schönheit wie möglich in sich auf, ehe die Wärter jeden einzelnen Besucher darauf aufmerksam machten, daß die Ausstellung geschlossen sei. Con fotografierte die Ausstellung mit seinem Herzen, dann marschierte er durch den langen Gang. Unterwegs knüllte er einen Fünfdollarschein in seiner Hand zusammen und ging dann auf den Oberwärter zu, der beim Ausgang stand.

Con streckte dem Wärter seine Hand entgegen, der sie bereitwillig nahm. Als er aber den Geldschein spürte, sagte er: »O nein, Sir, das kann ich nicht. Würde es jedenfalls nicht.«

»Das ist meine einzige Möglichkeit, Ihnen zu danken. Dank Ihnen habe ich Gottes Hand gesehen.«

»Ihre Augen sind mir Dank genug.«

»Gott segne Sie, mein Freund.«

Der Wärter zwinkerte ihm zu, trat einen Schritt zurück. »Und Gott möge Sie segnen.«

Con fühlte sich wie neugeboren und nahm den Fußweg, der in die Allee mündete. Es herrschte reger Verkehr, und Con hatte Lust, sich die Nebenstraßen anzusehen. Er ging unter dem Blätterdach der Bäume entlang, atmete die kühle Luft ein und fragte sich, ob er sich wohl jemals alt fühlen würde. Hinter einem Hügel sah er etwas, das der mit Schindeln bedeckte Turm einer katholischen Kirche zu sein schien, das verwitterte Kreuz ragte hoch auf. Con hatte Zeit, also schlenderte er die Green Street hoch und stieß auf die Church of Saint Francis Xavier, dem Apostel Ostindiens. Francis Xavier, der große Missionar aus dem sechzehnten Jahrhundert, war eines der ersten Mitglieder des Jesuitenordens gewesen und hatte, wie Con wußte, den katholischen Glauben nach Indien und Japan getragen, ehe er mit Mitte vierzig starb. Seine Kirche in Philly war alt und schmucklos, aber es war eine traditionelle katholische Kirche, und Con spürte, wie Frieden einkehrte.

Con kniete unweit des Altars nieder. »Ich bin deiner nicht würdig, Herr«, betete er, als würde er gleich die Heilige Kommunion empfangen, »aber sage nur ein Wort, und ich werde geheilt sein.«

Er betete für alle Lebenden und Toten, die er liebte, und für jene, die niemanden hatten, der für sie betete. Er betete, daß es ihm vergönnt sei, sein Bestes zu geben, vor allem, wenn er Gott diente, dann betete er um Kraft während Mookies Kampf, daß er sogar unter Druck seine Arbeit mit Anstand verrichten werde. Er betete auch für Mr. Ernest Hemingway. Kniend mußte er daran denken, was der spanische Philosoph Miguel de Unamuno einmal über Boxer geschrieben hatte. Um zu erklären, wie man mit seinem ganzen Sein an Gott glauben kann, beschrieb Unamuno die Fähigkeit der Boxer, Schläge mit so ökonomisch eingesetzter Anstrengung zu versetzen, daß sie in der Lage sind, die freigesetzte Kraft zu bündeln und ihre Gegner k. o. zu schlagen, indem sie nur die unbedingt notwendigen Muskeln aktivieren. Unamuno hatte recht: Statt Stärke anzuwenden, um zu gewinnen, setzen sie ihre Kraft gezielt ein. Unamuno fuhr fort, daß der Schlag eines Amateurs beim Gegner vielleicht weniger Wirkung zeigt als der Schlag eines Profis, aber daß die Wirkung dem Amateur, der den Schlag *ausgeteilt* hat, zugute kommt, da er sich veranlaßt sah, seinen Körper und seine Energie voll auszuspielen. Con schmunzelte über die Erkenntnis des asketischen Spaniers und entsann sich, daß Unamuno damit sagen wollte, daß der eine Schlag von einem Profi kommt, der andere von einem Menschen aus Fleisch und Blut – und daß, wenn ein Mensch aus Fleisch und Blut glaubt, er es aus seinem ganzen Sein heraus tut. Da der Profi lediglich das einsetzt, was er gerade benötigt, kann man erklären, warum der eine Boxer in der zweiten oder sechsten Runde schlappmacht, während der andere die ganze Nacht kämpfen kann. So wie Con die Afrikaner liebte, liebte er auch die Spanier – Männer wie Cortéz, Bernal Díaz del Castillo, Manolete und Pedro Romero, Männer wie Loyola und Francis Xavier, Unamuno und Frederico García Lorca – und er liebte Santa Teresa de Avila, diese mystische Ordensärztin, diese energische kleine katholische Nonne, deren Großvater väterlicherseits ein *converso* Jude aus Córdoba war.

All das ging Con durch den Kopf, ein Gobelin, vor dem sich Mookies Kampf im Blue Horizon abspielen würde, und wieder betete er, daß er und Odell in der Lage sein würden, ihrem Boxer zum Sieg zu verhelfen.

»Wir werden gewinnen, nicht bloß kämpfen, Herr«, versicherte Con Gott. »Und wir bitten um deinen Segen für unseren Sieg. Wir wissen, daß nur eine Ecke gewinnen kann, und daß du beide liebst, wenn es also dein Wille ist, daß der Afrikaner gewinnt...« Con haßte, verabscheute Niederlagen, aber er wußte auch, daß es auf die Art und Weise ankam, wie man verlor und wie man gewann. Er flüsterte Jesu Worte im Garten Gethsemane: *Dein Wille geschehe, nicht meiner.*

Con bekreuzigte sich, nachdem er seine Gebete beendet

hatte und bekreuzigte sich ein weiteres Mal mit Weihwasser, als er die Kirche verließ. Er ging die Green Street zur Zweiundzwanzigsten hoch, bekreuzigte sich wieder vor der Roman Catholic Chapel of Divine Love, und ging dann hügelabwärts in Richtung Hotel. Beim Überqueren der Straße am Spring Garden mußten Con und ein paar andere Fußgänger plötzlich stehenbleiben, weil ein Auto bei Rot durchfuhr. Der Fahrer schrie, sie sollten sich gefälligst beeilen. Eine Fußgängerin keifte zurück: »Arschloch! Ich hab grünes Licht, du Furzer!«

Das Auto fuhr unbeirrt weiter, und die Frau stolzierte auf ihren plumpen Beinen über die Straße, eine verbitterte Schlampe mit einem Gesicht wie ein Rasenmäher, die tat, als hätte sie Wunder was vollbracht. Con fragte sich, wie sie mit einer gebrochenen Nase oder ein paar Schlägen auf die Leber zurechtkäme.

Sie fuhren durch heruntergekommene Viertel, um zum Blue Horizon zu gelangen, das bereits bis zum letzten Platz besetzt war.

»Gibt es Pizza in Philly?« fragte Mookie den Fahrer.

»Sie wollen eine Pizza vor dem Kampf?«

»Nein, aber danach kaufe ich jedem eine große Pizza, solche mit allem drauf. Für Sie auch eine.«

»Mögen Sie auch Anchovis?«

»Teufel, nein!«

Einen Parkplatz zu finden konnte man gleich vergessen, die North Broad Street war bis zur Mitte mit Autos vollgestopft. Vor dem alten Gebäude drängte sich eine wogende Menge, die nach allem schnappte, was zu kriegen war – einer Freikarte, dem Inhalt einer Tasche, Gerüchten. Mookie und seine Leute rannten die Treppe des ehemaligen Theaters hoch, vielleicht war's auch mal ein Tanzsaal gewesen. Die ersten Kämpfe wurden bereits ausgetragen, und Con stellte fest, wie klein die Arena war und daß es zu drei Seiten des Rings Balkone gab. Der Ring war für die Fernsehkameras gut ausgeleuchtet, und das Licht ergoß sich über das Publikum, das zusammengepfercht bis dicht an den Ring saß. Die Menge bestand zu achtzig Prozent aus Weißen. Nahezu alle Boxer und ihre Betreuer waren Schwarze oder Puertoricaner.

Die Arena erinnerte Con an New Yorks alte Saint Nick's Arena, dort, wo heute das Lincoln Center ist. Das war noch vor dem Fernsehzeitalter gewesen, als jedes Stadtviertel noch seine eigenen Helden hatte, die mit dem sauer verdienten Geld ihrer Fans unterstützt wurden. In jenen Tagen waren die meisten Boxer im Saint Nick's Italiener, und man sah hartgesottene italienische Arbeiter mit ihrem Henkelmann, Kerle, die zahlten, um einen Kampf zu sehen, auch Iren, die auf dem Weg zur oder von der Arbeit reinschneiten, die Mützen trugen und Zigarrenstummel zwischen die Zähne geklemmt hatten. Die irischen und italienischen Boxer waren die zähesten Burschen, Boxer, die austeilen und einstecken konnten, Schläger, die einen mit der Linken oder Rechten niederstrekken konnten. Die schwarzen Boxer waren schnell, raffiniert und geschmeidig und wollten nicht so gern getroffen werden, aber sie konnten einem zusetzen wie die Inquisition. Die Puertoricaner waren damals noch im Kommen, aber die großen jüdischen Boxer, Benny Leonard, Braney Ross, gehörten bereits einer vergangenen Zeit an.

An diesem Abend im Blue Horizon kämpften zwei weiße Boxer, ein Ire und ein Italiener. Die anderen waren Puertoricaner oder Schwarze, und von den beiden Hauptattraktionen, darunter Cons Kampf, abgesehen, waren sie nicht allzu gut – sie waren toughe, aber wenig intelligente Boxer, keine Taktiker, die wie Hannibal oder Rommel oder Robert E. Lee kämpften, deren Strategie es war zu treffen, ohne getroffen zu werden. Boxer, die einen ins Leere schlagen lassen und dann Treffer in die Magengrube landen, daß einem die Augen vorquellen und man die Englein singen hört.

Die meisten Boxer kämpften fair, andere nicht. Die Schiedsrichter waren im großen und ganzen in Ordnung, sah man von ein paar unsicheren Kandidaten ab. Und wer wußte schon, was in den Köpfen oder Brieftaschen der Punktrichter vorging! Geld war die Triebfeder des Spiels, jeden Spiels, und da war Korruption eben nie auszuschließen. Die meisten glauben, das Spiel sei wegen des Geldes korrupt. Con sah es anders – das Geld war eine Folge der Korruption.

Die Hälfte der Boxer wurde in die blaue Umkleidekabine geschickt, die den Boxern vorbehalten war, die von der blauen Ecke aus kämpften. Der Rest wurde in die rote Umkleidekabine geschickt. Früher hatte es die weiße und die schwarze Ecke gegeben. Das wurde dann geändert, damit sich niemand wegen der Farbe der Ecke auf den Schlips getreten fühlte. Das ging Con nicht in den Kopf, es war ihm ein Rätsel, wie jemand, ob weiß oder schwarz, wegen der Farbe einer Ecke sauer sein konnte.

Mookie war die rote Umkleidekabine zugewiesen worden. Alle Stühle waren bereits besetzt, entweder von Vorrundenboxern, die sich bereit machten, oder von solchen, die es gerade hinter sich hatten. Überall lagen Matchsäcke, überall lungerten bis zu sechs Mann starke Betreuergruppen herum, die, zum Teil halb besoffen, ihre Jungen anfeuerten. Größtenteils handelte es sich um Vier-Runden-Boxer, die bald wieder verschwunden waren; um halb neun war der Raum so gut wie leer. Mookie war um zehn dran.

Con fing mit seinen Vorbereitungen gern früh an. Aber er mußte warten, bis die anderen Betreuer fort waren. An der einen Längswand waren Tische aneinandergereiht, die er aber nicht benutzen konnte, weil sie mit Plastikplanen bedeckt und mit Gipsbrocken übersät waren, die es von dem undichten Dach geregnet hatte. Geräusche hallten hart in dem spärlich erleuchteten Raum wider, und die Leute blinzelten unwillkürlich. In der versifften Duschkabine stand ein Plastikbehälter mit einem Zentner gestoßener Eiswürfel, aus dem sich die Betreuer während ihrer Vorbereitungen bedienten. Es gab nur eine Toilette mit einer geborstenen Holztür, deren abgeblätterte Farbe verriet, daß sie im Lauf der Jahre zigmal in allen Schattierungen gestrichen worden war. Daß es nur eine Dusche gab, machte nichts aus, da die meisten Boxer nach einem Kampf ohnehin nicht duschten. Con hatte schon Schlimmeres als das Blue Horizon gesehen.

Pinkeln konnte problematisch werden. Es wurde viel gepinkelt.

Con ging in die Duschkabine, füllte seinen Eimer und die Beutel mit Eis und gab in seine Wasserflasche destilliertes Wasser und genügend Eis, um es kalt zu halten. Er hatte – wie immer – zwei Wasserflaschen dabei, damit Odell ihm notfalls helfen konnte, Mookie abzukühlen. Sobald ein paar Stühle frei waren, setzte er sich an einen der Tische und breitete die Mullbinden und Stützpflaster vor sich aus. Er riß gut 20 Zentimeter lange Streifen von der schmaleren Rolle ab und klebte die Enden am Tischrand fest, so daß sie frei herunterbaumelten. Das Publikum buhte oder johlte, und nachdem Mookie seine Kampfschuhe angezogen hatte, machte er ein paar Gelenkigkeitsübungen. Das Bein war schmerzfrei und würde ihm keine Schwierigkeiten bereiten, aber ganz sicher war das noch nicht. Ehe Mookie der Angstschweiß ausbrach, umwickelte Con seine Hände – Hände, die Gott nicht für die schreckliche Schlagkraft der Boxer geschaffen hatte. Con achtete stets darauf, die acht Knochen im Handgelenk zu schützen, die zerbrechlichen Knochen im Handrücken und die in den Daumen und Knöcheln. Die Binden mußten fest sitzen, aber nicht so fest, daß sie die Blutzirkulation unterbrachen. Con hatte blau angelaufene Hände gesehen, hatte Boxer danebenschlagen sehen, weil sie ihre Hände nicht spürten. Er hatte Boxer gesehen, die aus demselben Grund Knochen zertrümmerten.

Nachdem Mookies Hände umwickelt waren, bereitete er seinen Körper auf Schläge vor, trippelte, schwitzte, hielt sich in Bewegung. Er erhöhte das Tempo und trieb Schattenboxen, schnellte die Fäuste wie Patronenkugeln vor. Als es soweit war, kam der Typ von der Kommission mit den Handschuhen rein, die Mookie beim Wiegen ausgewählt hatte und die sein weißer Manager mit seiner Unterschrift versehen hatte, um sicherzugehen, daß Mookie keine anderen Handschuhe bekam. Con half ihm, sie anzulegen. Er hatte Mookies Hände umwickelt, aber Odell hatte eine ausgekochte Methode, die Handschuhe an den Handgelenken zu befestigen, indem er nämlich das Tape so weit unter dem Handgelenk zum

Daumen wickelte, wie der Kontrolleur es erlauben würde. Odell und der Trainer des Afrikaners gingen beide zu weit, und der Kontrolleur zwang sie, noch einmal von vorn anzufangen. Beide Trainer hatten versucht, die Grenze zu überschreiten, um das Polstermaterial in den Handschuhen fester zusamenzupressen. Man versuchte halt immer, das Äußerste für seinen Schützling rauszuschlagen.

Am Gejohle des Publikums hörten sie, daß der Kampf der zweiten Hauptattraktion durch K. o. zu Ende gegangen war. Sie würden gleich dran sein. Mookie legte den Tiefschutz unter seinen Shorts an. Er ging in Stellung, bewegte sich nach rechts, legte aber ein zu großes Tempo vor, und Con redete auf ihn ein, wie beim Training, leise und ruhig.

»Langsamer, kümmer dich erst um dein Gleichgewicht. Erst das Gleichgewicht, dann regelt sich das Tempo ganz von allein.«

Mookie nickte kurz. Er drückte sein Kinn auf die Schulter, ohne die Schultern anzuheben, und drosselte das Tempo ein wenig, bis er die Füße unter Kontrolle hatte. Mit dem richtigen Gleichgewicht stellten sich Timing und Tempo ein, und dann feuerte er Kombinationen ab, denen ein ungeübtes Auge nicht hätte folgen können. So machte er ganze fünf Minuten weiter, Schweiß rann über seinen eingeölten Körper, seine Bewegungen waren geschmeidig.

»Yeah, genau so, jetzt hast du's drauf, das ist schön!« rief Con. »Yeah, die schönen Boxer fahren das Geld ein! Und mein Mookie ist ein schöner Boxer!«

Mookies Augen glühten unter seinen heruntergezogenen Brauen, die Augen einer Raubkatze, die eine Herde Hyänen fixiert. »Kann's nicht mit mir aufnehmen, nix da, m-m, erledige ihn!«

Die Tontechniker vom Fernsehen kamen rein und hefteten Odell ein Mikrofon an. Die Reporter konnten jetzt alle Anweisungen mithören, die Odell zwischen den Runden erteilte. Den Trainer des Afrikaners hatten sie ebenfalls verdrahtet. Was auch immer in den Ecken vorging, die Boxkommission würde es wissen.

Die gleißenden Lichter blendeten Mookie. Der Afrikaner war ganz in Weiß, was sich leuchtend von seiner ebenholzschwarzen Haut abhob. Sein Gesicht war wie versteinert. Er wog inzwischen gut und gerne 153 Pfund, war also mindestens sechs Pfund schwerer als Mookie. Der Gewichtsunterschied war schlimm genug, aber die Größe und Reichweite des Afrikaners bereiteten Con mehr Sorgen. Noch weniger gefielen ihm die Ausmaße des Rings – 28 Quadratmeter, wenn's hoch kam, und Con fragte sich, ob da was vom Promoter gemauschelt worden war, um dem Afrikaner – dem Boxer des Promoters – Gelegenheit zu geben, seine Körpergröße voll auszuspielen und Mookie an die Seile zu zwingen, wo der Afrikaner dann munter drauflosschlagen konnte. Con fürchtete, daß Mookie den Afrikaner schon k. o. schlagen mußte, um zu gewinnen.

Im Publikum befanden sich jede Menge Ugander, einige in afrikanischer Aufmachung. Sie intonierten einen quälend monotonen Gesang, und Con fragte sich, ob sie in einer der Bantusprachen oder in einer der zahlreichen Stammessprachen Ugandas sangen, obwohl die offizielle Sprache Ugandas Englisch war.

Alles ging reibungslos vonstatten, nachdem die Boxer den Ring betreten hatten. Con versorgte Mookie mit Wasser, nahm den Mundschutz aus dem Eiskübel und steckte ihn ihm in den Mund. Das Publikum, Mookie, Odell und Con machten einen gelassenen Eindruck, doch hinter der Fassade brodelte es. Der Schiedsrichter trug eine Perücke, wog etwa 130 Pfund und stotterte, als er seine Anweisungen gab. Die Boxer berührten sich mit ihren Handschuhen, die Betreuer verließen den Ring, und der Gong schlug zur ersten Runde.

Der Afrikaner stob schwungvoll vor, glaubte, Mookie sei ohne weiteres in der ersten Runde zu besiegen, aber Mookie wich aus, und der Afrikaner geriet ins Stolpern. Er blickte zu seiner Ecke, und Mookie traf ihn sechsmal hintereinander mit voller Kraft. Dann geklammert und abgestoßen, und Mookie tänzelte den Afrikaner aus, duckte sich unter seinen

F.X. TOOLE

Schlägen, verschwand wie ein Nebel im Wind. Dem Afrikaner gelang es zwar, Mookie von Zeit zu Zeit einen Schlag zu verpassen, doch Mookie wich meist zur Seite oder nach hinten oder schräg aus, und die Attacken verpufften. Während der ersten Runde hielten die Ugander ihren Gesang noch durch, verstummten aber, als Mookie immer weiter Punkte sammelte. Aus der Ecke des Afrikaners tönte es: »Leg los, verdammt noch mal! Wart nicht ab! Leg los, leg los!«

Aber weil er Mookie nicht festnageln konnte, konnte der Afrikaner nicht zuschlagen, und Mookie laugte ihn aus. Zwischen der dritten und vierten Runde versetzte der Trainer seinem Afrikaner ein paar Klapse, aber das half wenig. Gegen Ende der vierten ließ Mookie eine neunfache Kombination los, die das Publikum von den Stühlen riß. Um ein Haar wäre der Afrikaner zu Boden gegangen. Er sah wie ein verlorenes Kind aus. Sein Trainer lehnte sich, während er ihn zwischen den Runden mit Eiswasser behandelte, nah an sein Ohr. Zu nah.

Der Gong kündigte die fünfte Runde an, und der Afrikaner kam ungewöhnlich breitbeinig vor. Offenbar wollte er Mookie aus einer geduckten Hockstellung in gerader Linie treffen statt von oben herab, was gewöhnlich ein Vorteil des größeren Boxers ist. Die Schläge aus der geduckten Stellung klappten nicht und schienen Odell und Con auch ziemlich sinnlos zu sein, aber vielleicht handelte es sich um einen Verzweiflungsakt. Mookie drehte sich, wirbelte herum, hielt sich noch tiefer als der Afrikaner und traf ihn mit seiner Geraden ins Gesicht und in den Magen. Als der Afrikaner versuchte, Mookie mit gestrecktem Arm in eine Ecke zu zwingen, versetzte Mookie ihm einen Aufwärtshaken an den linken Ellbogen, worauf der Afrikaner den Scheiß bleibenließ. Mookie gewann die fünfte Runde so mühelos wie die ersten vier. Aber als der Zeitnehmer die letzten zehn Sekunden der fünften Runde signalisierte, sprang der Afrikaner zweimal hoch und griff Mookie an, sein linker Unterarm schnellte unter Mookies Kinn und zwang ihn ans Seil. Als sich Mookie freikämpfen wollte, duckte sich der Afrikaner noch tiefer, grätschte die Beine noch weiter. Con sah's kommen und Odell auch. Der Afrikaner landete zwei Aufwärtshaken unter Mookies Gürtel. In beiden Haken steckte seine ganze Kraft, die Schläge zielten genau auf die Unterseite des Tiefschutzes und in Mookies Eier. Der erste Schlag traf beim Gongschlag, der zweite danach. Jetzt wußten Con und Odell, warum der Afrikaner in Hockstellung gegangen war. Tiefschläge tun einem Boxer nicht nur weh, sie schwächen ihn auch und können in späteren Runden zur vorzeitigen Ermüdung führen.

Der Schiedsrichter sprang vor und erteilte eine Verwarnung. Der Afrikaner schien sich nicht im geringsten zu schämen. Vor Schmerz gekrümmt, humpelte Mookie in seine Ecke und sank auf den Hocker. Odell zog den Gürtel von Mookies Hüfte, und Con schaufelte Eis auf Mookies Eier.

Der Schiedsrichter kam zu ihnen rüber. »Ihr kriegt bis zu fünf Minuten, wenn ihr sie braucht.«

Das war eine Regel, um plötzlich zugefügte Schmerzen abklingen zu lassen und möglichen Nachwirkungen vorzubeugen, die einen Abbruch des Kampfes erzwingen konnten.

»Was wir brauchen, ist, daß ihm Punkte wegen der Tiefschläge abgezogen werden«, zischte Con. »Gleich zwei Tiefschläge, verdammt noch mal, einer sogar nach dem Scheißgong, also los, Schiedsrichter!«

Der Schiedsrichter tat so, als sei *ihm* was zugefügt worden. »Ich hab ihn verwarnt, okay?«

Wenn Mookie die Chance zu einem bedeutenden Titelkampf kriegen sollte, durften sie auf keinen Fall aufgeben, also saßen sie in der Zwickmühle. Warfen sie das Handtuch, würden sie verlieren, und all die Mühen wären umsonst, die Träume ausgeträumt gewesen; machten sie weiter und ginge Mookie wegen des Fouls die Puste aus, würden sie ebenfalls verlieren, und Mookie könnte obendrein eine böse Verletzung davontragen. Con war klar, daß sein Junge unbedingt gegen einen zweiten Gegner antreten wollte, und er befürchtete, daß Mookie sein Alter zu schaffen machen könnte – es war eine Entscheidung aus dem Bauch und die Frage, wie konditionsstark Mookie war. Wenn sie also noch ein, zwei

Runden weiterkämpften, wer weiß? Angie Dundee hatte es am besten ausgedrückt: Beim Boxen ist alles möglich.

»Wie fühlst du dich?« sagte Con.

»Speiübel.«

»Soll ich abbrechen lassen?« fragte Odell.

»Nee!« sagte Mookie fast schreiend.

»Sag's ihm, Odell«, sagte Con, riß ihm das Mikrofon vom Gürtel und warf es aus dem Ring. Die Toningenieure in der Kabine hielten sich die Ohren zu und fingen an zu fluchen.

Odell sprach todernst auf Mookie ein. »Hau dem Nigger so fest in die Eier, daß sein Schwanz die Sternchen tanzen sieht.«

Sie rieben Mookie ab und gaben ihm Wasser, offensichtlich hatte er sich etwas erholt. Beim Zehn-Sekunden-Signal kam der Schiedsrichter zurück und wies Odell an, den Ring zu verlassen und das Eis aufzulesen, das aus Mookies Tiefschutz gefallen war. Odell stieß mit dem Fuß das Eis aus der Ecke. Beim Gongschlag wandte sich der Schiedsrichter an Mookie.

»Brauchen Sie mehr Zeit?«

Mookie hielt sich für einen Krieger und schüttelte den Kopf – zu Cons Überraschung, der glaubte, daß Mookie oder Odell um mehr Zeit gebeten hätten. Die Sache mit dem Mikrofon und dem Eis hatte Odell verwirrt, und jetzt war's zu spät. Der Schiedsrichter blickte in die andere Richtung, und Con verstreute noch ein wenig Eis. Als der Schiedsrichter Mookie herbeiwinkte, sah er das Eis, verlangte eine Auszeit und befahl Con, es wegzuschaffen. Der Schiedsrichter war sauer, aber Con war das scheißegal. Er ließ sich Zeit und konnte zwölf zusätzliche Sekunden für seinen Jungen rausschinden.

»Der Schiedsrichter ist wütend«, sagte Odell.

»Er ist nicht mein Daddy.«

Zu Anfang der sechsten Runde versuchte der Afrikaner wieder, Mookie einen Tiefschlag zu verpassen, aber Mookie sah's kommen und fing den Hieb mit seiner Hüfte ab. Besser da als auf die Klöten, aber wäre der Schlag auf seinem Hintern gelandet, hätte er den Ischiasnerv in Mitleidenschaft ziehen können, und Mookie wäre nicht mehr so sicher auf den Füßen gewesen. Der Schiedsrichter bedeutete dem Afrikaner, seine Schläge oben zu halten, verwarnte ihn aber nicht. Mookie zielte seinen nächsten Schlag unter den Gürtel des Afrikaners, aber er streifte den Gegner bloß und setzte ihm nicht zu.

»Keine Vergeltungsmaßnahmen«, sagte der Schiedsrichter. »Das ist Ihre erste Verwarnung.«

Der Afrikaner schnellte eine Gerade vor und täuschte darauf einen neuerlichen Tiefschlag vor. Als Mookie seine Fäuste senkte, um sich zu decken, bekam er eine übergebraten, daß ihm Hören und Sehen verging. Zuschlagen konnte der Afrikaner, kein Zweifel.

»Tu, was du tun mußt!« rief Odell aus der Ecke.

Mookie setzte nochmals tief an, um den Afrikaner unter dem Gürtel zu treffen, aber der Afrikaner packte Mookie hinterm Genick und zog ihn nach vorn. Während er sein Gewicht auf Mookies Rücken ruhen ließ, schlug er Mookie auf die Niere, zwang er ihn mit seiner ganzen Körpermasse in die Knie. Die sechste Runde ging unentschieden aus, aber weil Mookie noch immer schlecht war und er jetzt gezwungen war, sich ober- und unterhalb des Gürtels zu decken, hatte der Afrikaner ihn ein paarmal mit aller Kraft ins Gesicht getroffen. Die ersten Schwellungen waren zu sehen.

Con legte den Mundschutz zwischen den Runden zur Kühlung in den Eiskübel. »Atme, Mookie. Atme tief und durch die Nase.« Nachdem Mookie dreimal tief Luft geholt hatte, gab Con ihm Wasser und ließ es ihn wieder ausspucken. Dann gab er ihm wieder Wasser und ließ ihn weiteratmen. Odell fettete Mookies Nase, Wangen und Lippen ein.

»Alles okay?« fragte Odell.

»Ich bin okay«, sagte Mookie.

»Bist du nicht«, sagte Odell. »Ich kenne dich.«

»Mir ist noch ein bißchen schlecht«, brummte Mookie.

»Sehr oder ein bißchen?« fragte Con und gab ihm etwas Wasser zu trinken.

Mookie zuckte die Achseln, aber Con und Odell merkten,

daß er nicht mehr recht in Form war. In der siebenten Runde schlug der Afrikaner immer wieder tief genug, um Mookies Deckung unten zu halten, dann landete er ein ums andere Mal seine gewaltige Rechte. Keine Verwarnungen von Seiten des Schiedsrichters. Mookies Beine waren nicht mehr so wie in den ersten Runden. Beim Austeilen schnappte er nach Luft, und obwohl er noch Punkte sammelte, war der Afrikaner im Kommen. Er versetzte Mookie wieder einen Tiefschlag, und der revanchierte sich sofort.

»Zweite Verwarnung«, sagte der Schiedsrichter und zeigte auf Mookie.

»Verwarnen Sie dieses Arschloch«, antwortete Mookie.

»Ich bin der Schiedsrichter.«

Die Weißen buhten bei der Verwarnung, aber die Ugander applaudierten und fingen an zu singen und zu johlen. Mookie hatte innen im Mund eine Platzwunde, weil er getroffen worden war, als er mit geöffnetem Mund geatmet hatte. Con gelang es, das Blut zwischen den Runden zu stillen, aber der Afrikaner ließ Schläge auf Mookie prasseln, die die Wunde wieder öffneten, und während der letzten vier höllischen Runden schluckte Mookie Blut. Der Afrikaner begann in der achten Runde wieder, aufrecht zu kämpfen, und feuerte ganze Salven von Jabs, Rechten, Haken und Uppercuts ab. In der Mitte der Runde brach er Mookies Nase, Blut fing sich in Mookies schmalem Schnurrbart und tropfte von seinem Kinn. Obwohl Mookies Beine nachgaben, blieb er weiter in Bewegung und ließ den Afrikaner ins Leere schlagen. Aber er war zu geschwächt, um noch entschlossen zurückzuschlagen, und dem Afrikaner gelang es ein ums andere Mal, Mookies Kopf nach vorn zu ziehen und ihm Schläge auf die Nieren zu versetzen. Con war klar, daß Mookies Pisse die Farbe von Portwein haben würde, als er zwischen den Runden die gebrochene Nase verarztete, indem er die druckempfindlichen Stellen knetete, sie innen mit flüssigem Adrenalin abtupfte und außen mit der vorbereiteten Adrenalinsalbe einrieb. Für eine Behandlung mit Eis blieb keine Zeit.

»Ich kann ihn mir nicht vom Leib halten«, keuchte Mookie. »Er ist stark.«

In der neunten Runde traf der Afrikaner Mookie mit einem Dutzend harter Schläge, aber Mookie hielt durch. Zweimal sackte er zusammen, und sein Gesicht blähte sich auf, doch seine Beine hielten stand, und Con blutete allmählich das Herz. Die Eisbeutel hatten die Schwellungen in Mookies Gesicht nicht abklingen lassen, und seine Augenbrauen glichen denen eines Neandertalers. Der Afrikaner stürzte wieder vor und sandte Mookie mit einem neuerlichen Tiefschlag zu Boden. Die Menge rief nach dem Schiedsrichter. Am Ende der Runde ging Odell in den Ring und half Mookie zur Ecke, wo er auf den Hocker plumpste. Con behandelte Mookie mit Eiswasser. Mookie hatte gewürgt, aber nach der Eiswasserkur stand er kerzengerade da.

»Ich bring diesen Nigger um«, sagte Mookie. »Ich bring jeden um, den er liebt.«

Con rief dem Schiedsrichter zu: »Hey, nun machen Sie schon! Er schlägt uns dauernd unter die Gürtellinie.«

»Hab ich nicht gesehen.«

»Haben Sie nicht gesehen?« rief Odell. »Ray Charles hätte das sehen können!«

Der Schiedsrichter zog eine Schau ab, indem er in die Ecke des Afrikaners ging, aber er hatte ihm nur eine einzige Verwarnung erteilt, weshalb er nicht verpflichtet war, ihm einen Punkt abzuziehen.

Con stillte das Blut aus Mookies Nase und aus seinem Mund, aber nach ein paar Geraden des Afrikaners in der zehnten Runde rann ihm das Blut wieder übers Gesicht. Der Afrikaner schleuderte Mookie in seine Ecke, wo er ihn festnagelte und dafür sorgte, daß sein linkes Auge zuschwoll. Da jagte Mookie dem Afrikaner zwei Uppercuts genau in die Eier. Die Beine des Afrikaners spreizten sich, er ging zu Boden wie ein abgeknalltes Pferd im Schlachthof. Der Schiedsrichter ging zu Mookie und hielt einen Finger in die Höhe. Er wandte sich jedem einzelnen der drei Punktrichter zu und signalisierte ihnen, daß Mookie ein Punkt abzuziehen sei.

Der Trainer des Afrikaners hievte seinen Schützling auf den Hocker und verlangte lautstark, Mookie zu disqualifizieren. Der Schiedsrichter geriet in Versuchung, aber da segelten zwei Stühle in den Ring. Der Mann von der Boxkommission blickte in die andere Richtung. Als dem Afrikaner bis zu fünf Minuten angeboten wurden, machte er bis zur letzten Sekunde Gebrauch davon. Mookie stand in der neutralen Ecke, lehnte sich auf die oberen Seile und nickte Odell und Con zu.

»Ist ein zäher Bursche, dieser Mookie«, sagte Odell. »Wenn sich Afrika ausruht, ruhen wir uns ebenfalls aus.«

In der verbleibenden Zeit der zehnten Runde wurde der Afrikaner von Mookie verprügelt, daß die Fetzen flogen und er nicht mehr wußte, ob er überhaupt noch in Philly war.

»Gewinnen wir?« fragte Mookie nach dem Gongschlag.

Während Con das Blut stillte, sagte er: »Wir haben die ersten fünf, kein Zweifel. Die sechste war unentschieden. Die zehnte haben wir auch gewonnen, aber dann haben sie einen Punkt abgezogen, also ist die zehnte Runde unentschieden, bleiben uns noch fünf, nach meiner Einschätzung. Der Afrikaner hat die siebte, die achte und die neunte gewonnen und vielleicht noch eine andere Runde. Mit dem Strafpunkt stehen wir also unentschieden.«

»Also brauchen wir beide Runden, elf und zwölf, um zu gewinnen«, sagte Odell. »Schau mal da rüber, Afrika ist müde.«

»Ich bin nicht müde«, sagte Mookie. Sein Lauftraining machte sich bezahlt.

»Schlag zu, Mookie, genau wie beim Training. Wenn er seine Linke fallenläßt, laß deine Linke auch fallen, verstanden? Und dann vor mit einer Geraden, Baby, *bip, bip, bip*, und dann schlag zu und setz einen Haken nach!«

In der elften boxte Mookie den Afrikaner dumm und dämlich, klammerte, wich zurück. Wenn er Tiefschläge antäuschte, jagte er dem Afrikaner eine Scheißangst ein. Dann erwischte er ihn mit gepfefferten Linken und Kombinationen im Gesicht, das so anschwoll, daß der Afrikaner bald einem Zombie glich. In der Arena brach die Hölle los, durchsetzt von ugandischen Gesängen.

Beim Gongschlag stolzierte der Schiedsrichter in Mookies Ecke. »Jetzt reicht's mir aber«, sagte er. »Es wird ordentlich geboxt, oder ich lasse abbrechen.«

»Wir boxen ordentlich«, sagte Odell.

»Er hampelt zuviel rum.«

»Wer sagt das?« fragte Odell herausfordernd.

»Ich sage das«, sagte der Schiedsrichter.

»Behaupten Sie, d-d-daß es eine R-r-regel gibt, wonach er st-st-stillstehen muß, um sich n-n-niederschlagen zu lassen?«

Con sah, daß Odell drauf und dran war, dem Schiedsrichter eine vor den Latz zu knallen. Wenn das passierte, würden sie den Kampf verlieren und Odell unter Umständen seine Lizenz verlieren, weshalb Con den Schiedsrichter ohne Umschweife anschnauzte. Außerdem brauchte Mookie Odell im Moment dringender als Cornelius Flutey. »Wir können diesen Scheißkampf so kämpfen, wie es uns in den Kram paßt.«

»Achten Sie auf Ihr Mundwerk, alter Knabe. Es steht in meiner Macht, Sie hier rauszuschmeißen!«

»Ach ja? Der alte Knabe wird Ihnen achtzehnmal in die Fresse knallen! Jetzt können Sie sich ausmalen, was für 'ne Neunmillimeter ich bei mir trage, Sie Schleimscheißer, und dann werden wir ja sehen, wer hier die Macht hat!«

Der Schiedsrichter wandte sich ab, verfluchte alle Heiligen, daß er das Geld angenommen hatte. Als der Gong zur zwölften Runde ertönte, hatte er seine Sprache noch immer nicht wiedergefunden. Con war froh, daß der Schiedsrichter keine Scherereien gemacht hatte, weil er so große Töne von wegen der Neunmillimeter gespuckt hatte. Er grinste Odell zu, der zurückgrinste und den Kopf schüttelte.

»Du bist ein schleeechter Mensch, Flute.«

Con zuckte die Achseln. »Am liebsten würd ich ihm mit dem Wassereimer eins über den Schädel ziehen.«

Mookie schlug zu wie eine Kampfmaschine, seine Schläge hagelten aus allen Richtungen. Der Schiedsrichter hielt sich raus. Mookie spaltete dem Afrikaner die Lippen und fügte ihm Platzwunden auf beiden Augen zu. Der Afrikaner hielt mit seiner ganzen Kraft dagegen, setzte ein paar gefährliche

Treffer und hätte Mookie einmal beinahe durch die Seile katapultiert. Die Ugander gerieten außer Rand und Band. Aber Mookie hatte in den Runden elf und zwölf mit Abstand die meisten Schläge gelandet, und Con war überzeugt, daß Mookie gewonnen hatte. Der Gesang der Ugander ging in den »USA! USA! USA!«-Rufen der übrigen Menge unter. Der Gong ertönte, und beide, Mookie und der Afrikaner, rissen die Arme zum Zeichen ihres Sieges hoch. Gewöhnlich umarmen sich die Gegner nach dem Kampf und lächeln dabei wie Kinder, die im Wasser planschen. Diesmal nicht.

Dann folgte die übliche Routine, die Betreuer in beiden Ecken zogen ihren Schützlingen die Handschuhe aus und schnitten die Mullbinden und Stützpflaster auf. Beide trockneten ihre Jungs ab. Beide gingen in die jeweils gegenüberliegende Ecke oder zur Mitte des Rings, um einander die Hand zu schütteln.

»Sie sind ein guter Trainer«, lobte Con den zweiten Sekundanten des Afrikaners, einen ehemaligen Leichtschwergewichtskämpfer. »Und ihr Junge kann echt zuschlagen.«

»Vielen Dank. Und dieser Bodeen ist schon eine tolle Nummer.«

Der Afrikaner schüttelte Cons Hand und lächelte auf ihn nieder. »Kann verdammt gut täuschen, Ihr Boxer.«

»Während des Kampfes mochte ich Sie nicht besonders«, sagte Con. »Aber jetzt mag ich Sie wirklich gern.«

»Danke, Sir.«

Der Ansager verlas die Ergebnisse der Punktzettel. »Meine Damen und Herren, wir haben eine einstimmige Entscheidung. Ich teile Ihnen das Gesamtergebnis mit. Alle drei Punktrichter haben den Kampf gleich bewertet: 118 zu 110 für den *amtierenden* ...«

Die Ugander drehten durch, johlten, schwenkten ihre Flaggen und tanzten herum, als hätten sie gerade einen verfeindeten Stamm in den Victoriasee getrieben. Con, Mookies Manager, Odell und Mookie starrten sich ungläubig an, nicht anders als die Schwarzen, Puertoricaner und Weißen im Publikum.

»Die Punktrichter stecken bis zu den Ohren in Schmiergeld«, sagte Odell.

Con ließ den Kopf hängen. Die Fernsehreporter kletterten in den Ring, als Mookie und Odell hinauszuklettern versuchten. Die Menge schrie und brüllte. »Bestechung! Bestechung!«

Der Mann von der Boxkommission und der Promoter sprangen in den Ring. Beide stürzten auf Odell zu: »Bodeen kann jederzeit in Philly kämpfen, jederzeit!«

»Bodeen will nicht in Philly kämpfen«, sagte Odell, wandte sich ab und verließ mit Mookie den Ring.

»Was gibt es an Philly auszusetzen?« fragte der Mann von der Kommission Con.

»Auszusetzen gibt es, daß 118 zu 110 bedeutet, daß wir mit der Runde, die Sie nicht anerkannt haben, nur zwei Runden gewonnen haben«, sagte Con. »Und wissen Sie, was das heißt?«

»Was?«

»Es heißt, daß Sie drei Hampelmänner als Punktrichter benannt haben.«

Con schlüpfte durch die Seile, nahm seinen Eimer und seine Instrumententasche, konnte aber nicht zu Odell und Mookie aufschließen, weil die Ugander im Gang sangen und tanzten. Einige grinsten Con höhnisch an, und der Anführer tanzte in seinem afrikanischen Outfit geradewegs auf Con zu.

»Uganda hat gesiegt!«

Sie blickten einander in die Augen, die des Uganders waren schwarz, die von Con grün. Das eine Gesicht war das der Sklaven, die in Ostafrika gefangengenommen und zum moslemischen Markt verschleppt worden waren, das andere das eines irischen Kriegers des britischen Empires, das einst die Welt regiert hatte, Uganda eingeschlossen. Die Ugander rückten näher, zwanzig gegen einen, forderten Con auf, sie zur Seite zu stoßen. Con setzte sein Zeug ab. Es war an der Zeit, ein Wörtchen mit ihnen zu reden.

»Kapiert bitte, daß ich euren Boxer bewundere und euch auch.« Er streckte seine Hände dem Anführer entgegen. »Euer Joshua ist ein großartiger Krieger, ein Löwe.«

Die Ugander verstummten; ihr Grinsen erstarb, und sie blickten einander verstohlen an. Aus dem Hintergrund kam eine mahnende Stimme.

»Er ist ein Sportsmann.«

Der Anführer schüttelte Cons Hand. »Sir«, sagte er.

Dann boten ihm alle die Hand dar, in der höflichen afrikanischen Art, und Con schüttelte jede. Als er sein Zeug wieder aufnahm und allein in Richtung Umkleidekabine ging, vernahm er die Stimme von vorhin.

»Er ist ein Sportsmann.«

Der Radau der abziehenden Boxfans brach sich an den Wänden der Umkleidekabine. Die Leute vom Fernsehen schleppten Kabel und packten leise ihre Ausrüstung zusammen. Die Mitglieder von Mookies Gespann waren ruhig, aber in ihrem Inneren tobte es. An der Tür stand ein Wärter, der versuchte, die Menge zurückzudrängen, aber einige kamen durch und verharrten in stummer Abscheu. Einige riefen durch die Eingangstür, daß Mookie reingelegt worden war, daß das Ganze eine Schande für Philly sei. Andere forderten lautstark eine Anhörung vor der Kommission, aber das Gespann wußte, daß bei einer Beschwerde nichts rauskommen würde.

Draußen sangen die Ugander. Einer hatte sich in die schwarz-gelb-rot gestreifte Nationalflagge gehüllt, in deren Mitte ein weißer Kreis mit einer Art Vogel prangte. Der Geruch von Marihuana drang in die Kabine. Mookies Manager starrten die Wand an. Odell saß neben Mookie, der auf seinem Stuhl lümmelte, einen Eisbeutel gegen sein geschwollenes Gesicht hielt und die Eiswürfel zurechtschob, die Con ihm in den Tiefschutz gestopft hatte. Noch immer rann der Schweiß an Mookie herab, und Con rieb ihn mit einem Handtuch ab, das mit dunkelroten Blutflecken besudelt war. Con vermischte Wasser und einen Grapefruit-Orangen-Bananen-Saft zu gleichen Teilen und gab's Mookie zu trinken, um das Kalium, das er durchs Schwitzen verloren hatte, zu ersetzen. Das Blut war gestillt. Der Ringarzt kreuzte auf, um Mookie zu untersuchen: Rippen, Nieren, Leber, Eier, Augen,

Mund. Als er sich Mookies Nase anschaute, riet er ihm achselzuckend, in L. A. einen Arzt aufzusuchen.

»War nicht das erste Mal, stimmt's?«

»Ich laß das in Ordnung bringen, wenn ich die Handschuhe an den Nagel hänge.«

Ein Reporter bat um ein Interview, aber Mookie winkte mit der Wasserflasche ab. Mit dem Reporter hatte sich ein reichlich zerlumpter kleiner Schwarzer reingeschlichen, der einen verstaubten Cowboyhut mit einer langen Feder trug. Seine Augenbrauen waren von Narben durchzogen, sein Atem roch nach Wein. Seine Hosen waren zu weit und zu lang, aber er tänzelte vor und zurück und wirbelte Schläge in die Luft. Er maß gut einssechzig und hatte vermutlich im Bantamgewicht gekämpft, aber jetzt wog er ungefähr 145 Pfund. Mookie schloß die Augen und beugte sich vor, das Gesicht in den Eisbeutel gebettet.

Der kleine Kerl zog seine Hosen hoch und schlug weiter in die Luft.

»Du bist wie ich, Bruder, genau wie ich«, rief er Mookie zu, der sein Gesicht nicht hob. »Alles klar«, sagte der schmächtige Typ und tänzelte, sprang vor und zurück und teilte Kombinationen aus. »Bip, bib, *bäng*! Alles klar? Abtauchen und klammern, klammern, nach links ausweichen und Körperhaken, *wipp*! Mann, Kopfhaken, *wipp*! Bäng, bäng, klammern und bewegen, bip, bip, *bäng*! Gesehen? Du weißt, was ich meine, alles klar? Bip, bip, bip und *bäng* und *bumm*!« Er hob die Arme in Siegerpose und stolzierte durch den Raum wie ein Hahn, der bei den Hennen seinen eigenen Rekord gebrochen hat. »Yeah, du bist wie ich, Baby, genau wie ich!«

Odell packte ihn hinten an der Hose und manövrierte ihn mit sanfter Gewalt nach draußen. Einen Moment später steckte er seinen Kopf wieder durch die Tür. »Hat jemand von euch fünfundzwanzig Cent für mich?« Der Wärter warf ihn raus.

Odell sagte: »Mookie hat einen neuen Fan.«

Alle mußten unwillkürlich lächeln, und Mookie konnte sich umziehen, nachdem ihn Con mit Alkohol abgerieben und er zu schwitzen aufgehört hatte. Aber die Fahrt zurück zum Hotel war schrecklich.

»Möchten Sie Pizza essen gehen?« fragte der Fahrer.

Mookie schüttelte den Kopf und legte ein Handtuch über sein Gesicht. Im Hotel kam er zusammengekrümmt aus der Dusche und hielt sich die Rippen. »Hab 'ne Verletzung abgekriegt... und meine Pisse ist rot.«

Con kühlte Mookies Gesicht, Rippen und Nieren mit Eis. Mookie hätte eine Massage vor Schmerzen kaum überstanden, also gab ihm Con eine Kodeinpille, damit er schlafen konnte.

»Ihr Flug geht um halb neun«, sagte einer der Manager. »Sie werden um sieben unten abgeholt.« Die Manager gingen in die Bar runter. Der weiße Manager bestellte Chivas on the rocks, der schwarze einen Hennessey und eine Cola.

»Wie spät ist es?« fragte Mookie.

»Viertel nach eins«, sagte Odell.

Das Kodein wirkte, und Mookie war in der Lage, sein Zeug zu packen. »Ich kann einfach nicht glauben, daß die mir das angetan haben, nach all den Jahren, die ich geboxt hab.«

»Geld«, sagte Odell.

Mookie setzte sich angeekelt hin.

»Später wirst du auf diesen Kampf mal stolzer sein als auf all deine anderen Kämpfe zusammen.«

Um halb drei hatte Con gepackt. Als er ins Bett fiel, fühlte er sich alt, und er wußte, daß er tagelang müde sein würde. Aber was geschehen war und wie es hätte geschehen sollen, lief immer wieder wie ein Film in seinem Kopf ab.

»Herr«, betete er, »wir haben gewonnen, aber nicht gewonnen. Wir haben aus deinem Kelch getrunken, Herr, aber du sollst wissen, daß ich dir böse bin. Ich weiß, daß ich drauf und dran war, die Punktrichter niederzustechen, und daß ich diesen Lump von Schiedsrichter zur Schnecke gemacht habe, vergib mir, Herr, aber ich nehm an, daß mal jemand diesen Kerl erschießen wird, wenn er so weitermacht, also hab ich dem Brechmittel vielleicht einen Gefallen getan. Herr, hilf uns allen, diese Nacht durchzustehen, vor allem Mookie, hilf ihm im Flugzeug und hilf ihm mit seinem Gesicht, damit seine Mutter nicht in Ohmacht fällt. Herr, ich bin dir nicht mehr böse.«

Die Schwellungen in Mookies Gesicht waren im großen und ganzen abgeklungen, aber er kühlte sie in seinem Hotelzimmer weiterhin mit Eis, ehe sie sich aufmachten. Im Flughafen und im Flugzeug trug er eine Sonnenbrille. Spucke und Pisse waren von natürlicher Farbe, aber er ging noch immer gekrümmt wegen der Rippenschmerzen, und das Weiße seines linken Auges war wegen einer geplatzten Ader scharlachrot.

»Afrika hat auch Schmerzen«, sagte Odell.

Con gab ihm mehr Kodein, und der Junge schlief bis Los Angeles fast durch, er am Fenster, Odell in der Mitte und Con am Gang. Odell schlief ebenfalls. Odell schlief immer im Flugzeug. Con niemals, obwohl es diesmal ein ruhiger Flug war. Ab und zu knackte und krachte die Stimme des Piloten durch den Lautsprecher und weckte Mookie irgendwo über Arizona auf. Er blickte aus dem Fenster. Als sie die Wüste von Kalifornien erreicht hatten, meldete sich der Pilot erneut.

»Meine Damen und Herrn, in wenigen Minuten landen wir in Los Angeles. Links ist das berühmte Palm Springs zu sehen. Und gleich können Sie rechts in den Bergen Big Bear Lake sehen.«

Mookie mußte an die Champions denken, die in Big Bear trainiert hatten. Es gelang ihm nicht, die Tränen zurückzuhalten. Die Ansage weckte Odell auf, der sich jedesmal lächelnd aufrichtete, wenn er geschlafen hatte. »Na gut«, sagte er.

Mookie blickte weiterhin auf die ausgedörrte Wüste da unten.

Er drückte die Hand gegen seinen zugerichteten Mund, damit man nichts hörte, aber gegen die Zuckungen seines Bauchs konnte er nichts tun. Odell sah Con an, der ihm bedeutete, mit Mookie zu sprechen.

»Was soll das?« wandte sich Odell an den Jungen.

Mookie sah ihn nicht an, weil er sich seiner Tränen schämte. »Du weißt schon.«

»Büßt du ein Auge ein, erblindest du?«

»Meine Mama kriegt kein Haus«, sagte Mookie und drehte sich zu Odell.

»Hängst du's an den Nagel?«

»Nein, zum Teufel!«

»Dann wisch dir dein Gesicht ab, Junge. Wir gehören noch nicht zum alten Eisen.«

GEFRORENES WASSER

Kein Mensch wußte, wie Dangerous Dillard Fightin Flippo Bam-Bam Barch erstmals ins Hope Street Gym geraten war, aber seit ungefähr zwei Jahren tauchte der Junge jeden Monat zwei Wochen lang Tag für Tag auf und war dann zwei Wochen wieder verschwunden. Dangerous Dillard Fightin Flippo Bam-Bam Barch, wie er sich selbst nannte, hatte nie 'nen Kampf gehabt, von einer Ausnahme abgesehen, wenn man das einen Kampf nennen wollte. Im Gym wurde er verkürzt Deedee, Flippy oder Orbit genannt. Aber wenn er von sich selbst sprach, benutzte Danger immer seinen vollen Künstlernamen.

»Mein Name lautet Dangerous Dillard Fightin Flippo Bam-Bam Barch aus Polk County in Missouri«, sagte er und kniff ein Auge zu, »und mein Traum ist es, gegen Motor City Cobra Thomas Hit Man Hearns um die Meisterschaft von ganze Welt im Weltergewicht zu kämpfen.«

Ich bin vorm TV-Zeitalter ein paarmal im Leichtgewicht angetreten, inzwischen wiege ich natürlich mehr. Ich war nie ein Titelanwärter, nichts in dieser Richtung, aber ich war ein Raufbold und hab jedesmal eine gute Schau abgezogen, wenn ich ihnen in den örtlichen Arenen bei L. A. das Fell über die Ohren gezogen habe. Wrigley Field, Ocean Park, Wilmington, Jeffries' Barn und manchmal oben in Stockton oder Frisco und unten in Tijuana. Hab in der Hollywood Legion gekämpft, gleich beim Sunset Boulevard, aber ich mußte sagen, ich sei Araber, weil sie damals keine Farbigen zugelassen hatten. Prinz Hakim der Scheich. Hab da zehnmal als Araber gekämpft, weil ich recht hellhäutig war und das Hollywood-Publikum hinters Licht führen konnte, und wenn ich die Hauptattraktion war, war der Laden voll. Der Promoter wußte Bescheid, die Sportjournalisten auch, denen war die Hautfarbe schnurz und meinen weißen Gegnern ebenso –

das Ganze war ein Witz. In anderen Orten kündigten mich die Plakate als Willie »Scrap Iron« DuPree an. Freunde nennen mich Scrap.

Hab nie 'nen Titelkampf bekommen, aber ich hab in meinen fünfundfünfzig Kämpfen nicht schlecht verdient, und damals waren die Zeiten schwer, man mußte hart arbeiten, aber ich bin nie schlimm verprügelt worden. Die Nase ging so oft zu Bruch, daß ich kaum noch 'ne Nase hab, und ein Lid hängt schlaff herab, wegen der Platzwunden und dem abgestorbenen Nerv im Lid, aber nichts Ernstes, nicht wie bei manchen anderen Jungs, die am Schluß nur noch stottern und durch die Nase reden können. Hab nie krumme Geschäfte gemacht oder Geld auf den Gegner gesetzt, nur auf mich selbst, hab mein Geld immer auf ehrliche Weise verdient. Und weil ich immer mein Bestes gebe, hab ich stets ein Dach überm Kopf, wenn ich die Handschuh mal an den Nagel hänge, hab ein Zimmer hinten im Gym, dafür daß ich es sauberhalte, die Spucknäpfe ausleere, das Blut aufwische und dafür sorge, daß es da drin immer gut riecht, solche Sachen. Und weil ich mir Ärger vom Leib halte und drauf achte, daß nicht irgendwelches Gelichter hier rumhängt. Und wenn ich mal alt bin und keine eigenen Boxer mehr trainiere, helfe ich für ein paar Dollar mit dem Eiskübel aus, wenn außerhalb mal jemand für die Ecke benötigt wird. Wenn sie 'nen Sekundanten wollen, verlange ich mehr. Abfrottieren? Abfrottieren kostet zwei Dollar, bei Schwergewichtlern drei. Ich kenne den Körper eines Boxers besser als ihre Freundinnen.

Die alten Zeiten gehören der Vergangenheit an, auch die alten Gyms, wie Main Street und Hope Street, aber jetzt bin ich im Hymn's Gym, bei der 108. Straße und Broadway, das von einem Jungen geleitet wird, den ich mal trainiert hab, Curtis Hymn Odom. Wird Hymn genannt, weil er so schön kämpft und immer so ernst wie ein Totengräber ist, dieser Curtis Odom. Brachte ihm bei, wie man ordentlich draufknallt. Curtis war ein klasse Kämpfer zu seinen besten Zeiten. Hat so fest zugeschlagen, daß sie ihn ins Gefängnis hätten stecken sollen. Aber ihm mußte ein Auge herausgenommen werden, er konnte nicht mehr richtig sehen, und das war's dann, aber gütiger Himmel, der Junge konnte zuschlagen, er entwischte dir und dann *jop* – Körperhaken, *bing* – eine an den Kopf, und schon hat er deinen armseligen Arsch ins Reich der Träume geschickt. Netter Mann auch, anständig, Leute respektieren ihn, weshalb sie aus der ganzen Welt in Hymn's Gym kommen, um bei ihm zu trainieren, und er macht einen Haufen Geld, damit und mit den Jungs, die er trainiert und managt.

Die Hope Street, wo das Hope Street Gym einst lag, war nur einen Block lang, von der 18. Straße bei der Auffahrt zum Freeway bis runter zum Washington Boulevard und dem Trade Tech College. Der orangefarbene Ziegelsteinbau war eine ehemalige Versammlungsstätte der Freimaurer oder so was, hatte sechs Stockwerke und stammte aus dem Jahr 1910. Wurde zum größten Teil als Lagerraum genutzt, aber das Gym war zweieinhalb Stockwerke hoch im Ballsaal untergebracht, der wegen der hohen Decken und Fenster immer gut gelüftet war. Das Gebäude wurde später abgerissen, um noch mehr Parkplätze zu schaffen, aber bis dahin lag es gegenüber dem Parkplatz hinter dem Olympic Auditorium, wo 1932 während der Olympiade in L. A. die Boxkämpfe stattgefunden hatten.

Aus dem Hope gingen ein paar gute Boxer, aber keine Champs hervor. Amateure und jede Menge Latinos kreuzten auf, die im Olympic kämpften, dazu die üblichen Penner, um ein wenig Geld zu ergaunern. Das Gym lag in einer Gegend, wo man sein Auto besser nicht abstellte. Südlich des Washington Boulevards und östlich der Figueroa Street war hauptsächlich ein schwarzes Viertel. Westlich der Figueroa wohnten Latinos. Ein Weißer, der da durchkam, mußte einen verdammt kräftigen Eindruck machen.

Dillard kam mit allen aus, schon immer, sogar mit denen, die kein Amerikanisch konnten. Erzählte jedem, der's hören wollte oder nicht, daß er ein Hillbilly aus Missouri sei und schon mal in Kansas City war und daß das Wasser im Missouri keine Balken habe. Dann kam er plötzlich nicht mehr ins Hope Street.

Danger war ein weißer Farmerjunge, an dem alles hell war: Augen, Haut und Haar. Und beim Training lief er so rot an wie ein verbrannter Finger. Hymn trainierte den Jungen gratis, weil er wußte, daß Danger ein hoffnungsloser Fall war und es bleiben würde. Danger gab sich solche Mühe und verbockte alles, so daß man erst mal lachen mußte. Dann beobachtete man ihn eine Weile, sah sein fliehendes Kinn und erkannte seinen Lebenstraum, und schließlich fand man sich, so wie Hymn, in seiner Ecke wieder.

Hymn arbeitet mit jedem, der ihn darum bittet. Sind sie jung genug, kostet es nichts, nicht mal für die Fettklöße, weil man ja nie weiß, was in einem Jungen steckt, ehe er Schläge einsteckt. Joe Frazier war dick. Nun, Hymn wußte vom ersten Moment an, daß Danger es zu nichts bringen würde; selbst wenn er ein paar grundsätzliche Dinge lernen sollte, er würde nie und nimmer den Idiotentest bestehen, um eine Lizenz zu bekommen. Dennoch hat er den Jungen nie fallenlassen, nie einen Penny von ihm genommen.

»Mein Name ist Dangerous Dillard Fightin Flippo Bam-Bam Barch aus Polk County, Missouri!« ruft Danger zwischen den Runden, versucht, es Muhammad Ali gleichzutun, »und ich fordere den City Cobra Thomas Hit Man Hearns heraus, gegen mich im Weltergewicht um den Meisterschaftstitel der ganzen Welt zu kämpfen!«

»Aber du hast keinen Rang«, stichelt Shawrelle. »Champs kämpfen gegen einen von den zehn Spitzenleuten, Mann.«

»Ich kämpfe trotzdem gegen ihn, egal wo und wann!«

»Aber das wär kein Titelkampf, und wenn du gewinnst, wärst du nicht der Champ«, sagt Shawrelle und meint beim Weggehen, dieser weiße Junge sei ganz schön dämlich. Shawrelle ist Amateur und pechschwarz.

Danger kapiert nicht, was eine Rangliste ist, aber wenn er zwei Wochen lang in der Turnhalle aufkreuzt, trainiert er zweimal täglich, sechzehn Drei-Minuten-Runden am Mittag, wenn die Profis trainieren, und nochmals sechzehn abends mit den Amateuren, und dabei sind die fünf Meilen Dauerlauf jeden Morgen um sechs nicht mal mitgerechnet. Es tut einem in der Seele weh, aber er macht weiter und setzt auch Muskeln an.

»Orbit«, sagt Shawrelle, »warum machst du nicht ein paar Runden Sparring mit mir?«

Ich sage: »Red keinen Blödsinn.«

Danger sagt: »Ich mach's, Mista Scrap, jetzt sofort.«

Ich sage: »Nein, du gehst da mit Shawrelle nicht rein, vergiß es.«

»Du hast Angst, stimmt's, Flippy? Bist 'n kleiner weißer Hosenscheißer.«

»Ich hab vor niemand Angst!«

»Scrap hat Angst«, sagt Shawrelle. »In Scraps Adern fließt das Blut eines Sklavenhalters, schau dir mal diese Haut an. Scrap spricht wie 'n Bruder, aber das ist fauler Zauber.«

»Halt die Klappe, Shawrelle«, sag ich.

Shawrelle sagt: »Bist noch immer der Stiefellecker der Unterdrücker, alter Knabe.«

Ich klopfe gegen meine Gesäßtasche, sage: »Eh du weißt, wie's damals wirklich war, halt lieber den Rand.«

Shawrelle zieht ab, grinst hämisch wie ein Hund, als hätt er nur Spaß gemacht, aber Shawrelle macht keinen Spaß, Shawrelle hat nicht genug Grips, um Witze zu machen. Denkt, er sei tough. Tough genügt nicht.

Danger macht Lockerungsübungen und Gymnastik wie die anderen. Und er macht vier Runden Schattenboxen; Hymn behandelt ihn wie einen richtigen Boxer, hänselt ihn nie, macht sich nie über ihn lustig und hat immer Zeit, vier Runden mit ihm zu sparren, obwohl Danger keinen einzigen Schlag hinkriegt. Danger weiß nicht, wie man richtig atmet, und kann sich nach vier Runden Sparring kaum noch auf den Beinen halten, setzt aber noch vier Runden am Sandsack drauf, vier weitere am Punchingball, vier letzte mit dem Springseil und dann 120 Sit-ups. Er ist so rot, daß man fürchtet, er bricht gleich zusammen, doch er denkt nicht dran aufzugeben, und Hymn verliert nie die Geduld, wenn Danger vergißt, was Hymn ihm vor zwei Minuten und schon tausendmal zuvor gesagt hat. Danger spricht Curtis mit Mista

Hymn an, hat das »Mista« bei den Schwarzen aufgeschnappt. Mich nennt er Mista Scrap.

Nun, Curtis Odom hat schon früh zu seiner Berufung gefunden, und die Leute respektieren ihn, weil er keinen aufs Kreuz legt und weil er, als er noch aktiv war, Topleute im ganzen Land k. o. geschlagen hat, dazu in Frankreich, Japan und Südafrika. Hat mich zu jedem Kampf mitgenommen, außer nach Südafrika, weil's da nur ein Flugticket gab. Joburg, wie er und die Südafrikaner Johannesburg nennen. Hat zweimal da gekämpft und beide Mal gewonnen und wurde wie ein Weißer behandelt, weil er ein Boxer war. Sagte, wenn er nicht in Amerika leben dürfte, würde er Südafrika wählen. Sagte, daß er mich nächstes Mal mitnehmen würde, sicherstellen wollte, daß es zwei Tickets gäbe. Gab kein nächstes Mal. Sieht noch immer gut aus, dieser Hymn, trotz der Sache mit dem Auge, hat noch immer sein Kampfgewicht, 144 Pfund. Hymn ist klasse.

Bei Danger sieht's ein bißchen anders aus. Der Junge ist nicht nur ein schlichtes Gemüt, er hat auch diesen Riesenkopf und diesen gewaltigen Hals, Kopf und Hals eines Schwergewichtlers auf einem kleinen Körper. Ist ungefähr einsachtundsechzig, einsneunundsechzig groß und sieht für einen Weißen gut aus, wiegt 130, höchstens 135 Pfund, das normale Weltergewicht. Auf den ersten Blick merkt man nicht, daß er etwas einfach gestrickt ist, erst wenn er redet.

»Viele weiße Jungs sind gefallen, weil ihr Nigger in Lincolns Krieg mitgemacht habt. Gekämpft und gefallen, überall in der Ozark-Gegend. Jungs wie ich sind unter Old Pap Price bei Wilson's Creek gefallen, und die Leute reden in den Bergen noch immer davon und sagen, einen Nigger kann man ruhig aufknüpfen. Hab nix gegen Nigger, weil meine Mama mir das so beigebracht hat, hat gesagt, ist kein Grund, jemand weh zu tun.«

Ich mußte lächeln. »Ist das so 'ne Art goldene Regel, Dange?«

»Weiß ich auch nicht.«

Wenn man ihn was fragt, worauf er keine Antwort weiß,

geht er einfach weg und zupft an seinen Schnürsenkeln rum, fummelt an seinen Fingernägeln oder steht einfach da und denkt angestrengt nach, was die Frage bedeuten könnte. Bei heißem Wetter lassen einige Trainer Wasser in Plastikflaschen gefrieren und geben in der Halle noch etwas Wasser dazu, damit den Jungs Eiswasser zur Verfügung steht. Danger brachte es fertig, das Eis in diesen Flaschen zehn Minuten und länger anzuglotzen. Kam eines Tages zu mir rüber, sah fix und fertig aus. Ich war grad am Zusammenfegen, und er fragte mich, wie die das Eis durch die kleine Öffnung in die Flasche kriegen.

»Das geht so: Man füllt die Flasche zur Hälfte mit Wasser und legt sie dann ins Tiefkühlfach. Aus dem Wasser wird Eis, und dann trägt man das Ganze am nächsten Tag zum Gym.«

Er kapierte und hüpfte rum wie ein junger Hund. Am nächsten Tag brachte er seine eigene Flasche mit Eis mit und blickte so stolz drein, daß man glauben konnte, er habe das gefrorene Wasser erfunden.

Wenn Danger da ist, nähert er sich mir in seiner devoten Art, und wir unterhalten uns. Meistens hat er ein paar Cremehütchen für meine Kaffeepause dabei. Ich versuche, ihm eins zurückzugeben.

»Nein, Sir, Mista Scrap«, sagt er. »Ich bin im Training.«

»Sag mal, Danger, wo treibst du dich eigentlich rum, wenn du dich hier nicht zeigst? Du betrügst uns doch nicht mit einem anderen Gym?«

»Nein, Sir, Mista Scrap, nein, Siree. Sie sind meine Freunde, Sie und Mista Hymn.«

»Also, wo treibst du dich rum?«

»Ich geh nach Hause.« Sagt's wie ein kleiner Junge.

»Du gehst nach Missouri? Junge, das ist die halbe Strecke nach New York, wenn nicht mehr.«

»Wirklich?«

»Ja, zum Teufel.«

»Scheint gar nicht so wahnsinnig weit.«

»Weit? Verdammt! Wo bist du her? Kansas City, Saint Louis?«

»Nein, Sir, aus Bolivar.« Er spricht es aus, als würde man es *Ball*-ivar schreiben. »Eine kleine Stadt, wie die meisten da unten.«

»Bolivar, was?«

»Ja, Sir, wie dieser Freiheitskämpfer Simon Bolivar von südlich der Grenze. Wir haben ein Denkmal von ihm, ein Geschenk von Präsident Truman, auch 'n Junge aus Missouri, wie ich. War aber kein Hillbilly.«

»Wo liegt dieses Bolivar?«

»Nur 'n Katzensprung von Springfield, wo die ganzen Kämpfe waren. Von Bolivar kommt man den Highway 13 runter und auf die 44 in Springfield und immer weiter nach Westen, bis man bei Oklahoma City auf die 40 nach Bastrow hier in Kalifornien stößt, wo man über die 15 auf die 10 in Richtung Westen kommt, und dann wartet man bis zur Main Street in Los Angeles, und da steigt man aus und geht rüber zur Hope Street fünf Straßenblocks weiter, so einfach ist das.«

Danger ist stolz, daß er das alles auswendig weiß, und sagt noch, daß er zu Hause irgend einen Scheck von der Sozialhilfe abholt, und sobald er ihn eingelöst und seine Arznei gekauft hat, macht er sich wieder auf den Weg zur Hope Street.

»Und wenn ich dann kein Geld mehr hab, tramp ich wieder nach Hause und hol mir welches. Ist so einfach wie nur was.«

»Du sagst also allen Ernstes, daß du jeden Monat eine Woche brauchst, um nach Hause zu kommen und eine weitere Woche, um wieder herzukommen?«

»Ist das nicht großartig?«

»Woher kriegst du was zu essen, wenn du kein Geld hast?«

»Fernfahrer. Und Familien, zu denen ich zum Essen gehe. Manchmal hungere ich zwei, drei Tage, aber das hält mich rank und schlank, wenn ich gegen den Hit Man antrete.«

»Wie bist du überhaupt nach L. A. gekommen?«

»Bin mit Ervel hergekommen, dem Freund von meiner Mutter.«

»Warst mit deiner Mama hier in den Ferien oder so was?«

»M-m, nur ich und Ervel mit seinem Pick-up. Weiß nicht genau, warum wir hergefahren sind, haben's halt einfach gemacht. Und schon am ersten Tag waren wir mitten im Vergnügungsviertel, und er hat mir 'ne Limo gekauft, und dann dreh ich mich um, und der arme Ervel war verschwunden. O je, hab 'ne ganze Woche nach ihm gesucht, und weil ich ihn nicht gefunden hab, hat mich ein Polizist zum Pennerheim gebracht.«

»Und Ervel?«

Danger setzt ein strahlendes Lächeln auf. »Hat ganz allein nach Hause gefunden!«

Dieser Ervel ist für mich ein verlogener, bleichgesichtiger Bauernlümmel.

»Er war vor dir da, oder?«

»Woher wissen Sie das?«

»Wie bist du nach Hause gekommen, Danger?«

»Die Lady vom Pennerheim hat 'ne Karte genommen und alles für mich aufgeschrieben, und dann hat sie mich zum Highway 10 gefahren und abgesetzt. Als ich heimkam, war Mama spuckewütend auf Ervel. Hat geweint und mich abgeküßt, und dann hat sie auf Ervel gezeigt und gelacht. Der ist weggegangen und nie mehr zurückgekommen.«

»Aber, Dange, was ich nicht verstehe, warum kommst du dauernd den ganzen Weg wieder her? Diese Tramperei durchs halbe Land, Mann.«

»Wegen dem Unterricht von Mista Hymn für meinen Titelkampf.«

»Da gibt's doch Gyms, die ein wenig näher sind, oder?«

Und wieder mal geht Danger einfach weg, weil er keine Antwort weiß. Er dreht grundsätzlich keine krummen Dinger, was man noch nicht mal von allen mit mehr Grips sagen kann, aber ich weiß nicht, wie er das macht oder wo er schläft. Außer seinem vergammelten Sportzeug besitzt er offenbar nichts zum Anziehen, abgesehen von einer Garnitur aus einem Secondhandladen der Armee. Aber wenn er wieder auftaucht, dann immer mit den Cremehütchen für mich und seinem hoffnungsfrohen, kleinen Lächeln.

»Hey, Flippy!« ruft Shawrelle aus dem Ring. »Du wirst's ihnen zeigen, daß die Fetzen fliegen, stimmt's?«

»Yeah!« sagt Danger, hüpft rum und wirft seine tröpfelnden Schläge in die Luft, ganz glücklich, daß jemand mit ihm spricht. »Ich zeig's ihnen!«

»Wann ist dein Titelkampf?« fragt Shawrelle.

Da ist Danger baff.

Shawrelle nennt sich Shawrelle Muhammad, aber in Wirklichkeit heißt er Shawrelle Berry und ißt ohne Zögern Schweinefleisch. Er hat einen Haken drauf, der einen Panzer über die Böschung schiebt, aber er ist ein Hasenherz. Versetzt dir eine Rechte und einen linken Haken, daß du denkst, du liegst im Sarg, seine Gerade schlägt dich k. o. Hymn bringt ihm die Schlagtechnik bei, die ich Hymn beigebracht habe. Aber Shawrelle hält sich für klüger, als er ist, und bläst sich auf, als sei er schon weiß Gott wer. Dieser Shawrelle ist eine Pfeife, aber er kann zuschlagen, das gebe ich zu. Kämpfen aber kann er nicht, weil zuschlagen und kämpfen nämlich zwei Paar Stiefel sind. Dauernd haut er auf den Putz, wie klasse er ist und wie weit er's noch bringen wird, weil er so klasse ist, aber er kriegt's nicht auf die Reihe. Hymn war der erste, der Shawrelle trainierte, dachte, der Junge würde sich ändern, aber eines Tages marschierte er mitten in der Runde aus seiner Ecke, als sich Shawrelle lautstark beschwerte, der Sparringpartner würde zu fest zuschlagen, wo doch Shawrelle gerade versucht hatte, den Jungen k. o. zu schlagen.

»Hey, Mann, komm zurück, Mann, was hab ich denn getan?« wimmerte Shawrelle.

Hymn erklärte die Stunde für beendet und sagte ihm, daß man in einem Gym bloß trainiert und nicht jemanden k. o. schlägt, daß, wenn man einen Jungen zu hart rannimmt, der Junge am nächsten Tag nicht wiederkommt und daß es für den Jungen, den er zusammenschlägt, ganz normal sei, sich zu revanchieren, um sich Respekt zu verschaffen.

»Yeah, Mann, yeah, ich hab's kapiert.«

Nachdem Shawrelle Hymn überredet hatte, ihm noch eine Chance zu geben, behandelte er ihn wie sein Apportierhündchen und sagte Hymn, er solle ihm seine Sporttasche raus zur Straße tragen.

»Acht, neun, zehn, aus!« sagte Hymn bloß.

Und er warf ihm einen Blick zu, der ihm das Maul stopfte, aber es war klar, daß Shawrelle auf Rache sann, und am nächsten Tag fand er einen neuen Trainer, keine Schwierigkeit für 'nen so tollen Hecht wie Shawrelle, Riesenbursche dieser Shawrelle, wie Sugar Ray Robinson, einsdreiundachtzig und 145 Pfund Schlagkraft, knapp fünfzehn Pfund schwerer als Danger. Ist die reinste Nutte, eine Nutte, die selbst den Weihnachtsmann noch ausnimmt, ein kleiner Gangsterschnulli auf der Suche nach jemandem, der ihn aushält. Hat auch Schiß vor weißen Jungs, dieser Shawrelle. Wenn er an einem Amateurturnier teilnehmen soll und erfährt, daß sein Gegner ein Weißer ist, dann hat er plötzlich Zahnweh und kann nicht antreten. Deshalb war er immer hinter Danger her und wollte Danger in den Ring kriegen, und deshalb sagten Hymn und ich, kommt nicht in Frage. Shawrelle ist hinterhältig, aber hat keinen Mumm.

Vielleicht bin ich schuld an dem, was Danger zustieß. Ich soll das Gym nicht verlassen, ehe der Besitzer oder jemand wie Hymn nach dem Rechten gesehen hat. Schön, der Besitzer des Hope Street ist in Vegas, und dann erhält Hymn eine Anfrage nach einem Zehn-Runden-Boxer aus seinem Stall, Anruf vom Promoter im Olympic, der Hymns Jungen in seiner nächsten Show haben will, also geht Hymn rüber. Die Halle ist voll mit Amateuren, und Danger ist mit Schattenboxen beschäftigt. Shawrelle ist auch da, trainiert wie alle anderen. Hymns Jungen warten auf seine Rückkehr aus'm Olympic. Jemand sagt, daß die Dusche nicht funktioniert, und ich geh los, um sie zu reparieren. Bin vielleicht 'ne halbe Stunde weg. Verlasse nicht das Gebäude, bin aber hinten und kann nicht sehen, was vor sich geht.

Ich reparier den Abfluß und bin gerade beim Aufwischen, da hör ich Geschrei aus dem Ring. Ich bin fast gleichzeitig mit Hymn zurück. Irgendwie hat Shawrelle Danger dazu gebracht, mit ihm in den Ring zu steigen. Danger trägt alte, schwere Sparringhandschuhe, aber keinen Kopfschutz, keinen Mund- oder Zahnschutz. Shawrelle trägt alles und hat leichte Kampfhandschuhe angezogen. Sein Trainer hätte es besser wissen müssen, so 'n junger Spund von Trainer, der glaubt, genauso gewieft wie Shawrelle zu sein. Das Ganze dauert nur ein paar Sekunden, Shawrelle springt auf Danger zu, als wolle er ein Feuer austreten. Versetzt Dangers Kopf ein paar Haken, und Danger hält nach jemandem Ausschau, der ihm sagt, was er machen soll. Shawrelle feuert zwanzig, dreißig Kombinationen auf ihn ab – bip-bip-bäng!, bip-bing! –, kann Danger aber nicht zu Boden schlagen, was er unbedingt will. Danger hat an beiden Augen Platzwunden, als Hymn und ich dazukommen, und sein Gesicht ist übel zugerichtet, aber er hält sich auf den Beinen, und je mehr Shawrelle ihn verprügelt, desto mehr geht Danger auf ihn los, bis ihm die Arme runterbaumeln, sein Gesicht wie eine Schlachtbank aussieht und er wie ein blödes Tier dasteht, das bereit ist zu sterben. Das alles ging so schnell wie eine Messerstecherei, und weit und breit kein Schiedsrichter, der dem ein Ende macht; roter Geifer sprüht aus Dangers Mund, weil seine Zunge zwischen die Zähne geraten ist. Der erste Schlag Shawrelles hat Dangers Traum zunichte gemacht, der Rest hat nur noch das Grab für diesen Traum ausgehoben.

Hymn klettert in den Ring und drückt Shawrelle gegen die Seile, wo er ihn wie einen Dieb festhält, so daß ich mich um Danger kümmern kann.

»Wie war ich, Mista Scrap?«

Ich zieh ihn an mich. »Das hast du großartig gemacht, Danger, du bist mein Mann, du bist klasse, du wirst der nächste Weltmeister.«

Danger löst sich von mir. »Nein, werd ich nicht, Mista Scrap«, sagt er. Er lächelt sein kleines Lächeln, seine blutigen Zähne leuchten wie Neon in seinem Mund. »Hätt's wissen müssen.«

»Laß mich dir helfen, Baby«, sage ich und will ihm die Handschuhe ausziehen.

»Kann ich selber, machen Sie nur die Knoten auf.«

Er möchte sich allein sauber machen, aber er braucht Hilfe. Er zeigt sich wieder, nachdem Hymn das Blut mit Adrenalin gestillt und die Platzwunden um die Augen mit einem Druckverband geschlossen hat. Dangers Gesicht ist verbeult und blau, ein Auge ist zugeschwollen, und er geht zusammengekrümmt, weil Shawrelle ihm mehrere Rippen gebrochen hat.

Vor Selbstgefälligkeit triefend, stolziert Shawrelle umher. »Jetzt kann's Flippy Deedee Orbit ja mit dem Hit Man aufnehmen.«

»Komm mit nach hinten in Scraps Zimmer«, fordert Hymn Danger auf. »Leg dich hin, solange ich das Eis für meinen Eisbeutel hole.«

Danger sagt: »Würd ich ja, Mista Hymn, und ich danke Ihnen für alles, was Sie für mich getan haben, aber ich mach mich jetzt sofort nach Bolivar auf.«

Danger lächelt mir wieder zu, schüttelt Hymn und mir die Hand, dann leert er seine Taschen auf eine Bank beim Ring aus, zweiunddreißig zerknüllte Dollar, ein Stück Schnur und ein paar Münzen kullern zu Boden. Einer der Hallenpenner läßt einen Penny unter seinem Fuß verschwinden.

»Tschüs«, sagt Danger. So einfach ist das.

»Hier, mein Sohn, nimm dein Geld«, sagt Hymn, der befürchtet, daß Danger ihn fürs Training bezahlen will.

Danger sagt: »Ich fahr nach Hause, Mista Hymn. Kann nicht nach Hause, wenn ich noch Geld hab.«

Er geht allein raus, und die Hallenpenner balgen sich um das Geld, aber da kommt Shawrelle vom Sandsack geflitzt und fegt alle fort, hat noch immer die leichten Boxhandschuhe an.

»Gehört mir!« ruft er. »Ich hab diesem weißen Jungen den Arsch versohlt, und es gehört mir!«

»Nix da«, sagt Hymn. Er knüllt die Scheine zu einem festen Ball und hält ihn in seiner rechten Hand.

»Ich habe gewonnen!« schreit Shawrelle. »Es ist meins!«

»Nix da, hab ich gesagt.«

»Das Geld gehört mir, alter Knabe!« brüllt Shawrelle und versucht, das Geld mit seinen Handschuhen zu grapschen.

»Nix da, hab ich gesagt.«

Und dann versetzt Shawrelle Hymn eine auf die Gesichtshälfte mit dem lädierten Auge. Hymn gerät ins Taumeln, geht aber nicht zu Boden. Shawrelle versucht's noch mal mit der Rechten, aber Hymn weicht dem Schlag blitzschnell aus. Er nimmt die linke Schulter nach hinten und halb geduckt verlagert er sein Gewicht auf das linke Knie. Shawrelle rollt mit den Augen wie ein altes Maultier, aber er weiß, daß er machtlos ist, wenn Hymn erst mal den richtigen Schußwinkel hat. Hymn hält noch immer Dangers Geld in seiner rechten Hand, als er *jipp!* Shawrelle mit einem linken Haken auf die Leber trifft, so daß der gelb anläuft und weiß, daß der nächste Schlag unterwegs ist. Hymn setzt *jopp!* mit einer Kombination nach, dazu ein Kinnhaken, der Shawrelle glauben läßt, sein Hals werde zusammengeschnürt und ihn für fast Minuten ins Jenseits schickt.

Shawrelle liegt da und zuckt wie ein Fisch im Trockenen. Jeder in der Halle weicht nach hinten, denkt, es ist um ihn geschehen. Der Penner nimmt den Fuß von dem Penny. Hymn reicht mir Dangers Geldbündel und geht. Shawrelles neuer Trainer holt mit offenem Maul die Flasche mit dem Eiswasser und gießt sie über Shawrelle aus. Als Shawrelle, auf einen Ellbogen gestützt, zu sabbern anfängt, blicke ich auf ihn runter wie auf einen Haufen Hundescheiße.

»Such dir 'nen Job, Blödmann«, sage ich.

Shawrelle fällt auf den Rücken und spuckt einen roten Zahn aus. Sein Bein zuckt noch immer.

Ich gehe nach hinten zu Hymn und sage: »Shawrelle Berry wird für den Rest seines Lebens vorm Einschlafen an Curtis Hymn Odom denken.«

»Wenn ihn vorher nicht jemand absticht.«

»Was soll ich mit Dangers Geld machen?«

»Such ihn, gib's ihm zurück.«

»Und wenn ich ihn nicht finde?«

»Kauf dir 'ne Nutte, geh vögeln, ist mir doch egal.« So redet Hymn gewöhnlich nicht, er bestimmt nicht.

Ich renne raus, aber Danger ist weg. Ich suche überall nach

ihm, aber er bleibt verschwunden. Warte zwei Tage ab, er kommt nicht zurück. Ich überlege, was ich mit dem Geld anfangen könnte – ein Hemd kaufen, in den Puff gehen, was weiß ich, aber irgendwie bringe ich es nicht fertig, Dangers Geld auszugeben. Ich hab's noch immer in einer Kaffeedose hinter meinem Bett, wo es auf den Jungen wartet.

Nicht lange nach der Sache mit Shawrelle und Danger machte das Hope Street dicht, und das Hymn wurde in South Central in der 108. Ecke Broadway eröffnet, ungefähr neunzig Straßenblocks südlich des Hope Street Gymse. Verdammt langer Weg für jemanden wie Danger. Hat sich noch nicht blicken lassen, aber man weiß ja nie. Sollte er aufkreuzen, sein Geld liegt bereit, bereit für den guten Dangerous Dillard Fightin Flippo Bam-Bam Barch. Und ich werd ihm sagen, daß er's diesem Motor City Cobra Hit Man Tommy Hearns schon zeigen wird, wenn Hearns nicht länger vor ihm kneift und einen Titelkampf mit ihm ausficht. Das wird Danger gefallen, und er wird wieder anfangen, zu tänzeln und seine jämmerlichen Schläge in die Luft zu keilen. Und wenn dieser Shawrelle Berry jemals seinen schwarzen Arsch ins Hymn trägt und versuchen sollte, meinem Mann Danger was anzutun, werde ich den Nigger abknallen.

SEILWUNDEN

»Der Siegaaaa! In der blauen Eckääää!« Der Ansager im Smoking brüllte ins Mikrofon, seine hämmernde Stimme hallte durch die Arena. »Durch Knockout in der zweiundzwanzigsten Sekunde der dritten Runde! Und der Amateur, der die Vereinigten Staaten repräsentieren wird! Im Leichtschwergewicht! 1992 in Barcelona, Spanien, bei der Sommerolympiade! Henry »Puddin« Pye! Pye!«

Joseph Mary »Mac« McGee schwebte durch den Ring zu seinem Boxer. Mac war Puddins Trainer, und er küßte ihn links und rechts, der Schweiß zerging ihm salzig auf den Lippen. Er nahm ihm den Kopfschutz ab und zog ihn ein Stück näher ins Scheinwerferlicht. Puddin war am Rande der Erschöpfung, nachdem er diesen Knockoutsieg errungen hatte. Er warf die Fäuste, die noch in den Handschuhen steckten, in die Höhe, die johlende Menge jubelte noch lauter. Puddy ging zu seinem schwer angeschlagenen Gegner, schüttelte ihm die Hand und sagte: »Guter Kampf, Bruder!« Dann lief er zurück, um Mac zu umarmen. Ihr erstes Teilziel, sich für die Olympiade zu qualifizieren, hatten sie erreicht. Im Mai würde Puddin achtzehn werden. Er war einsfündundachtzig groß und wuchs noch immer. Um beim Wiegen die Obergrenze von 161 Pfund nicht zu überschreiten, hatte er neun Pfund abtrainiert. Mac staunte nur so über den Jungen. Er schätzte, daß Puddin in zwei oder drei Jahren einsneunzig bis einsdreiundneunzig messen und das Idealgewicht von 204 Pfund haben würde.

Puddins Mutter Willa und seine beiden jüngeren Brüder Felcie und Velcie hatten sich auf der Zuschauertribüne heiser geschrien. Tränen glänzten in Willas Augen. Sie dankte Gott, daß ihr Baby unverletzt geblieben war und daß er gewonnen hatte, und wandte sich dann dem Publikum zu. Ihre Stimme erhob sich über den Lärm der Menge.

»Das ist mein Goldjunge! Das ist mein Engelchen! Das ist mein Puddin!«

Puddins Vater, Briefträger von Beruf, lag unter der Erde. Er war 1985 erschossen worden, als er in South Central Los Angeles die Post ausgetragen hatte, und sich dort die rivalisierenden Crips und Bloods aus fahrenden Autos heraus beschossen hatten. Puddin fühlte sich als Familienoberhaupt, verantwortlich für seine Mutter und seine Brüder. Sein nächstes Ziel war die Goldmedaille. Außer Kubanern hatte er bereits die besten internationalen Gegner sowohl in Europa als auch in Lateinamerika besiegt und war der klare Favorit für Barcelona.

Aber ein Boxer hat viel zu lernen, also hatte Mac ihm von Anfang an beigebracht, mit Köpfchen und schön zu kämpfen. Schön zu kämpfen bedeutet, sich gewandt zu bewegen, gezielt Schläge auszuteilen und ihnen auszuweichen, gleichermaßen anzugreifen und sich zu verteidigen; den Gegner überlisten, beim Schlagen in Bewegung zu bleiben, damit der Gegner aus dem Gleichgewicht gerät, ins Leere schlägt und seine Hiebe verpuffen. Als erstes brachte Mac dem Jungen bei, daß Gleichgewicht Hebelkraft bedeutete; daß Hebelkraft Tempo bedeutete; daß Tempo Kraft bedeutete, weil das Tempo durch Gleichgewicht und Hebelwirkung diktiert wurde, nicht durch Muskelkraft.

Wollte man als Amateur gewinnen, mußte man die Kunst beherrschen, parteiische Punktrichter zu überlisten, die gelegentlich zugunsten des Lokalmatadors entscheiden, der bei den örtlichen Amateurfunktionären als Favorit gilt. Hundsgemein, aber wahr, und oft genug haben vielversprechende Nachwuchsboxer deswegen die Lust verloren und aufgegeben. Dergleichen passiert auch auf internationaler Ebene. Die miesen Punktrichter bei der Olympiade in Korea sind ein Beispiel.

Puddin war bei seinem achten, zehnten und elften Kampf reingelegt worden, als ihm Punktrichter ganz klare Siege nicht zuerkannten. Bei einem Knockout gibt's nichts zu diskutieren, aber durch den Gebrauch eines gepolsterten Kopfschutzes und großer Handschuhe sind bei den Amateuren

Knockouts schwerer zu erzielen als in der Profiliga, wo's ja schwierig genug ist, sogar mit kleineren Handschuhen und ohne Kopfschutz. Die Regeln, die Kopfschutz und große Handschuhe vorschreiben, dienen dem Schutz der Amateurboxer, und Mac hatte nichts dagegen, aber wie alle Regeln konnten auch die der Amateure jederzeit von den Leuten, die das Sagen hatten, geändert werden. Mac war versucht, Puddin ein striktes Profitraining zu verpassen, weil er die Gegner reihenweise umhauen würde. Aber eine Profiausbildung würde dem Amateur Puddin zuwiderlaufen, weil die Anzahl der gelandeten Schläge zählte und nicht der Schaden, den sie anrichteten – von einem K. o. abgesehen.

Für einen bloßen Knockdown aber gab es bei den Amateuren lediglich einen Punkt, während in einem Profikampf dafür gewöhnlich zwei Punkte zu Buche schlugen, ein Unterschied, der zuweilen über Sieg und Niederlage entschied. Meist bestraften die Punktrichter einen Amateur, der wie ein Profi kämpfte, mit Punktabzug – weil er nicht genügend Schläge austeilte. Aber ein perfekter Amateurstil konnte auch zur Belastung werden. Ein paar große Amateurboxer haben es als Profis zu nichts gebracht, weil sie sich nicht an den anderen Stil gewöhnen konnten, unfähig waren, die Zahl ihrer Schläge zu reduzieren.

Mac trainierte Puddin also zweigleisig. Während der ersten beiden Runden mußte der Junge vor allem seinen vernichtenden Jab und die rechte Gerade üben und überwiegend auf den Kopf zielen, typischer Amateurkram. Wenn Mac überzeugt war, daß Puddin die erste und zweite Runde nach Punkten gewonnen hätte, wechselte er zu Profimethoden. Es wurden Schläge auf Körper und Kopf ausgeteilt, Haken und Uppercuts abgefeuert, gerade Rechte auf die empfindliche Stelle am Kiefer, die zum K. o. führen sollten.

»Denk dran, wenn du ihm einen Körperschlag versetzen willst, zielst du erst auf den Kopf, damit er seine Hände hebt, klar? Wenn du's auf den Kopf abgesehen hast, nimm dir erst den Körper vor, damit er die Hände nach unten nimmt. Tricks ihn aus. Boxen ist ein Lügenspiel.«

»Boxen Lügenspiel.«

Puddin setzte Gegner mit Schlägen auf den Kiefer außer Gefecht, streckte sie aber auch mit Hieben in die Rippen, die Magengrube oder auf die Leber nieder. Er hatte noch andere erlaubte Schläge mit verheerender Wirkung auf Lager. Auf seinem Weg von der Juniorklasse aufwärts hatte er ein paar Kämpfe gegen erfahrenere Gegner eindeutig verloren, aber einen K.-o.-Sieg konnte ihm selbst ein korrupter Punktrichter nicht nehmen. Eine verstärkte Konzentration auf Körperschläge bereitete Puddin auch auf eine Profikarriere vor.

Schläge auf die Nieren, das Genick und unter die Gürtellinie waren bei Profis wie Amateuren verboten. Mac hielt einen Haken auf den Ischiasnerv in der Arschbacke für den besten schmutzigen Trick im Gewerbe, da die Schiedsrichter selten Einspruch erhoben und die meisten Leute nicht wußten, daß man einen Boxer mit einem Schlag auf den Arsch außer Gefecht setzen konnte. Mac hatte Puddin alle Tricks beigebracht, weil man wissen mußte, wie man unsauber kämpft, wenn der andere Typ damit anfing, was irgendwann mal der Fall sein würde. Aber nur dann.

»Du fängst mit dieser Scheiße nicht als erster an, aber wenn's passiert, tust du, was du tun mußt, um dir Respekt zu verschaffen.«

»Tust du, was mußt, um Respekt verschaffen.« Alles, was wichtig war, wiederholte Puddin laut und vergaß es nie mehr.

Der gemischte Stil würde zwar für Ärger sorgen, aber wenn die ersten beiden Runden zu Beginn der dritten erst mal bewertet waren und sich Puddin keiner Regelverletzung schuldig gemacht hatte, konnten die Punktrichter ihm seinen Vorsprung nicht mehr nehmen. Nachdem Puddin Pye bei den Amateuren international ein Begriff geworden war, begannen die Punktrichter unwillkürlich, seine Technik zu bewundern; wie alle anderen lehnten sie sich zurück, um die Schönheit seines Kampfes zu genießen.

Ihm beim Boxen zuzusehen war, als verfolgte man eine gewalttätige Schachpartie. Wie der junge Mike Tyson flößte er seinen Gegnern Angst ein, nur daß Puddin es mit Stil tat, so wie einst Sugar Ray Robinson. Wenn Puddin in der dritten Runde den Druck verstärkte, gingen die Gegner oft innerhalb der ersten beiden Minuten zu Boden – nicht immer durch einen K.-o.-Schlag, aber aus Angst vor einem Puddin-Knockout, der noch tagelang nachwirken konnte.

Hätte er erst mal die Goldmedaille in Barcelona gewonnen, würden die Anwälte bei Puddin Schlange stehen, um ihm ihre Dienste anzutragen. Promoter würden sich alle zehn Finger nach ihm lecken. Mac hatte nichts dagegen; er wollte ihn langsam nach oben bringen, ihn etwa zwei Jahre als Halbschwergewichtler halten, egal, wie sehr seine Geldgeber darauf drängten, ihn ins Schwergewicht zu hieven. Sieh zu, daß er technisch und körperlich an Gewicht gewinnt, sieh zu, daß er die richtigen Gegner kriegt. Keine Tomatenkonserven, wie Angelo Dundee die Stümper zu nennen pflegte, sondern Typen, die Puddin niederstrecken konnte, Boxer mit genug Erfahrung und Mumm, um ihm eine Kopfwäsche zu verpassen, Typen, die auf Sieg aus waren und fest genug zuschlugen, um ihm beizubringen, daß man seine Hände oben hielt. Gegner, die ihn herausforderten.

»Der andere kriegt was ab, stimmt's?«

»Stimmt.«

»Wer ist das Raubtier?«

»Ich das Raubtier!«

Das hatte Mac Puddin von Anfang an eingebleut.

»Das Raubtier ist das Wesen, das frißt, kapiert? Wenn ein Zebra einem Löwen ins Gesicht tritt, wird der Löwe verhungern, weil sein Kiefer gebrochen ist, stimmt's? Beim Wolf ist es nicht anders, wenn er verletzt ist, verhungert er. Das Raubtier muß siegen, ohne verletzt zu werden, zumindest nicht so schwer, daß es nicht weiterfressen kann. Genauso ist es beim Boxen. Wenn du zuviel einsteckst, um deinen Gegner zu besiegen, dann wirst du nicht allzu lange mitmischen. Und selbst wenn, wirst du irgendwann nicht mehr ganz richtig im Kopf sein und brabbeln, als hättest du dir die Zunge abgebissen. Hast du das verstanden?«

»Yeah.«

Mac wollte auf Nummer Sicher gehen. »Angenommen, er kommt auf dich zugestürzt, landet vielleicht einen Schlag. Du konterst nicht, läßt dich nicht auf seinen Fuß-an-Fuß-Kampf ein, kapiert? Du gleitest zur Seite, drehst dich, gehst außer Reichweite, bringst ihn durcheinander, läßt ihn die Richtung ändern und siehst zu, daß er ins Leere schlägt. Und wenn er müde ist, und er wird müde werden, denn jetzt hält er vor lauter Anstrengung, dich zu kriegen, die Luft an – das ist der Augenblick, auf ihn loszugehen, auf ihn einzuhämmern wie auf einen Nagel.«

»Mhm, wie auf Nagel, hab verstanden.«

Macs Ziel war es nicht, aus dem Jungen ein Tier zu machen, ganz im Gegenteil. Es ging vielmehr darum, ihn mit der physischen und geistigen Stärke auszustatten, die ihn abhalten sollte, zum Tier zu werden, wenn er unter Druck geriet und zurückschlagen wollte.

»Als ob du gegen einen Stier kämpfst, okay?« sagte Mac. »Mutiger als eine Bärenmutter. Die greift einen Zug an, wenn sie von ihrem Rudel getrennt wird. Aber Mut allein genügt nicht, wenn der Zug gewinnt, stimmt's? Und tough sein genügt auch nicht, wenn du plötzlich so viele Schläge einsteckst, daß du früher oder später verlieren wirst. Oder dein Körper nicht mehr mitmacht und sagt, jetzt reicht's, ich halt keine Schmerzen mehr aus. Es kommt auf Geschicklichkeit an, auf Beinarbeit, Tempo und Köpfchen. Boxen ist eine saubere, klare Angelegenheit, bei der es um Willenskraft und Respekt geht. Aber man braucht einen Schiedsrichter und Seile und vor allem das Herz eines Kriegers.«

»Mhm!«

Während Mac sprach, ließ Puddin seine Schultern kaum wahrnehmbar rollen, die Nerven seines Rückgrats sandten Signale zu Fingern und Zehen.

Mac sagte: »Man muß Herr der Lage sein und wie ein Raubtier denken. Er kann dich nicht in die Tasche stecken, denn du weißt, wie man richtig atmet, und er weiß es nicht.«

»Denken wie ein Raubtier«, sagte Puddin.

»Genau.«

»Und atmen, jedesmal, wenn ich einen Schlag austeile, jedesmal«, sagte Puddin.

»Jetzt hast du es kapiert.«

Mac McGee war ein pensionierter Polizist, der als Jugendlicher im alten Main Street Gym trainiert hatte. Nachdem er 1943 ein falsches Geburtsdatum angegeben und sich mit siebzehn Jahren verpflichtet hatte, kämpfte er als Weltergewicht der Marine und brachte es bis zum Champion der Pazifischen Flotte. Nach der Schlacht im Leyte Golf wurde er mit einem Tapferkeitsorden ausgezeichnet. Nach dem Zweiten Weltkrieg blieb er noch ein Weilchen bei der Marine, aber als er 1951 heiratete, nahm er seinen Abschied. Er bewarb sich bei der Polizei von Los Angeles und wurde sofort genommen. 1955 kam eine Tochter zur Welt, eine zweite 1957. Zwei Jahre später ein totgeborener Sohn, Brendan Patrick, der unter einem keltischen Kreuz zusammen mit dem gebrochenen Herzen seines Vaters beerdigt wurde. Nach fünfzehn Jahren bei der Polizei, wo er es bis zum Sergeanten gebracht hatte, zog sich Mac eine Knieverletzung zu – bei einem Schußwechsel mit Bankräubern, die man per Auto von Eagle Rock nach San Pedro verfolgt hatte. Bis dahin hatte er mexikanischen Kids im polizeieigenen Boyle Heights Gym das Boxen beigebracht. Nach der Sache mit dem Knie arbeitete er ein paar Jahre als Privatdetektiv, aber seine Liebe zum Boxen bewog ihn, sich ab 1970 ausschließlich dem Kampfsport zu widmen. Trotz seines Knies konnte er Schläge austeilen, jederzeit. Und, besser als die meisten, konnte er noch immer Schlägen ausweichen, mit dem vor- oder nachgestellten Bein abschwenken, konnte den Gegner mit einem Klaps auf die Schulter oder den Ellbogen um 180 Grad drehen.

Aber seine Rente und die gelegentlichen Geldsummen, die er bei Kämpfen verdiente, waren seiner Frau nicht genug. Außerdem war sie sauer, weil er zu viel Zeit außer Haus verbrachte, und sie konnte nichts mit seinen Freunden anfangen, die entweder Bullen oder Boxkumpels waren. Eines Sonntags 1971 kam er nach drei Wochen von einem Titelkampf in

Tokio nach Hause zurück. Es brannte kein Licht, das Haus war leer, in dem Rasen des Vorgartens steckte ein Schild mit der Aufschrift ZU VERKAUFEN. Seine Frau war mit den Kindern, den Möbeln, dem Kombiwagen, mit allem ausgezogen. Im Kinderzimmer hatte sie ein Zettelchen hinterlassen, garniert mit der Visitenkarte ihres Anwalts:

Dein Anwalt soll meinen anrufen. Hälfte des Erlöses fürs Haus geht an mich. Ich verlange Unterhaltszahlungen für mich und die Kinder. Du hast immer gesagt, Boxen sei dein Leben, Mistkerl. Jetzt ist Boxen deine Frau.

Mac dachte sich, seine Frau zu verlieren, gehöre einfach dazu, aber seine beiden Töchter zu verlieren, gab ihm beinahe den Rest. Zuerst suchte er Zuflucht beim Alkohol, doch nach einer gewissen Zeit konnte der Whiskey seinen Schmerz nicht mehr betäuben, und er brauchte was Stärkeres. Gras ließ er gleich wieder fallen, weil er den Gestank nicht mochte, und er probierte andere Drogen aus, alles, was er kriegen konnte, wenn es nur seine Gedanken von seinem Herzen zu trennen vermochte. Die Ironie, daß er ein Drogenbulle gewesen war, erschien ihm wie ein Schlag ins Gesicht. Während all der Jahre als Polizist hat er die Feinde bürgerlichen Wohlverhaltens bekämpft, hat er Dealer wie faule Eier vernichtet. Dann wurde er sein eigener Feind. Freunde gingen ihm aus dem Weg. Die Liebe seiner Töchter und seine Liebe zu ihnen hatte ihn schließlich gerettet, und jetzt war er seit einundzwanzig Jahren clean. Auch Pater Carey hatte dazu beigetragen, ihn wieder auf den rechten Pfad zu führen.

»Wieviel Geld geben mir diese Hintermänner, was meinst du?« fragte Puddin und schaufelte sich Reis und Bohnen und Salsa mit einer Tortilla rein.

Mac und Puddin aßen mal wieder in Señora Cabreras Fischrestaurant Mariscos Acapulco. Sie war eine vierschrötige und resolute mexikanische Lady, der ein langer, dicker, bändergeschmückter Zopf über den Rücken hing. Sie sorgte sich wie eine Mutter um Puddin, bereitete ihm die Bohnen ohne Schmalz zu, damit er seine fettarme Diät einhielt. Ihr Großvater war in den vierziger Jahren Weltmeister im Leichtgewicht gewesen, damals, als Titelkämpfe noch über fünfzehn Runden gingen, als so mancher Kampf in der dreizehnten, vierzehnten oder fünfzehnten Runde entschieden wurde. An der Wand hinter der Kasse hing ein großes koloriertes Foto ihres Großvaters – ein gutaussehender kleiner Kerl in seiner Boxerkluft. Daneben hing eine kleinere Hochglanzaufnahme von Puddin aus seiner Zeit als Regionalmeister, ein Titel, der ihn in die Nationalliga aufsteigen ließ. Die Señora war Witwe. Ihr Mann, Gärtner von Beruf, und ihr dreizehnjähriger Sohn waren ums Leben gekommen, als ein betrunkener Autofahrer eine Ampel übersah und an Central Avenue in ihren Pick-up knallte. Weder ihr Mann noch der Betrunkene waren versichert gewesen. Sie hatte einen kleinen Imbißstand eröffnet, aus dem im Lauf der Zeit das Acapulco geworden war. Mit den Einnahmen konnte sie ihre Zwillingstöchter großziehen und sie zu Krankenschwestern ausbilden lassen. Die waren inzwischen Anfang zwanzig und wohnten noch bei ihr. Beide arbeiteten im Los Angeles USC Medical Center. Die Familie lebte gemeinsam in einem kleinen Haus ein paar Ecken von dem Lokal entfernt. Einmal waren Mexikaner durch ein Fenster ihres Hauses eingebrochen. Jetzt waren die Fenster vergittert, wie fast überall in dieser Gegend. Und die 44er *pistola* ihres Großvaters lag unter ihrem Kopfkissen. Noch zwei Jahre und sie konnte sich nach Guerrero Negro, ihrem Geburtsort an der Westküste der Baja-Halbinsel, zurückziehen, wo Wale herumtollten und Salz aus dem Meer gewonnen wurde.

Die Frühlingsluft war frei von Smog, und Mac und Puddin saßen draußen, weil drinnen alles besetzt war. Latinos und Schwarze sorgten für Umsatz in dem Laden, der nahe der Kreuzung Vernon Avenue und Compton Boulevard im Südosten von Los Angeles lag, einer gemischten Gegend, in der Schwarze und Latinos wohnten. Obwohl sich an der Kreuzung zuweilen ein paar Gangs zusammenrotteten, herrschte zwischen ihnen und dem Lokal eine Art Waffenruhe. Die Señora hatte nie über Schlägereien in ihrem Etablissement zu klagen oder über Ärger mit den Gangs oder den schwarzen Nachbarn. Sie war einfach zu nett und das Essen einfach zu gut.

Zwei Wochen waren seit Puddins Sieg in der Nationalliga vergangen. Er brauchte eine Verschnaufpause, würde aber bald sein Training wieder aufnehmen müssen. Um für Barcelona in Hochform zu sein, mußte er in guter Verfassung im US-Trainingslager in Colorado Springs ankommen. Dort würden sich die Olympiatrainer seiner annehmen. Es tat schon weh, daß Mac weder mit Puddin im Lager noch in seiner Ecke in Spanien arbeiten durfte. So war's nun mal üblich. Bei dieser Gelegenheit traten olympische Trainer zuweilen als Abgesandte mächtiger Geldgeber auf und schnappten ihren Kollegen die Boxer weg, die sie olympiareif gemacht hatten. Aber Mac würde es sich um keinen Preis nehmen lassen, am Ring zu sitzen und ihm Anweisungen zuzurufen, wenn Puddin kämpfte. Puddin würde Macs Stimme unter all den anderen ausmachen.

Puddin hatte das Wort *geben* benutzt, was Mac zu denken gab. »Erst mal, niemand gibt dir etwas. Promoter zahlen für das Recht und die Ehre, dich repräsentieren zu dürfen, verstanden? Es geht ums Geschäft. *Geben* kannst du vergessen.«

»Geben vergessen«, sagte Puddin.

»Wie auch immer, es ist zu früh, um über Geld zu sprechen«, sagte Mac. »Man soll den Tag nicht vor dem Abend loben, stimmt's?«

»Stimmt«, sagte Puddin. »Wieviel also?«

»So wie du dich machst, und weil du alle Chancen hast, ein namhafter Schwergewichtler zu werden, könntest du erst mal hundert Riesen kriegen, vielleicht mehr, plus einem garantierten Minimum von hunderttausend Dollar für jeden deiner ersten zwanzig Kämpfe, solange du alle gewinnst. Wenn du verlierst, kriegst du einen feuchten Händedruck. Vielleicht ist sogar mehr drin. Aber verlaß dich nicht drauf. Nur wenn du schön gewinnst und mit dem Weitermachen weitermachst. Bist du erst mal Weltmeister im Schwergewicht, peilen wir zehn Millionen pro Kampf an.«

»Ersten zehn Millionen sind für Mama.«

»Aber das ist Zukunftsmusik, weil du zunächst in Barcelona groß rauskommen mußt.«

»Ich gewinne und gewinne schön, wie du sagst. Und du immer mein Trainer, Mac. Wenn mich jemand will, du auch dabei, oder ich nehme nicht an. Wie meine Mama sagt, du mein Boxdaddy.«

Eine alte Boxerweisheit lautet: Vergiß nicht die Leute, die du auf dem Weg nach oben triffst, es sind dieselben, die du auf dem Weg nach unten triffst. Und Mac fügte stets hinzu: Erst ist's um deine Beine geschehen, dann um dein Geld und dann um deine Freunde.

So mancher vielversprechende Boxer läßt seinen langjährigen Trainer fallen, wenn ihm ein Wildfremder die Ohren vom großen Geld vollsäuselt. Manchmal klappt's. Oft genug nicht, und dann steht der Boxer alleine da. Aber Puddin meinte es ehrlich, und Mac wußte, daß Puddin ihn nicht fallenlassen würde. Genauso wenig wie Puddins Mutter, eine schöne, einsachtzig große und hundertachtzig Pfund schwere Lady, schokoladenbraun, mit kurzem Haar und stolzem, leidzerfurchtem Gesicht, das sie wie die Urmutter Afrikas aussehen ließ.

Willa war's, die Mac einst geholfen hatte. Jeden Monat spendete er ihrer Kirchengemeinde, Saint Columcille's an der 64. und Main, wo Mac die Volksschule besucht hatte, größere Mengen an Lebensmitteln. Von den Zwanzigern bis in die vierziger Jahre hatten in dieser Gegend Iren gelebt, Arbeiter, die Straßengraben aushoben und in den Reifen- und Stahlfabriken im Osten von Los Angeles schufteten. Oder sie waren bei der Müllabfuhr und in den Schlachthöfen, was sich während der großen Depression anbot, um die Kinder durchzubringen. Wo heute Chinatown ist, wohnten früher die irischen Eisenbahnarbeiter. Dann kamen die Italiener und die Chinesen. Boyle Heights, heute rein mexikanisch, war ursprünglich irisch gewesen, dann jüdisch. Inzwischen war die

Gegend um Saint Columcille von verarmten Schwarzen und Latinos bevölkert, und Mac lieferte säckeweise Bohnen, Reis, Mehl und Zucker dorthin. Küchenöl und Kernseife, Kartons mit Apfel- und Grapefruitsaft. Und Schokokekse für die Kinder. Unmengen Bonbons zu Weihnachten.

Als Weißer fiel Mac in seiner ehemaligen Wohngegend inzwischen auf. Nach einer seiner Spendenaktionen wurde er 1990 einmal von einer Meute schwarzer Teenager umringt. Sie waren ziemlich betrunken und grölten *Bleichgesicht* und *alter Furchenscheißer*. Die meisten lachten, und er nahm an, daß sie ihm nur einen Schrecken einjagen wollten. Als er ihnen seine Polizeiknarre vor die Nase hielt, suchten sie das Weite. Hätte es sich um eine Jugendbande gehandelt, die ihn umbringen wollte, wäre sein Revolver mit dem Sechsermagazin kaum die richtige Antwort gewesen. Selbst wenn sechs Schüsse genügt hätten, das Problem, als Weißer lebend aus dieser Gegend zu kommen, hätte nach wie vor bestanden. Am nächsten Tag kaufte er eine neun Millimeter Glock 17, die er fortan in seinem Gürtel trug. Als unbescholtener Expolizist war er berechtigt, eine versteckte Waffe zu tragen. Aber falls ihn jemand aus der Nähe oder von hinten erwischte, würde ihm selbst eine Handgranate nichts nutzen. Doch die Glock war ein Mordsding, und wenn er in der Bredouille steckte, hatte er achtzehn Schuß parat – siebzehn im Ladestreifen, einen in der Patronenkammer. Er hoffte, die Waffe niemals benutzen zu müssen, doch wenn ein Idiot, egal welcher Hautfarbe, ihm das Licht ausblasen wollte, würde er ihm schleunigst eine in den Arsch ballern. Sollten sich dann die Gerichte damit rumprügeln.

Mac hatte sich gerade nach Ablieferung einer seiner Lebensmittelspenden auf den Weg machen wollen, als ihn Mrs. Pye bei der Küche abfing.

»Mista McGee, Sir, willse ja nich störn, aber mein Jung will um jeden Preis Boxer wern.«

»Wie alt ist er?«

»Vierzehn, aber groß.«

»Ma'am, ich trainiere Amateure nicht mehr.«

Macs Antwort traf Willa wie eine Keule, sie hatte ihren ganzen Mut zusammengenommen, ihn zu fragen. »Warum nicht?« fragte sie mit hoffnungsfrohen Augen.

»Die meisten Jungs nehmen's nicht ernst und stecken's auf, wenn sie das erste Mal ihr eigenes Blut sehen. Fast immer Zeitverschwendung« sagte Mac, »und da mein Haar bereits weiß ist, hab ich nicht mehr unbegrenzt Zeit. Außerdem spielt nicht nur bei den Profis, sondern auch bei den Amateuren Interessenpolitik eine Rolle, und dann macht's einfach keinen Spaß mehr, wenn man sich jahrelang abgehampelt hat. Bei den Profis ist wenigstens noch Geld drin.«

»Versteh nix von Politik, aber mein Jung gibt nicht auf.«

»Wer hat Ihnen erzählt, daß ich was mit Boxen zu tun habe?«

»Pater Carey.«

»Warum glauben Sie denn, daß Ihr Junge boxen will?«

»Prügelt sich dauernd.«

»Mit wem?«

»Mit Kerlen von den Gangs.«

»Das heißt noch lange nicht, daß er Boxer werden möchte.«

»Redet von nix anderm, kuckt sich im Fernsehen nix andres an. Weiß aber keinen, der's ihm beibringen kann, wenigstens keinen, der anständig ist.«

Mac ließ sich da stärker ein, als er wollte. Er bemerkte, daß Pater Carey vom Parkplatz gegenüber zuschaute. Verdammter Priester. »Warum wird Ihr Junge in Schlägereien verwickelt?«

»Die von den Gangs nehmen ihn in die Mache, weil er nix mit ihnen am Hut hat.« Sie biß sich auf die Lippe, um ihre Stimme zu zügeln. »Bitte, Mista McGee.«

»Nennen Sie mich Mac, okay?«

»In Ordnung, Mista Mac.« So hatte Mac es nicht gemeint, aber so nannte sie ihn von nun an. Und er nannte sie Mrs. Pye.

»Ich würde ja gerne helfen, Ma'am, glauben Sie mir, aber ich hab jetzt schon zu viele Boxer, alle Profis.«

»Mein Jung wird auf der Straße umkommen, Mista Mac.

Sie sind meine Hoffnung. Is'n guter Jung. Is' auch Altarjunge, arbeitet mit 'm Priester auf lateinisch.«

»Jesus«, sagte Mac.

So hatte es angefangen.

Mit vierzehn war Henry Pye einsfünfundsiebzig groß und wog 140 Pfund. Er war muskulös und sehnig, und selbst mit einem Schraubstock hätte man bei ihm kein Gramm Fett zu fassen gekriegt. Er hatte große Hände und Füße und keine Hüften. Seine Schultern gingen kaum durch einen Türrahmen. Er war gepflegt und sauber, trug das Haar kurzgeschnitten. Er war höflich und drückte sich ordentlich aus. Seine sanften Rehaugen waren edel geschwungen, und Mac wußte gleich, daß er was Besonderes war.

Mac arbeitete mit ihm, nahm ihn hart an die Kandare, aber der Junge dachte gar nicht daran aufzugeben. Mit dem Punchingball und dem Springseil ging er so geschickt um, als sei er damit aufgewachsen, das anhaltende *wumm-wumm-wumm* des Leders und das gleichmäßige Sirren des Seils, wenn es aufs Parkett schnalzte, waren sichere Anzeichen, daß er Hände und Augen koordinieren und im Nu das Gewicht verlagern konnte, was wichtig war, wenn's mal zur Sache ging. Wenn das nicht klappte, blieb auch der stärkste Mann eine Niete.

Schon bald war er im Sparring so gut, daß sowohl Profis wie Trainer stehenblieben, um ihm zuzusehen. Weil er in beiden Händen unglaublich viel Kraft und Tempo hatte, zuckten Boxer und Zuschauer gleichermaßen zusammen. Und er bewegte sich auf eine Art, die man nicht erlernen konnte, Bewegungen, die Fachleute geschmeidig, gewandt und schön nannten und die dem Jungen seinen Spitznamen eintrugen. Bereits nach neun Kämpfen in der Juniorliga hieß er Puddin, Puddin Pye. Als er mit siebzehn gut 160 Pfund wog, hatten er und Mac bereits ihr drittes Ziel ins Auge gefaßt, die Weltmeisterschaft im Schwergewicht. Zählte man die Siege auf Landesebene mit, hatte Puddin 74 von 81 Kämpfen gewonnen, 42 davon durch Knockout, ein nie dagewesener Rekord bei den Amateuren. Er hätte sogar noch mehr Siege auf seinem Konto gehabt, wären da nicht einige Trainer gewesen, die ihre Jungs nicht gegen ihn antreten lassen wollten.

Mac nannte ihn seinen Babyboy und liebte ihn, wie er noch immer seinen eigenen Babyboy liebte, Brendan Pat. Aber er bevorzugte ihn in der Trainingshalle nicht, und bei den anderen Boxern in Macs Stall gab es keinerlei Eifersüchteleien. Der Boxer, der sich für einen Kampf vorbereiten mußte, war beim Sparring und Training der erste, basta. Die anderen hatten zu warten, bis sie an der Reihe waren. Die einzige Besonderheit war Señora Cabreras Lokal.

Puddins Mutter arbeitete von elf Uhr morgens bis acht Uhr abends. Sie war Kantinenköchin an der Jefferson High School, die nicht weit von ihrem Haus lag und wo Puddin zur Schule ging. Seine Zensuren waren gut.

»Ich geb mir Mühe, Einserschüler zu werden, aber nach 'm Training kann ich manchmal nur noch essen und ins Bett.«

Willa machte ihm ein gutes Frühstück und für die Schule eine Tüte mit Obst und einen gesunden Imbiß zurecht. Sie gab ihm auch Geld fürs Abendessen, denn sie konnte ihm nichts zubereiten, wenn er aus dem Gym kam und so hungrig war, daß er das Sofa hätte auffressen können. Weil Mac nicht wollte, daß sich der Junge mit Junk Food vollstopfte, fing er an, ihn ins Acapulco mitzunehmen. Es lag ungefähr eine Meile von der Schule entfernt, in der Willa mit ihrer Schwester Daisy arbeitete, und war schon zu seinen Zeiten bei der Polizei eins seiner Lieblingslokale gewesen.

Um geeignete Sparringpartner für Puddin zu finden, mußte Mac den Jungen gewöhnlich zu verschiedenen Gyms in und um Los Angeles karren. Das für das normale Training nächste und geeignetste war das Sewing Machine. Es lag eine Meile vom Acapulco entfernt, bei der Vernon Avenue, östlich der Alameda Street und war im Keller eines Kleiderfabrikanten aus Puerto Rico untergebracht, der seine eigene Boxmannschaft unterhielt. Das Sewing Machine war wie ein puertoricanischer Nachtklub eingerichtet, eignete sich aber trotz der ohrenbetäubenden Karibikmusik zum Trainieren. Das einzige

Problem war – und darum ging Puddin nur bei Regen dorthin oder wenn Mac nicht in der Stadt war –, daß dort nur Latinoboxer anzutreffen waren, die höchstens 125 Pfund wogen und somit als Sparringpartner für Puddin nicht in Frage kamen. Um nicht unnötig lange auf verstopften Umgehungsstraßen zu hängen, schickte Mac den Jungen mit öffentlichen Verkehrsmitteln nach Hause, und Puddin aß dann allein bei Señora Cabrera, verschlang geschmorte oder pochierte Meeresfrüchte, nichts Gebratenes. Garnelen und *Totoaba*, soviel er wollte, und zweimal wöchentlich ein mageres Steak oder Hähnchen mit Reis oder *Pozole* mit rohem, gehacktem Kohl und Maisbrei. Die Señora nannte ihn Pudien und bereitete ihm Sachen zu, die nicht auf der Speisekarte standen. Puddins Lieblingsgericht war die Sieben-Meeres-Suppe, eine riesige Schüssel mit sieben verschiedenen Meeresfrüchten. Die kleinen Tintenfische hob er sich immer bis zum Schluß auf, wickelte sie in Tortillas und tauchte sie in Salsa. Er war der einzige Schwarze in ihrem Lokal, der Tintenfisch aß, und Señora Cabrera hätte ihn dafür küssen können. Sie liebte ihn auch, weil er immer hungrig war, und sie wußte, daß er sie liebte. Sie merkte es an seinem breiten Lächeln, wenn er durch die Tür kam, an seinem Gesichtsausdruck, wenn er sich schnuppernd über den Teller beugte, merkte es, wenn er sie in den Arm nahm und »*Muchas grácias*, Señora Cabrera« sagte oder wenn er einen Dollar Trinkgeld hinterließ, was viel Geld für ihn war. Und sie wußte, daß er sich ihrer erinnern würde, wenn er Weltmeister geworden wäre, daß er Geschichten über die mexikanische Lady, die er einst kannte, erzählen würde, über ihre Garnelen *rancheros* oder über die Garnelen *á mojo de ajo*, die er in ihrem bescheidenen kleinen Lokal gegessen hatte. Sie schloß ihn jeden Abend in ihre Gebete ein.

Einer ihrer illegal aus Mexiko eingewanderten Kunden sagte ihr mal, sie liebe diesen schwarzen Jungen mehr als ihre eigenen Kinder.

»Das stimmt, *Caballero*«, sagte sie und nickte mit einem Lächeln Puddins Foto an der Wand zu. »*Mi muñequito prieto*, mein schwarzes Püppchen, ist ein *boxecador*.«

Der Illegale hob verständnisvoll die Augenbrauen und lächelte zurück.

Señora Cabreras Lokal war neun Straßenblocks von Puddins Heim entfernt, und Mac bestand darauf, daß Puddin immer zu Fuß vom Acapulco nach Hause ging, damit er durch seine Mahlzeiten kein Fett ansetzte. Sobald Puddin daheim war, wählte er Macs Handynummer, um Mac wissen zu lassen, daß alles in Ordnung war. Mac hatte mit Señora Cabrera eine Vorauszahlung von zweihundert Dollar ausgehandelt. Wenn Puddin sich durch diesen Betrag gegessen hatte, rief sie Mac an, und am nächsten Tag kam er mit den nächsten zweihundert vorbei. Mac hatte außerdem Willa und Puddin Handys geschenkt, damit Puddin seine Mutter, egal wo sie war, nach einem Kampf außerhalb der Stadt sofort anrufen konnte. Danach schwärmten sie und Daisy in die Nachbarschaft aus, um es ihren Freunden zu erzählen. Mac hatte Willa gesagt, sie solle ihn anrufen, wenn sie was brauche. Ein paarmal hatte sie angerufen, um zu erfahren, wie Puddin sich machte, aber das hörte bald auf, da sie ohnehin bei keinem Heimkampf fehlte. Etwas anderes hatte sie nie von Mac gewollt, außer, daß er für ihre Jungs beten möge.

»Verdammt!« sagte Cedric »Cannonball« Lee und wandte sich Mac zu. »Dein Junge hat 'ne Gerade wie ein Vorschlaghammer.«

Mac hatte mittags mit seinen Profis im Hymn Gym trainiert. Jetzt war es Nachmittag, und er stand außerhalb der Seile am Ring in Cannonballs Not Long Gym. Im Ring feuerte Puddin einen Jab nach dem anderen in das Gesicht eines dreißigjährigen Profis, einem hellhäutigen Typen namens Malik »Chilly« Tubbs, der die Tattoos einer bekannten Gang trug und vorbeifahrenden Autofahrern gern den Mittelfinger zeigte. Tubbs vielversprechende Karriere hatte wegen eines bewaffneten Überfalls auf ein koreanisches Spirituosengeschäft eine Unterbrechung von sieben Jahren erfahren. Man munkelte, er sei ein Gangster. Jetzt versuchte er ein Comeback, und seine beiden Frauen und acht Kinder feuerten ihn im Not Long von ihren Tribünenplätzen aus an. Ihre Gegenwart machte Malik noch wütender, seine Nase hatte von all den Schlägen die Farbe einer Himbeere angenommen. Wenn er versuchte, einen Jab mit einem rechten Haken zu kontern, brachte ihn Puddin mit einer Kombination aus dem Gleichgewicht, so daß seine Schläge verpufften. Je frustrierter Malik wurde, desto mehr vernachlässigte er seine Deckung. Statt dessen fing er an, üble Tricks anzuwenden und durch seinen Zahnschutz zu fluchen, in der Hoffnung, Puddin mit seinem Knastslang einzuschüchtern. Aber Puddin kümmerte sich nicht darum und verpaßte Malik so lange Haken, bis dessen Beine nachgaben. Malik war sechzehn Pfund schwerer als Puddin und hatte als Halbschwergewicht eine ausgezeichnete Bilanz von 21 zu 3 zu 0 mit 13 Knockouts. Inzwischen war er beim Schwergewicht angelangt. Seine Fäuste verirrten sich unter Puddins Gürtellinie, und er versuchte, Puddins Nase mit Kopfschlägen zu treffen, was er keineswegs für böse Absicht hielt. Puddin fuhr unbeirrt fort, ihm Saures zu geben.

Malik hatte eine ziemlich große Klappe, verkündete dauernd, wie toll er sei. Hatte sich selbst den Beinamen Chilly – der Frostige – verliehen, weil er seiner eigenen Meinung nach jeden Stümper, der ihm blöd kam, eiskalt in seine Schranken wies. Cannonball sah mit Vernügen zu, wie ihm eine Abfuhr erteilt wurde, wußte er doch, daß es besser war, im Gym als unter einer Flutlichtanlage eins auf die Mütze zu bekommen. Aber er wußte auch, daß die meisten Gangsterboxer wenig von harter Arbeit hielten, weshalb sie überhaupt Gangster waren und die meisten ziemlich bald wieder aufsteckten. Cannonball hatte so seine Zweifel, was Malik anbetraf, der überzeugt war, Puddin eine Lektion erteilen zu können, weil Puddin jung und ein Amateur war und weniger wog. Aber mit wachsender Erschöpfung wurde Malik müde, und es war Puddin, der Malik vorführte.

Cannonball stand jenseits der Seile und motzte ihn an: »Das kommt davon, wenn man kein Lauftraining macht. Find dich damit ab, daß du nicht boxen kannst.«

Mac hatte als Trainer im Lauf der Jahre eine Menge von Cannonball gelernt, nachdem Cannonball einen philippinischen Boxer 1972 zum Meisterschaftstitel geführt und genug Geld an ihm verdient hatte, um das Not Long zu kaufen.

»Yeah, das kleine Schlitzauge hat sich ganz gut gemausert bei mir. Ruft mich noch immer aus Manila an, sagt, er hat 'n ganzen Stall voll junger Muschis, die da drüben auf mich warten, er sagt, zahlt mir 'n Flug. Was soll ich mit 'ner jungen Muschi anfangen?« Cannonball verfiel kurz ins Träumen, durchmaß in Gedanken den langen Zeittunnel, den er durchmessen hatte. »Hat mir Lena geschenkt, meinen alten 45er Colt. Sagte, Lena ist von 'nem toten Japs im Dschungel«, lächelte Cannonball. »Ich sag dir, Lena reißt jedem den Arsch auf, der dem alten Mann blöd kommt. Und das Beste, sie ist nicht registriert.«

Mac schätzte Cannonball auf mindestens achtzig Jahre. Seine Augen und seine Sprache waren auch nach hundertzwanzig Kämpfen noch klar; vielleicht waren es sogar mehr gewesen, da er sie nicht mehr alle erinnern konnte. Er brachte noch immer sein Kampfgewicht auf die Waage, aber er hatte Diabetes, und an einem Fuß hatte man ihm drei Zehen amputiert.

Cannonballs pechschwarze Haut war runzelig, aber so weich wie Polsterleder, und er hatte knorrige Hände und starke Arme. Seine Handgelenke waren überraschend dünn, doch Cannonball konnte zuschlagen, daß die Gegner förmlich aus dem Ring katapultiert wurden, was ihm seinen furchterregenden Spitznamen eingebracht hatte. Er trug immer eine zerschlissene, dunkle Wollmütze, die er liebevoll pflegte. Obwohl er nach wie vor rüstig war, konnte man in letzter Zeit eine gewisse Gebrechlichkeit nicht übersehen. Manchmal saß er da und starrte auf seine Hände, fuhr mit gekrümmtem Finger über seine gebrochenen Knöchel.

Er hatte auf der ganzen Welt gekämpft und fast zwei Drittel seiner Gegner k. o. geschlagen, aber nie einen Titelkampf ausgetragen – seine Schlagkraft war so gefürchtet, daß die Manager der damaligen Champs ihn nicht antreten lassen wollten. Ungefähr 1928 hatte er als Profi angefangen, wo genau, wußte er nicht mehr. Während der großen Depression hatte er weitergemacht, manchmal lediglich für eine Mahlzeit. Die Tatsache, daß er ein tiefschwarzer Negerboxer war, der einen mit der linken wie mit der rechten Hand k. o. setzen konnte, hatte damals seiner Karriere eher geschadet als genutzt. Unter seinem rechten Arm hatte er einen pfirsichgroßen Knoten, der von einer unbehandelten gebrochenen Rippe herrührte, die Augenpartien waren vernarbt, ein Lid hing schlaff herunter, und von seiner Nase waren nur Reste übrig. Aber er war keineswegs verbittert und lachte oft, wenn er Geschichten aus der Zeit erzählte, als er noch auf der Suche nach einem Engagement als Schwarzfahrer in Güterzügen von einem Ort zum anderen fuhr und in den Hobo-Lagern, wo man ihn zum Sklaven machen wollte, unter freiem Himmel um sein Leben kämpfen mußte.

Die Not Long lag unweit der 68. Straße und der Normandie Avenue, zwischen Gage und Florence Avenue in South Central L. A., ein paar Meilen von Puddins Haus entfernt – eine Halle so ähnlich wie das Hymn, wo die Boxer der schwereren Klassen trainierten. Das Not Long hatte ursprünglich Normandie geheißen. Als Cannonball die Halle kaufte, taufte er sie in Not Long um, eine Anspielung auf Martin Luther Kings Rede in Montgomery, Alabama, die er 1965 nach dem langen Marsch von Selma gehalten hatte. King wiederholte darin immer wieder die Worte *not long – nicht lange*. Ein Teil dieser Rede hatte sich Cannonball ins Gedächtnis eingegraben.

Ich weiß, ihr fragt heute: »Wie lange wird es noch dauern?« Ich sage euch an diesem Nachmittag, daß es nicht mehr lange dauern wird, egal wie schwierig und entmutigend zur Stunde alles erscheint, denn die niedergetrampelte Wahrheit wird sich wieder erheben.

Wie lange? Nicht lange, weil keine Lüge ewig leben kann.

Wie lange? Nicht lange, weil ihr noch immer erntet, was ihr gesät habt.

Wie lange? Nicht lange. Weil die Moral ein Universum mit langem Arm ist, aber dieser Arm sorgt für Gerechtigkeit.

Cannonball und Mac hatten oft zusammengearbeitet, obgleich sie offiziell nie Partner waren, und zuweilen arbeiteten sie bei einem Kampf in gegenüberliegenden Ecken. In den späten Sechzigern, als Mac und Cannonball nach Houston oder sogar Washington reisten, galt der Süden noch immer als Niggerterritorium. Weiße legten sich manchmal mit ihnen an, hielten aber schnell das Maul, sobald sie kapierten, daß sie es mit Mitgliedern der Boxerfamilie zu tun hatten. Viele ergingen sich gar in Lobeshymnen auf Joe Louis, Henry Armstrong und Sugar Ray, die sie bewunderten und deren echte Fans sie waren. In New Orleans trat mal ein junger, schwarzer Schnösel mit einem Schnurrbart wie Dizzy Gillespie Mac in den Weg.

»Bist wohl so 'ne angegraute Schwuchtel, die 'n verschärfter Typ sein will, ein Bleichgesicht auf der Suche nach 'm Nigger.«

»Ach nee«, sagte Mac mit dick aufgetragenem schwarzen Akzent. »Hey, Mann, ist hart genug, weiß zu sein.«

Cannonball brach in derart schallendes Gelächter aus, daß der Schnösel ebenfalls lachen mußte, zumal auch alle anderen, die es gehört hatten, lachten. Er schüttelte Mac die Hand.

»Bist cool, Daddy, echt cool.«

Kurz vor dem Ende der zweiten Runde machte Malik Ernst mit seinen schmutzigen Tricks. Mac und Puddin hatten die Kopfstöße und die Schläge unter die Gürtellinie erst für unbeabsichtigt gehalten. Aber als Malik versuchte, Puddin die Ellbogen ins Gesicht und die Fäuste in die Nieren zu rammen, warf Puddin Mac einen Blick zu.

Mac sagte: »Nun mal langsam, bleib bei deinen üblichen fünfundsiebzig, achtzig Prozent.« Er streckte seine Hände vor. »Und tu, was du tun mußt.«

»Yeah«, sagte Cannonball und nickte kurz.

Anstatt sich Maliks Arsch oder Nieren vorzunehmen oder mit dem Daumen seine Augen zu traktieren, setzte Puddin rechte Gerade auf den Kopf und Haken auf die Leber, wich nach links aus, schlug wieder zu, gab Malik keine Chance zu weiteren Tiefschlägen. Puddin fing an, den Profi zu verspotten.

»Hast dich wohl für 'n Wolf gehalten. Bist nur 'n Hund, Mann. Laß mal hören, wie du winselst.«

»Ich reiß dir 'n neues Loch in 'n Arsch, du Pfeife!«

Cannonball sah aufmerksam zu, zwinkerte Mac über den Ring hinweg zu. Er hatte nichts dagegen, wenn ein Boxer ein wenig gemein wurde, aber jetzt interessierte ihn, ob Malik die Beherrschung verlor, ein schlechtes Zeichen, weil man Kämpfe mit den Kopf gewinnt, nicht mit schierer Wut. Cannonball und Mac machten sich keine Sorgen, weil sie, würde das Sparring außer Kontrolle geraten, es jederzeit abbrechen konnten. Da noch nichts weiter passiert war, wollte Mac sehen, ob Puddin dem Druck eines großen Profis standhielt, der sich nicht an die Queensberry-Regeln hielt. Mac war zufrieden mit Puddin, die einzigen Blessuren waren die roten Striemen quer über seinem Rücken, Seilwunden, die sich Puddin geholt hatte, als er die Seile entlangglitt, um Malik auszuweichen. Eine entsprechende Salbe würde den brennenden Schmerz lindern.

Zwischen den Runden sagte Mac: »Warum gibst du ihm nicht ordentlich was auf die Nase oder hebelst deinen Kopf unter sein Kinn oder trittst ihm die Eier und sagst dann, es täte dir leid? Warum knallst du ihm nicht eine in den Arsch?«

»Hab mir schon was ausgeheckt für den Kerl«, sagte Puddin, »Täuschungsmanöver. Haste nicht gesehen, wir er meine Gerade abwehren wollte, wie sein Kopf zurückschnellte, als er versuchte, mit einer Rechten davonzukommen?«

»Yeah, hab's gesehen.«

»Paß auf, was dein Jung in der nächsten Runde macht.«

Malik fuhr fort, Puddin einzuschüchtern, packte ihn, hielt ihn fest, drohte, er werde ihn auseinandernehmen.

Puddin blieb ihm nichts schuldig, bog seinen Ellbogen nach hinten. »Wirst gleich zu Boden gehen, Trottel. Ich versohl dich wie 'n Stiefkind.«

»Ach ja, Mama?«

»Du hast keine Mama, du hast höchstens 'ne Erdbeere«,

gab Puddin zurück. Erdbeere nannte man eine Crack-Nutte, eins dieser Straßenmädchen, die einem für ein bißchen Stoff einen blasen.

»Ich schneid dir den Arsch auf, Knabe.«

»Alles, was du schneidest, ist dein häßliches Gesicht beim Rasieren.«

Maliks zwei Familien fuhren fort, ihn anzufeuern, was seinen Stolz nur noch mehr verletzte.

Er ließ die Hände mitten in der Runde sinken und wandte sich frustriert an Cannonball: »Ohne Scheiß, Mann, ich schneid diesen Kerl in Stücke, haste gehört?«

»Warum gehst du nicht zurück und vermöbelst den Jungen«, sagte Cannonball, »anstatt hier große Töne zu spukken?«

Malik stob vor, schleuderte einen Schwinger nach dem anderen. Puddin drehte sich und verteilte drei Jabs, zwei schnelle und einen langsamen. Als Malik zur Seite sprang, sah er, daß Puddin seine linke Hand aus der Deckung genommen hatte – Gelegenheit, ihm eine kraftvolle Rechte zu versetzen. Er warf das Kinn hoch, holte aus. Puddin wartete kurz ab, trat nach links, wich Maliks Faust aus, jagte ihm dann seinerseits eine Rechte auf den Adamsapfel.

Maliks Zahnschutz flog ihm aus dem Mund, als er versuchte, seinen sich schließenden Hals zu umklammern. Er dachte, er sei tot, als er zuckend zu Boden ging, und flehte mit den Augen, weil sein Mund kein Wort hervorbrachte.

Mac und Cannonball sprangen in den Ring. Cannonball drückte Maliks Schultern runter, während Mac mit den Daumen seine Nasenlöcher nach außen zog. Er sprach langsam und sanft.

»Atme durch die Nase, nicht durch den Mund, durch die Nase.« Mac wiederholte es zweimal.

Macs ruhige Stimme tat ihre Wirkung, Malik erholte sich von seinem Schrecken, folgte Macs Anweisungen. Luft gelangte in seine Lungen und Sauerstoff in sein benebeltes Gehirn. Nach ein paar tiefen Atemzügen fing er an zu husten und zu keuchen, rosa Spucke rann ihm übers Kinn und den

Hals. Cannonball nahm Malik die Handschuhe und den Kopfschutz ab und löste seine Schuhbänder. Bald war Maliks Kehle entspannt genug, daß er ein paar Worte der Anerkennung krächzen konnte.

»Du bist mir 'n Hurensohn, Mann«, sagte Malik, als er sich erhob und Puddin gratulierte. »Ich werd schon dafür sorgen, daß dir der Arsch auf Grundeis geht.«

Als alles vorbei war, war es auch wirklich vorbei, und Malik und Puddin gaben sich die Hand und blieben freundschaftlich verbundene Rivalen, nachdem sie sich jetzt gegenseitig respektierten.

In der Umkleidekabine massierte Malik behutsam seinen Hals. »Ich kann's einfach nicht fassen, wie dieser Dreikäsehoch mich angesprungen hat, als wolle er ein Feuer austrampeln. Er hat Kraft und so, aber wenn du mich fragst, er ist noch ein kleiner Junge.«

»Der kleine Junge ist ein Mann«, sagte Cannonball.

»Amen.«

Cannonball ging fort, um die Geräte im Gym zu überprüfen. Unterwegs versicherte er Maliks Frauen, daß ihrem Mann nichts zugestoßen sei. Mac hatte Puddin abgerubbelt und packte seine Tasche. Gewöhnlich ließ er Puddin nach dem Sparring weitertrainieren – vier Runden am Sandsack, vier Runden am Punchingball, vier Runden Seilspringen und viermal je dreißig Sit-ups. Wegen des Zwischenfalls mit Malik kürzte Mac das Training ab.

Mac fragte: »Was macht der Hals von deinem Jungen?«

»Alles in Ordnung«, sagte Cannonball. »War eher erschrocken als verletzt.«

»Puddin hätte ihn verletzen können.«

»Das ist mir klar«, sagte Cannonball. »Malik hat mit der Scheiße angefangen, aber ich hab gesehen, daß dein Junge loslegte, als er in Richtung Hals zielte. Dieser Puddin ist schon eine Nummer, Mann, der macht dir noch eine Million Dollar, kein Scheiß.«

»Da könntest du recht haben.«

»Kannste Gift drauf nehmen, dabei isser nicht mal weiß.

Wollen nur hoffen, daß er nicht alles vögeln will, was ihm über den Weg läuft.«

»Was?!« sagte Mac. »Nicht solange ich ihm Geschichten erzähle, wie beispielsweise über L. C. Poiter. Und nicht solange ihn seine Mama um halb zehn ins Bett steckt und mit ihm um halb sechs zum Lauftraining aufsteht.«

»Gut, daß noch jemand auf den Jungen aufpaßt.«

Mac merkte, daß Cannonball ihn um Arbeit bat. Er wußte, daß er bald jemanden brauchen würde, auf den er sich in der Trainingshalle und in der Ecke verlassen konnte, jemanden, der die Geheimnisse des Boxens kannte und zur Stelle war, wenn Blut floß. Cannonball wäre ohnehin seine erste Wahl gewesen, und er hatte mit Puddin bereits über ihn gesprochen.

Mac sagte: »Was auch immer passiert, nach der Olympiade wird Puddin Profi. Hast du eventuell Zeit, mit uns zu arbeiten?«

»Aber klar!«

»Wenn du willst, machen wir das Not Long zu unserem Hauptquartier.«

»Jederzeit. Ich hab Schwergewichtler an der Hand, die mit ihm trainieren können, und Puddin wird meine Attraktion sein. Vor einem Kampf kann ich fünfzig Cent Eintritt verlangen, wenn ihm jemand beim Training zuschauen will.«

Mac wußte, daß Cannonball die fünfzig Cent erwähnt hatte, weil er über Geld sprechen wollte. »Hör mal zu«, sagte Mac. »Arbeite mit uns in der Halle und in der Ecke, und du bekommst zehn Prozent von meinen zehn Prozent, was wiederum zehn Prozent von dem sind, was Puddin kriegt.«

»Wenn du eine Million machst, was springt dann für mich raus?«

»Hunderttausend.«

Cannonball wollte auf Nummer Sicher gehen. »Große oder kleine Scheine?«

»Was dir lieber ist.«

Cannonball nickte ein paarmal, den Blick zu Boden gerichtet. Mit kaum mehr als einem Flüstern sagte er: »Jetzt werd ich bestimmt nicht sterben.«

Das war nachmittags um Viertel vor sechs am Montag, den 27. April 1992. Malik wollte eine Revanche, also kam man überein, sich am Mittwoch um vier zu einer weiteren Sparringrunde zu treffen. Am nächsten Tag hatte Puddin, wie jeden Dienstag, normales Training. Er nahm dann den Bus von der Vernon zur Normandie Avenue. Dort wartete Mac auf ihn, um ihn zum Not Long zu fahren. Gewöhnlich kam Puddin auch mit dem Bus wieder nach Hause, aber wenn es regnete, nahm ihn Mac zur Señora mit, wo sie zusammen aßen. Dann fuhr Mac zur Florence Avenue und über den Harbor Freeway nach Gardena, wo er südlich von L. A. wohnte. Normalerweise stieß Mac von der Vernon Avenue aus auf den Freeway, aber bei starkem Verkehr fuhr er zur Kreuzung Normandie und Florence Avenue. Etwa um Viertel vor sieben erreichte er die Kreuzung. Von da aus brauchte er noch einmal fünfundvierzig Minuten nach Hause. Er mochte Gardena wegen der vielen japanischen, chinesischen und koreanischen Restaurants.

Neunundvierzig Stunden und eine Minute später – um 6 Uhr 46 abends, am 29. April 1992 – würden an besagter Kreuzung Damian »Football« Williams und andere dem weißen Trucker Reginald Denny Schädelbrüche an einundneunzig Stellen zufügen, wobei Knochensplitter in sein Gehirn dringen sollten.

Als Cannonball und Mac ihren Deal mit einem Händedruck besiegelten, stolzierte eine schwarze Frau, die wie ein Footballspieler gebaut war, durch die Tür und verteilte Flugblätter an Maliks Frauen und andere Zuschauer – alte Männer größtenteils, die den ganzen Tag herumsaßen, Lügenmärchen erzählten und Dame spielten auf Brettern, die so alt waren, daß man die roten und schwarzen Quadrate kaum noch sehen konnte. Die Frau starrte die Leute wütend an, während sie ihnen die weißen Blätter reichte. »Weißt du, wer du bist?« fragte sie. »Weißt du es wirklich?«

Sie maß einszweiundachtzig, wirkte aber größer wegen ihrer Pfennigabsätze und ihres Billie-Holiday-Pompadours. Sie wog gut und gern 170 Pfund, und wie Billie trug sie eine weiße Gardenie. Sie war von rotbrauner Hautfarbe und hatte die scharf geschnittenen Gesichtszüge einer Indianerin. Ihr eng anliegendes, langärmeliges Kleid hatte an einer Seite einen Schlitz, der weit übers Knie reichte. Ihre Handrücken waren mit Einstichwunden von Nadeln übersät, und vom linken Auge bis zum Kiefer zog sich eine dunkle Narbe. Die Schneidezähne fehlten, dafür waren die beiden oberen Eckzähne vergoldet. Sie roch muffig, wie überfahrene Tiere an einem schwülen Tag.

Cannonball schrie sie an: »Raus hier, Ruby Thigpen!«

»Ich mach doch nichts!«

»Ich warne dich, Miststück, hau ab, bevor ich dir deinen Arsch versohle, kapiert?«

»Du vielleicht, aber nicht dieser weiße Hundepimmel, mit dem du da herumziehst.«

Cannonball ging auf sie zu und klopfte auf seine Hosentasche, deutete an, daß er etwas bei sich trug, das er lieber nicht benutzen würde. Sie warf den Stapel Flugblätter in seine Richtung und stampfte raus. Cannonball schüttelte unwillkürlich den Kopf.

»Man sieht's ihr nicht mehr an, aber früher, ich kann dir sagen!«

»Was ist mit ihr los?« fragte Mac. Er machte sich nichts aus Rassistenscheiße, egal, aus welcher Ecke sie kam, und war nicht willens, derlei hinzunehmen, aber er legte sich deswegen auch mit niemandem an, sofern man ihn damit in Ruhe ließ. Andernfalls aber konnte er sauer werden. »Wer ist sie?«

»Eine Nutte mit 'ner Religion, wenn man so will. Diese Ruby Thigpen, meine Güte, diese Schnalle hat L. C. Poiter zugrunde gerichtet, ehe er seinen Titel verlor. Als L. C.'s Geld weg war, war Ruby auch weg. Als dann alles bergab ging und L. C. einen Schuß nach dem anderen spritzte, kümmerte er sich nur darum, daß er das Scheißzeug in seine Vene bekam und eine weiße Nutte seinen Schwanz lutschte. Für einen schwarzen Boxer gibt es nichts Schlimmeres, als einen geblasen zu bekommen, ruiniert seine Beine, vor allem, wenn's ihm eine weiße Frau besorgt.«

Puddin kam mit seinem Matschsack zu ihnen rüber. Er hatte geduscht und trug ordentliche Kleidung. »Dankeschön, Mr. Lee«, sagte er.

»Wir werden wohl bald zusammenarbeiten«, sagte Cannonball und deutete ein Lächeln an.

»Yeah. Mac hat's mir schon gesagt.«

»Wir werden gut arbeiten«, sagte Cannonball und bückte sich, um Rubys Flugblätter aufzuheben. »Wir sehen uns am Mittwoch um vier.«

Die Luft war mild, als sie das Gym verließen. Ein paar Boxveteranen schwatzten mit Leuten aus der Nachbarschaft, älteren Herrschaften zumeist. Kinder tobten um die Autos auf dem Parkplatz. Malik und seine beiden Frauen packten sein Zeug in einen alten Kombiwagen. Mac und Puddin gingen zu Macs Auto. Unter beiden Scheibenwischern klemmten weiße Flugblätter. Mac las eins aus reiner Neugierde.

WEISST DU WIRKLICH, WER DU BIST? WIRKLICH?

Puddin verstaute seine Tasche im Kofferraum. Einige der Leute vorm Gym beobachteten Mac beim Lesen, aber er merkte es nicht. Puddin merkte es und stellte sich hinter Mac.

Auf der Rückseite des Flugblatts stand:

DER MENSCH, DER UNS ALS JESUS CHRISTUS VERKAUFT WIRD, IST IN WIRKLICHKEIT CAESAR BORGIA (EIN HOMOSEXUELLER). IST DIE BESTIE DER SOGENANNTE TEUFEL ODER SATAN? NEIN! DAS IST DIE SOGENANNTE HERRSCHAFT DES WEISSEN MANNES. LEST AUSSCHLIESSLICH DIE ORIGINALVERSION DER KING JAMES BIBEL! LEST UND ERFAHRT DIE WAHRHEIT!!! HABEN SIE FRAGEN? WENDEN SIE SICH AN DIE SCHULE DES TEMPELS DER WAHREN ISRAELITEN (JUDEN): VERLANGEN SIE RANDOLF, JAYSON ODER INDIO.

Als Mac gerade die Telefonnummer lesen wollte, wurde ihm das Flugblatt aus der Hand gerissen.

»Das ist nicht für Typen deiner Sorte gedacht!« keifte Ruby Thigpen, zerriß das Blatt und trampelte auf den Schnipseln rum.

»Tut mir leid«, sagte Mac.

»Es tut dir leid, natürlich. Und jetzt verpiß dich nach da, wo du hingehörst.«

»Du hast es an mein Auto gepinnt.«

»Wußte nicht, daß es die Karre von 'nem Weißen war!«

»Es tut mir leid, in Ordnung?« sagte Mac und wich nach hinten aus.

»Nein, es ist nicht in Ordnung!« keifte Ruby. Sie sah, daß Mac ein steifes Bein hatte. »Du bist ein alter verkrüppelter weißer Mann, stimmt's?«

»Na und?«

Ruby geriet noch mehr in Fahrt, wurde mutiger, als Mac den Rückzug antrat. Alle vorm Gym hatten ihre Blicke auf Mac geheftet. Man wünschte nicht unbedingt, daß ihm was angetan wurde, bloß weil er ein Weißer war, aber sie wollten mal sehen, ob er's als Weißer in South Central mit ihr aufnehmen würde, zumal sie gerade am Tag zuvor gesehen hatten, was Ruby mit ihrem Rasiermesser einem Mann antun konnte. Einige kannten Mac und mochten ihn, aber auch wieder nicht genug, um einzugreifen. Allgemein galt, daß sich jeder um seinen eigenen Dreck kümmerte, und niemand war scharf darauf, sich eine Verletzung einzuhandeln. Außerdem wollten sie sehen, wie der alte Mann mit diesem Flintenweib fertig wurde.

Puddin machte einen Schritt nach vorn, doch Mac sagte ihm, er solle sich da raushalten.

Ruby sagte: »Der alte weiße Mann kommandiert die Schwarzen noch immer rum.«

»Jetzt hör mal zu«, sagte Mac, »ich habe dir zu verstehen gegeben, daß es mir leid tut.«

»Wenn es dir so leid tut, gib mir dein Geld, bleichgesichtiger Penner.«

»Nein. Mein Geld kriegste nicht.«

Ruby wandte sich an die Zuschauer. Sogar die Kinder wagten sich nicht zu rühren. »Sagt einfach, daß er sein Geld behält.« Sie sah Mac an. »Wie wär's, wenn du Rodney King was von deinem Geld gibst?« *(Rodney King war ein Schwarzer, der 1992 in Los Angeles von fünf Polizisten auf offener Straße zusammengeknüppelt wurde. Ein Zeuge hatte den Vorfall mit einer Videokamera gefilmt. Die Polizisten wurden in einem ersten Prozeß freigesprochen, was schwere Rassenunruhen zur Folge hatte. A. d. Ü.)*

»Ich habe mit Rodney King nichts zu tun.«

»Drauf geschissen, wenn du mit Rodney King nichts zu tun hast. Wie diese Politikerin sagte, wenn Rodney King keine Gerechtigkeit widerfährt, wird den Weißen kein Friede widerfahren. Dann sprechen die Knarren, Arschloch.«

Mac versuchte, sich der Tür seines Autos zu nähern, damit er und Puddin wegfahren konnten, aber Ruby stellte sich ihm in den Weg. »Was sie Rodney King angetan haben, wurde gefilmt. Kannst du mir sagen, wozu sie dann noch einen Prozeß brauchen?«

»Sag du's mir.«

»Ich sag dir, daß die Polizisten davonkommen werden, nachdem sie das unserem Bruder Rodney angetan haben, sie gehören doch alle zur Gang des weißen Bluts.«

Mac war wütender, als ihm lieb war. »Yeah«, sagte er, »und wenn sie für schuldig befunden werden, wird es trotzdem ein rotes Blutbad weißen Bluts geben, stimmt's?«

»Stimmt, und uns wird jedes Mittel recht sein, du Trottel!« sagte Ruby, wobei jedes S wie ein defektes Gasrohr zischte.

»Nur zu, Mama, aber daß ihm sein schwarzer Arsch versohlt wurde, ist das Beste, das Rodney King je widerfahren ist, stimmt's?«

Die Zuschauer holten tief Luft, nahmen ihm diese Äußerung übel. Mac schien wirklich ein übler weißer Bursche zu sein, der eine Tracht Prügel verdient hatte. Gleichzeitig aber merkten sie, daß Mac Ruby Paroli bot und sie aufforderte, ihn am Arsch zu lecken. Und daß Mac davon sprach, wieviel Geld

Rodney King mit seinem Schicksal noch scheffeln würde. Darüber mußten sie laut lachen, und es war klar, daß sie auch über Ruby lachten. Cannonball hörte in der Trainingshalle das Gelächter, doch hatte er derlei schon öfter gehört und wandte sich wieder seinem Vordruck für die Pferderennwetten zu. Für Ruby jedoch war Gelächter schlimmer als Prügel, und sie explodierte.

»Was sagst du da, du Arschloch von einem Rassistenschwein, du Stück Hundescheiße? Was sagst du da, Schwachkopf? Mich anzuwichsen ist was anderes als Rodney King anzuwichsen. Ich reiß dir deinen weißen Arsch vom Schwanz bis zur Nase auf!«

Mac wollte sich abwenden, aber sofort trat ihm Ruby wieder in den Weg.

»Gib mir dein Scheißgeld, Penner, gib's her, oder ich nehm's mir!«

»Geh weg«, sagte Mac kaum hörbar, so trocken war seine Zunge.

»Ich soll weggehen, was? Wohin denn?«

»Ich hab die Nase von deinem Scheißdreck voll.«

»Und sonst, Bleichgesicht? Was willste dagegen machen? Schau doch mal, ob dir ein paar Weiße beistehen, du Idiot.« Durch Einschüchterung hatte Ruby im Lauf der Jahre eine Menge Geld gemacht, inner- und außerhalb des Gefängnisses, und ihrem Gegenüber war stets das Herz in die Hose gefallen. Doch bei diesem alten weißen Mann klappte es nicht, weshalb sie angesichts der schwarzen Zuschauer alles dransetzen mußte, um ihr Gesicht zu wahren. Sie sah sich gezwungen, Mac, den sie für ein leichtes Opfer gehalten hatte, noch brutaler anzugehen. »Nur weil du weiß bist und einen Schwanz zwischen den Beinen baumeln hast, soll ich deinen blassen Arsch lecken, ja? Gib mir dein Geld, Mistkerl!« sagte sie und zog ein Rasiermesser aus ihrem Pompadour. Die silberne Klinge schnellte schwirrend aus dem schwarzen Griff.

»Paß auf, du Hündin, daß ich das Ding nicht in dein Niggermaul stopfe!«

Nigger versetzte Ruby einen Dämpfer. Sie konnte es nicht fassen, daß ein Weißer inmitten einer Gang ihrer Brüder so mit ihr sprach. *Nigger* und das Rasiermesser bewogen die Gaffer zurückzuweichen, einige schrien auf. Leute von der anderen Straßenseite rannten herbei. Die Zahl der Zuschauer hatte sich auf zwanzig erhöht. Cannonball hörte den Lärm und ging zur Tür. Puddin ging in Stellung, um nach Rubys messerschwingender Hand zu schnappen. Aber sie war zu schnell. Sie schnellte vor, zerhackte die Luft. Ruby zielte auf Macs Gesicht, aber den ersten Hieb wehrte er mit dem Arm ab, drehte sich gleichzeitig nach rechts. Die Ärmel seiner Jacke und seines Sweatshirts hatten eine ernsthafte Verletzung verhindert, dennoch sickerte Blut aus seinem Arm zur Hand hinunter. Ruby wollte ihn nicht töten, aber sie wollte ihn so verletzen, daß er sich jedesmal an sie erinnerte, wenn er in den Spiegel sah – sie wollte, daß er jede Nacht vorm Einschlafen an ihr Gesicht denken mußte.

Mac wußte, was sie im Schilde führte, er kannte die Gefängnismentalität und wollte Ruby zu Boden knallen, um seiner Wege zu gehen, aber er wußte auch, daß er das einzige Marshmallow in einer Schokoladenfabrik war. Er wußte, daß Puddin ihm Rückendeckung geben würde, doch sie waren zwei gegen zwanzig, und er wollte nicht, daß Puddin was abkriegte.

»Zeig's diesem weißen Arschloch, Baby!« rief jemand. »Tu's für Rodney!«

»Recht so, mach den Rotzer kalt!«

»Mach ihn fertig, Baby, los!«

Ruby bewegte sich geschickter als viele Boxer, trotz ihrer hohen Absätze. Sie blieb immer nahe an Mac, obwohl er ihr und ihrem gezückten Rasiermesser auswich. Als Cannonball aus der Tür trat, sah er das Blut an Macs Hand hinunterrinnen. Cannonball wollte Ruby ablenken, hatte aber keine Lust, ihrem Rasiermesser zu nahe zu kommen.

»Ruby Thigpen, ich hab dir gesagt, du sollst abhauen!« rief Cannonball. »Dieser alte weiße Mann wird dir deinen fetten Arsch aufreißen.«

»Halt's Maul, Nigger! Er hat mich Nigger genannt, und das wird er büßen!«

Cannonball rief Mac über den Lärm hinweg zu: »Soll ich die Polizei rufen?«

Mac wollte keine Cops beim Not Long und lehnte Cannonballs Angebot mit einer Handbewegung ab.

»Dann hau die Hündin in Grund und Boden, Mann!«

Mac wußte, daß Cannonball recht hatte, obwohl er sich eine andere Lösung erhofft hatte. Mac wich Ruby also wieder aus, tat dann plötzlich so, als würde er auf dem losen Kies stolpern. Ruby fiel auf das Täuschungsmanöver herein und schnellte mit dem Messer in der Rechten vor, als Mac nach links auswich. Er drehte sich und versetzte Rubys rechtem Ellbogen einen leichten Stoß. Sie verlor das Gleichgewicht und stolperte nach vorn, wobei sie den Kopf wie ein Läufer auf der Zielgeraden zurückwarf. Das Messer erwischte Mac am Hals, ohne daß er's gleich merkte. Sein Sweatshirt saugte sich bereits mit Blut voll, was den Zuschauern nicht entging. Einige stöhnten laut auf.

Mac zog die entsicherte Glock. Er vermied es, den Abzug zu berühren, umklammerte jedoch den schweren Kunststoffgriff, glitt hinter Ruby und stieß den Pistolenlauf mit aller Kraft gegen ihre Schläfe. Die Leute schrien auf, einige ließen ein winselndes Jammern hören. Wie vom Schlag getroffen, schlug Ruby halb bewußtlos vornüber aufs Gesicht und ließ das Rasiermesser fallen; ihre Augen flackerten, als würde sie von Blitzlichtern geblendet. Mac trat mit dem Absatz auf die Klinge des Rasiermessers, packte den Griff und brach das Messer am Gelenk entzwei. Er warf die Klinge auf das Vordach des Gyms und wandte sich Ruby zu, die sich zweimal seitwärts wälzte, ehe sie mit blutendem Kopf aufstehen konnte.

Er war heilfroh, daß er sie hatte entwaffnen können, er war bereit gewesen, ihr in den Kopf zu schießen. Als Ruby ihr Blut sah, verflog ihre Kampfeslust. Sie heulte auf und rannte zur Straße; zweimal fiel sie hin und fügte sich an Knien und Händen Schürfwunden zu.

»Wirst schon sehen! Wart's ab, Bleichgesicht! Wir sorgen für Gerechtigkeit, wir kochen dir den Arsch weich!«

Ihr Gezeter brachte die Zuschauer noch mehr in Wallung, und langsam schloß sich der Kreis um Mac. Hände streckten sich vor, Gesichter wurden zu drohenden Fratzen. Mac hielt die Glock auf sie gerichtet, sein Finger war nun am Abzug, Blut ströhmte über seinen Hals, tropfte von der Hand.

»Ich würde sagen, die Scheißniggertussi ist glimpflich davongekommen. Ist jemand anderer Meinung?« fragte Mac.

Cannonball ging es gegen Strich, wenn ein Weißer Schwarze vertrimmte, wen auch immer, aber es war ihm klar, daß Mac in der Patsche gesessen hatte, daß Ruby mit der ganzen Scheiße angefangen hatte. »Brrr!« rief er und trieb die Leute nach hinten. »Mal langsam! Schön cool bleiben!«

Cannonball rief der Menge zu, sich wieder um ihren eigenen Kram zu kümmern, und trieb Mac schnell ins Gym, ehe ein Bulle aufkreuzte.

Cannonball wusch die beiden Verletzungen mit Wasserstoffsuperoxid aus und stillte das Blut mit Adrenalinchlorid, dem Alaun beigefügt war, jener illegalen Mixtur, die er auch als Sekundant in der Ringecke benutzte. Puddin sah zu, fasziniert von den Farben menschlichen Fleisches. Der Arm war übler mitgenommen als der Hals, doch der Hals blutete stärker, und Cannonball brauchte dort länger, um das Blut zu stillen. Er legte bei beiden Wunden einen Spezialverband an, der das aufgeschlitzte Fleisch zusammenpreßte und somit schnelle Heilung und kaum sichtbare Narben gewährleistete. Er verwendete sterilisierte Mullbinde und Heilpflaster, doch keinerlei Salbe, damit sich möglichst rasch Schorf bilden konnte.

»Willst du ins Krankenhaus zur ambulanten Behandlung?« fragte Cannonball.

»Dann kreuzen bloß wieder Schwarze und Weiße auf.«

Cannonball sagte: »Hast Schwein, daß du noch lebst in dieser ganzen Rodney-King-Scheiße.« Er lachte kurz auf. »Aber der kleine Stüber auf den Ellbogen dieser Ziege hat mir gut gefallen, Baby.«

»Ich hab's mit Reden versucht, und dann hat der verdammte Ire in mir die Oberhand gewonnen, und ich war drauf und dran, alle draußen niederzuknallen.« Er dachte kurz nach und atmete aus, zwang sich, die letzten Reste seiner Wut loszuwerden. »Hör mal, ich möchte mich entschuldigen, daß ich die Nutte mit Nigger beschimpft habe, okay?«

»Und wenn schon«, sagte Cannonball, und Puddins Lächeln verriet ihm, wie sehr die beiden sich mochten. »Du bist ein bleichgesichtiger Glückspilz, daß sie dir da draußen nicht an die Kehle gesprungen ist.«

»Ich war auch ein bleichgesichtiger Glückspilz, daß ich das Rasiermesser geschnappt habe.«

»Diese Glock hat dich gerettet«, sagte Puddin. »Hat die Niggertussi abgelenkt.«

Mac war erstaunt. »Wieso weißt du was über Glocks?«

»Wer weiß nichts über Glocks?«

Die Sonne ging unter, und Mac fuhr Puddin zur Señora zum Abendessen. Der Junge hatte es redlich verdient. Außerdem wollte der alte Mann ein mexikanisches Bier, ein eisgekühltes Negra Modelo, dunkel, mit üppiger Schaumkrone und so kalt, daß es in den Augen weh tat. Seine Verletzungen meldeten sich allmählich.

»Weißt du was?« sagte Mac. »Ich bin so müde wie nach zehn harten Runden.«

Puddin lächelte; es machte ihn stolz, wie der alte Mann es der Nutte gezeigt und die Menge im Zaum gehalten hatte. »Eher wie nach zwanzig Runden.«

»Ich bin zu fix und fertig, um morgen zu arbeiten«, sagte Mac, »ich mach blau, okay?«

»Was soll ich morgen machen?«

»In der Früh und am Nachmittag Lauftraining. Dann halten wir unseren Zeitplan für Colorado Springs noch immer ein.«

»Zusätzlich«, sagte Puddin, »werde ich beide Male ordentlich durchsprinten.«

So dachte ein Champion. Hätte Mac sich einen Sohn aussuchen können, seine Wahl wäre auf Puddin gefallen. Er dachte an seinen kleinen Jungen und an seine Töchter und kämpfte mit einem Kloß im Hals.

Es herrschte nur wenig Verkehr, und sie kamen auf den sonst meist verstopften Straßen gut voran. Seltsamerweise waren kaum Leute draußen, weder Schwarze noch Latinos. Die mexikanischen und chinesischen Imbißbuden waren leer.

Mac war niedergeschlagen. Nicht weil er sich an Ruby mit *Nigger* für *Bleichgesicht* gerächt hatte, sondern weil er fürchtete, daß er durch den Gebrauch des Wortes *Nigger* etwas in Puddin angeknackst, sein Vertrauen zerstört haben könnte. Mac konnte vor Müdigkeit kaum fahren. Morgen würde er total durchhängen.

»Hör mal«, sagte er, »von wegen diesem Niggerkram vorhin. Mir ist wichtig, daß du weißt, daß ich eine andere Einstellung Schwarzen gegenüber habe, okay? Aber ich mußte mir Respekt verschaffen. Diese Nutte mußte kapieren, daß ich diese Rassistenscheiße auch drauf habe. Hätte sie mich für so 'n Bürschchen gehalten, wäre sie zu einem Gegner wie im Ring angewachsen, die Statur hat sie ja.« Mac sah den Jungen an. »Du mußt wissen, daß mein Mundwerk da draußen nichts mit dem zu tun hat, was im Herzen dieses irren alten weißen Mannes vorgeht.«

Puddin sagte: »Mac, weißt du nicht, daß du mein Daddy bist?«

Mac schluckte. »Dann sind wir also quitt, stimmt's?«

»Nigger, genau das ist diese Ruby, Mann. Wenn so 'ne weiße Mistziege mich Nigger nennen und mit einem Rasiermesser auf mich losgehen würde, ich würde sie als weißen Müll bezeichnen und abknallen.«

»Mein Babyboy.«

»Aber meine Mama sagt, die Leute drehen durch wegen diesem Rodney-King-Mist. Sagt, es ist ein Pulverfaß, und wenn sie nicht aufpassen, geht alles kaputt.«

Kein Zweifel, dachte Mac, aber er wußte auch, daß es da draußen Leute jeder Hautfarbe gab, die diese Pulverfässer geradezu liebten. Das Urteil der Geschworenen im ersten Prozeß gegen die Rodney-King-Polizisten war noch nicht gefällt, aber Mac dachte jeden Tag an die Anklagepunkte. Wie jeder in Los Angeles. Vom Strand bis zu den Bergen glich die Stadt einer aufgeblähten Gebärmutter. Die meisten Leute warteten still ab, hatten Angst vor dem Monster, das da ausschlüpfen mochte. Schwarze Politiker nahmen den Mund bedenklich voll.

»Keine Gerechtigkeit, kein Friede«, krächzte eine schwarze Politikerin immer wieder in die Kameras. Die Fernsehkanäle waren allzeit bereit, ihrem Haß zu Gefallen zu sein.

Mac hatte beobachtet, daß die Schwarzen seit dem Zwischenfall mehr oder weniger einer Meinung waren, einen Schuldspruch für die weißen, rassistischen Polizisten verlangten, die gnadenlos und ungerechtfertigt einen Schwarzen zusammengeschlagen hatten, der bereits am Boden lag. Schwarze und Weiße ignorierten gleichermaßen, daß die Polizisten vor dem Zwischenfall eine fast acht Meilen lange Verfolgungsjagd hinter sich hatten, wobei King mit 185 Stundenkilometern über die Schnellstraße und mit fast 140 durch die Stadt gefegt war. Man sah nur, was hinterher geschehen war. Auch Mac, als er das Video zum ersten Mal zu Gesicht bekam. Wen hätte da nicht das Grauen gepackt! Doch als ehemaliger Polizist wußte er auch, daß Fernsehberichte nicht immer die ganze Wahrheit enthielten. Am meisten beunruhigte ihn die Enthüllung während des Prozesses, daß das Videoband, das der örtliche Fernsehsender KTLA gesendet hatte, von einundachtzig auf achtundsechzig Sekunden gekürzt worden war. KTLA hatte den dreizehn Sekunden langen Schnitt damit begründet, daß die ersten zehn der dreizehn Sekunden unscharf seien. KTLA hatte keine befriedigende Erklärung dafür, daß die ersten drei Sekunden der Aufnahme unter den Tisch gefallen waren. Genau in diesen entscheidenden drei Sekunden hatte Rodney King den Beamten angegriffen, der ihm mit einem metallenen Schlagstock den ersten einer ganzen Reihe von Schlägen beigebracht hatte. Das Fernsehpublikum hatte vor allem diesen Polizisten auf King einschlagen sehen, mit Schlägen, die King zu Boden zwingen sollten. Die Polizeiverordnung von

Los Angeles verbot Schläge auf den Kopf – außer wenn ein Beamter angegriffen wurde.

Das Video unterschlug Kings Widerstand bei seiner Verhaftung, wie er, auf dem Boden liegend, die Beamten wie Kissen fortschleuderte, als sie ihn niederzudrücken versuchten, eine Polizeitechnik, um widerspenstigen Verdachtspersonen möglichst wenig anzutun.

Die Medien beeilten sich, von sechsundfünfzig Knüppelschlägen zu berichten, aber die Öffentlichkeit erfuhr erst im Verlauf des Prozesses, daß die Hälfte der Schläge ihr Ziel verfehlt hatte. Nur drei waren mit voller Kraft gelandet. Mac wußte, daß das nicht untertrieben war, andernfalls wäre King nicht mit zwei Knochenbrüchen davongekommen – er wäre tot gewesen. Was die Schläge auf den Kopf anbetraf, konnte nur einer nachgewiesen werden, der erste nämlich, die Antwort auf Kings Angriff.

Die Anklage warf den Beamten auch rassistische Äußerungen nach der Verhaftung vor. Aber Mac hatte genug Gefechte im Pazifik, auf den Straßen und im Ring gesehen, um zu wissen, daß Bemerkungen von Siegern und auch Verlierern auf Erschöpfung und zuviel Adrenalin zurückzuführen waren, daß Witzeleien Versuche der Psyche waren, Angst und Spannung abzubauen. Hatte er nicht gerade selbst Ruby Dinge an den Kopf geschleudert und angetan, an die er unter normalen Umständen nicht einmal gedacht hätte? Gleichwohl war Mac strikt gegen Gewalttätigkeit. Doch das minderte nicht seine Wut auf weiße und schwarze Politiker, die nach Gerechtigkeit schrien – in diesem Fall ein Schlüsselwort für weiße Schuldsprüche oder schwarze Gewalt.

Nichts von alledem hatte Macs Verhältnis zu seinen zahlreichen schwarzen Freunden und Bekannten in der Boxwelt berührt, und trotz der wachsenden Spannungen durfte er überrascht feststellen, daß die Feindseligkeit verschwunden war, die ihm vor dem Zwischenfall mit Ruby bei seinen täglichen Fahrten durch South Central Los Angeles entgegengeschlagen war.

Das Acapulco war fast leer, als Mac und Puddin eintraten. Sonst lächelte die Señora ihnen immer zu und winkte sie herbei, egal, wieviel sie zu tun hatte. Diesmal nicht. Vier junge schwarze Männer, die übergroße Vierhundertdollar-Lederjacken und neue Hundertfünfzigdollar-Basketballschuhe trugen, standen bei ihr an der Kasse und redeten leise auf sie ein. Mac hatte sie hier nie zuvor gesehen. Er schätzte den ältesten auf zwanzig. Der jüngste, den sie offenbar Fridge nannten, sah wie sechzehn aus. Die beiden anderen waren um die achtzehn. Sie waren alle mindestens einsachtzig groß. Fridge war schmal, wog etwa 145 Pfund, soviel wie der Zwanzigjährige. Die beiden anderen waren Hundertachtzigpfünder. Sie alle trugen ihre ausgebeulten Hosen auf halber Arschhöhe, so daß gut fünfzehn Zentimeter Unterhose zu sehen waren. Ihre Jacken umhüllten sie wie überdimensionale Kokons.

Außer diesen vier war kaum jemand anwesend; fünf Leute, darunter zwei Schwarze, an zwei Tischen. Normalerweise war das Lokal rappelvoll mit Leuten, die sich ungeniert vollstopften.

Anstatt sie breit anzulächeln, blickte die Señora in die andere Richtung. Auf drei Tischen stand noch das Geschirr. Leere Tische mit schmutzigem Geschirr hatte es im Acapulco noch nie gegeben. Mac war klar, daß irgend etwas nicht stimmte, und er führte Puddin in den hinteren Bereich des Lokals, wo sie beide mit dem Rücken zur Wand sitzen konnten.

»Bedienung, wenn's recht ist«, rief Mac und tat so, als sei er ein fremder Gast.

Die Señora entschuldigte sich und ging zu Mac und Puddin. Sie nahm die Bestellung auf, ohne sie anzusehen. Sie kehrte zum Tresen zurück, sagte etwas, das Mac nicht hören konnte, und machte sich auf den Weg zur Küche. Der älteste der Gruppe hob einen schwarzen Spazierstock mit einem entenkopfförmigen Messinggriff und versperrte Señora Cabrera den Weg. Mac zog die Glock, hielt sie zwischen den Knien und wartete ab.

Der zwanzigjährige Anführer deutete auf die Señora. Er

flüsterte etwas, und dann verließen er und seine Kumpels das Lokal so geruhsam, als würden sie aus einer Kirche gehen. Drei der vier waren sehr dunkelhäutig, der Anführer dagegen fast so weiß wie ein Albino, lediglich sein pockennarbiges Gesicht hatte eine leicht kupferfarbene Tönung. Seine Augen waren grün. Das krause, kastanienrote Haar trug er in Dreadlocks, und er war häßlich wie die Nacht. Seine negroiden Gesichtszüge glichen zusammengewürfelten Klumpen. Mac hielt sie allesamt für Kriminelle, aber er wußte auch, daß man dem häßlichen Rotschopf leicht was in die Schuhe schieben könnte, so daß er für Jahre hinter schwedischen Gardinen verschwinden würde.

Mac wartete drei Minuten, ehe er die Glock in das Halfter zurücksteckte. Als die Luft rein war, gingen er und Puddin zur Señora.

Sie zitterte, aber ihre schrägen Indianeraugen sprühten vor Wut. »Dreckssöhne von Scheißnutten«, sagte sie auf spanisch. »Ich scheiß in ihre verseuchte Muttermilch.«

»Haben sie dir was angetan?« fragte Mac.

»Noch nicht.«

»Haben sie dich ausgeraubt?«

»Noch nicht.«

»Haben sie eine Waffe?«

»Hab keine gesehen. Aber der Häßliche hat gesagt, er hätte da was für mich in seinem Spazierstock.«

»Haben sie gesagt, daß sie dir was antun würden?«

»Nicht so richtig. Der Jüngste kam in die Küche und hat mit meinen Messern rumgeklappert. Der häßliche Rotschopf hat gesagt, daß da schlechte Menschen in der Gegend sind, die Geschäfte auseinandernehmen, und daß ich ihm Schutzgeld zahlen muß. Hat gesagt, daß sie heut abend vier Gratismahlzeiten als Anzahlung haben wollen.«

»Was hast du geantwortet?«

»Ich hab gesagt, ich nix sprechen englisch. Haben gesagt, sie glauben mir nicht.«

Mac wandte sich an Puddin. »Kennst du die Kerle?«

»Oh ja, ich kenn sie.«

Mac wußte, daß er in der Lage wäre, die Kerle aufzuspüren, da Puddin sie hätte identifizieren können, aber außer Zechprellerei, was schwer zu beweisen wäre, war keine Straftat begangen worden. Außerdem hatte er als Polizist mit solchen Dingen zu tun gehabt. Die Polizei konnte nichts machen, ehe die Typen tatsächlich kassiert oder Leute zusammengeschlagen hatten, und dann waren die Opfer so eingeschüchtert, daß sie nicht als Zeugen aussagen wollten. Außerdems mußte Puddin geschützt werden. Wenn Mac befreundete Polizisten bat, diese Schmalspurganoven festzunehmen, würden die sofort wissen, daß Puddin sie verpfiffen hatte. Mac hatte Ruby gerne erschießen wollen, aber diese vier Kerle, die die Señora unter Druck gesetzt hatten, wollte er vernichten. Er bat sie, seine und Puddins Bestellung zu vergessen und für heute zuzumachen. Er versprach ihr Hilfe. Sie bestand darauf, ihnen das Essen zu servieren. Mac wandte sich an Puddin.

»Wer sind diese Brechmittel?«

»Zwei gehen noch zur Schule, aber alle gehören den 43 Stokkers an, einer Straßengang. Den häßlichen Nigger nennen sie Air Jordan.«

»Air was?«

»Air Jordan. Weißt schon, sie haben's auf deine neue Jacke oder neuen Schuhe abgesehen, wenn du allein auf der Straße bist oder nach einem leichten Opfer aussiehst. Neue Nike-Schuhe stehlen, daher hat er seinen Namen. Haut dir einen über den Schädel, und während du daliegst, schneidet er dir mit einer Schere die Schnürsenkel auf. Wenn du dich wehrst, ersticht dich Air Jordan und klaut dir das Zeug von den Rippen.«

»Sind sie dir jemals in die Quere gekommen?«

»Sie wissen genau, wenn sie sich mit mir anlegen, werde ich nicht der einzige Nigger sein, der dran glauben muß. Wenn sie Señora Cabrera blöd kommen, reiße ich ihnen ihre zerlumpten Ärsche auf.«

»Du läßt mich das machen, okay?«

Puddin zuckte die Schultern, nickte, er wußte, daß Mac recht hatte.

Señora Cabrera sevierte ihnen gedünstete Krabben in scharfer Tomatensoße mit Paprika, Zwiebeln und Cilantro. Als Beilage gab es Reis und Bohnen und Maistortillas. Die übrigen Gäste zahlten und gingen. Mac stürzte ein kaltes, dunkles Negra Modelo runter und bestellte ein zweites, ehe er zu essen anfing. Die Señora setzte sich zu ihnen.

»Ich arbeite so schwer«, sagte sie. »Meine Mädels arbeiteten hier, bevor sie zur Schwesternschule gingen, sprechen zwei Sprachen. Niemand hat mich je um mein Essen betrogen.«

»Waren diese Kerle schon mal hier?« fragte Mac.

»Zum ersten Mal.«

»Und besser zum letzten Mal«, sagte Puddin, während er aufaß. Er dankte Señora Cabrera und sagte: »Soll ich nach Hause gehen oder bei Ihnen bleiben und zusperren helfen?«

»Ich werde ihr helfen, aber ich will nicht, daß du heute abend da draußen allein bist«, sagte Mac. Er wandte sich der Señora zu. »Ich fahr ihn heim. Dauert nur zwei Minuten. Dann komm ich zurück, um dir zu helfen.«

»Nein, ich bin schon okay.«

»Das weiß ich, aber ich will's nun mal.«

Mac und Puddin waren noch keine Minute fort, als sich Air Jordan und die anderen an der Señora vorbeischoben, als sie gerade zusperren wollte.

»Da sind wir wieder. Zweiundvierzig Tacos zum Mitnehmen.«

»Ich hab geschlossen.«

»Jetzt ist wieder geöffnet«, sagte Air Jordan. Er schleuderte einen Stuhl durch den Raum und zertrümmerte ein paar Lampen. »Koch, du Hure, und pack die Scheiße ein.«

»Was kochen?«

»Was Gutes für zwanzig Leute, was sonst, du Paprikatussi!«

»Was wollt ihr?«

»Ist mir scheißegal!« brüllte Air Jordan. »Aber wehe, wenn's uns nicht schmeckt!«

Señora Cabrera ging mit einer Mordswut in die Küche und hätte liebend gern ihre 44er zur Hand gehabt. Stattdessen steuerte sie geradewegs auf die Vorratskammer zu, wo das Rattengift war. Sie würde es in die Fischtacos streuen. Mac kam zurück, ehe sie zur Tat schreiten konnte.

Er verlor keine Sekunde. Er ging direkt auf Air Jordan zu, zog einen Stuhl heran und setzte sich an den Tisch der Gang. Er blickte Air Jordan seelenruhig in die Augen und deutete ein Lächeln an, das wenig Fröhlichkeit verriet.

»Freut mich, dich zu sehen, Bruder. Du wirst diese Scheiße nicht für möglich halten, aber da tauchen so 'n paar weiße Jungs in dieser Gegend auf, richtig üble Dreckskerle. Sie drohen den kleinen Ladenbesitzern, sie zusammenzuschlagen, du weißt, was ich meine? Sie erpressen kleine Leute wie die Señora hier um ihr Geld, andernfalls, du verstehst? Wie dieses Gesocks, das die Leute um ihr sauer verdientes Brot bringen will, ich mein, wie hundsgemein kann dieser weiße Abschaum eigentlich sein?«

Air Jordan starrte Mac an. Am liebsten hätte er mit diesem Großkotz von altem weißem Mann mit seinem brüderlichen Geschwätz den Boden aufgewischt, aber er wußte nicht, wer draußen lauerte, wußte nicht, ob dieser verrückte Alte bewaffnet war. Genau das hatte Mac beabsichtigt, daß Air Jordan sich auf ihn konzentrierte und Señora Cabrera vergaß. Die anderen drei warteten, daß Air Jordan ihnen ein Zeichen gab, diesen weißen Typen auseinanderzunehmen. Air Jordan war nahe dran.

Statt dessen sagte er: »Mann, ich weiß nicht, wovon du sprichst.«

»Was ich meine«, sagte Mac, »wenn ihr vier edlen, aufrechten Freunde jemals diese windigen weißen Scheißkerle hier reinkommen seht, daß ihr ihnen dann Saures gebt, verstanden? Ich bin dauernd hier, so daß ich diese miesen Schweine wahrscheinlich selbst abknallen werde, aber wenn ihr hier seid, macht ihr das für mich, nicht wahr? Wenn ihr Angst vor Weißen habt, ist das in Ordnung, dann bittet die Señora, mich im Not Long Gym anzurufen. Ich komm dann mit meinen Boxern rüber, und wir werden diese Mistkerle an ihren Eiern an Fleischerhaken unter der Brücke aufhängen, du weißt, was ich meine. ›Mit allen gebotenen Mitteln‹, wie Malcom sagte, stimmt's? Hey, Malcolm hatte auch rotes Haar, genau wie du, Baby, na also, Bruder!«

Mac sah, daß Air Jordan drauf und dran war, in die Luft zu gehen, sah, daß die anderen die Hände in ihren Taschen vergruben. Macs Hand war unweit der Glock.

Air Jordan sagte: »Was machst du überhaupt in dieser Gegend, Alter? Hast hier eigentlich nichts zu suchen, oder?«

»Man nennt mich Mac, pensionierter Polizist. Aber da ich meine Boxer da drüben trainiere, nehme ich an, daß das auch meine Gegend ist.«

»Im Gefängnis hab ich mal einen Boxer in den Arsch gefickt«, sagte Air Jordan.

»Ich bin schon ewig im Boxgeschäft, aber mich hat noch nie einer in den Arsch gefickt«, sagte Mac. »Sag mal, hast du jemals daran gedacht, lieber ein Boxer statt ein Arschficker zu sein?«

»Dazu hab ich zuviel im Köpfchen.«

»Das erstaunt mich, du siehst doch so tough aus, oder wie man dein Aussehen halt nennen soll«, sagte Mac, der noch immer mit kaltem Spinnenblick lächelte.

Air Jordan lehnte sich zurück. Jetzt hatte er Macs Botschaft begriffen und wußte, daß die Señora Mac von ihm erzählt hatte, daß Mac die Polizei war, denn einmal Bulle, immer Bulle, was bedeutete, daß er bewaffnete Freunde hatte, daß Mac keine Angst vor ihm hatte, daß Mac wußte, wie man ihn aufspürte. Air Jordan war alles andere als glücklich. Dieser alte Mann kostete ihn Geld, und was schlimmer war, seine Partner würden ihn wohl nicht mehr respektieren, wenn er sich von dem alten Bleichgesicht aufs Kreuz legen ließ. Den alten Mann umzulegen war keine Lösung, im Moment jedenfalls nicht, weil er dann die Señora ebenfalls hätte umlegen müssen. Und diesen aufgeblasenen Puddin ebenfalls, der jede Menge Ärger machen konnte. Das war jetzt ohnehin kein günstiger Zeitpunkt. Überall waren seine verdammten Fingerabdrücke. Aber ein ordentliches Feuer würde dieses Problem lösen.

»Du bist schon ein komischer alter weißer Mann.«

»Hey, wir wissen doch beide, daß es einfach klasse ist, weiß zu sein, oder?« sagte Mac. »Wie wär's mit einem Deal? Ihr helft mir in dieser Angelegenheit, und ich lad euch zum Essen ein. Hey! Ich laß jetzt sofort für euch alle was auffahren, um euch zu beweisen, daß ich meine Versprechen halte.« Mac rief die Señora. Als sie zum Tisch kam, sagte Mac: »Die Jungs sind hungrig. Geld spielt keine Rolle. Wie wär's mit einer hübschen großen Tintenfischplatte?«

»Was für 'n Tintenfisch?« sagte Air Jordan.

»Genau das Richtige für euch, macht euch groß und stark«, sagte Mac. »Diese winzigen Tintenfische mit zehn kleinen Ärmchen, so ähnlich wie ein Oktopus. Einige Tintenfische werden bis zu fünfundzwanzig Meter lang, aber die passen nur schwer in die Pfanne.«

»Mann!« sagte Air Jordan und stand auf. Jetzt wußte er, daß Mac verrückt war. »Du redest nur Scheiße!«

Mac sagte: »Nicht doch. Sie hat da hinten auch ein paar lebendige Schlangen. Magst du Schlange? Paß bloß auf, neulich sind ihr ein paar entwischt. Hey, da ist eine hinter dir!«

»Wo?« sagte Air Jordan. Er und die anderen blickten verstört zu Boden, staksten mit ihren Füßen herum wie Hühner im Gehege.

»Da drüben«, sagte Mac und zeigte auf den Kaktus, den Adler und die Schlange auf der kleinen mexikanischen Flagge auf dem Tresen. »Mögt ihr Jungs Schlange? Schmeckt angeblich wie Brathähnchen, ihr mögt doch Brathähnchen, oder? Könnt sofort gebratene Schlange kriegen. Hättet ihr eure Schlange lieber am Stück, inklusive Kopf und Schwanzklapper, oder soll's eher scheibchenweise und mit abgezogener Haut sein?«

Sie warfen alle vier ihre Stühle um, als sie zur Tür rannten.

»Was ist los, habt ihr keinen Hunger?« rief Mac ihnen nach. »Hey! Wir haben doch einen Deal von wegen der weißen Jungs, oder? Gebt mir eure Telefonnummer. Ich ruf euch an!«

Mac zwinkerte Señora Cabrera zu. Trotz ihrer Wut mußte sie lachen. Aber sie erinnerte sich an ihre *pistola*. Von nun an würde sie sie immer unter ihrer Schürze tragen.

Zwei Tage später, am Mittwoch, den 29. April, um halb zwölf vormittags, fing Mac mit seinen Profis im Hymn Gym Ecke 108. und Broadway zu trainieren an. Das Hymn lag am südlichen Ende von South Central, die Gegend war zu 70 Prozent von Schwarzen, ansonsten von Latinos bewohnt. Mac hatte noch immer Schmerzen, doch die Verletzungen heilten schnell, und die Gefahr einer Infektion war gebannt. Wie immer kümmerte er sich um seine Schützlinge, aber er ließ sie nur sparren und am Sandsack arbeiten. Es würde noch ein Weilchen dauern, ehe er wieder selbst mit ihnen in den Ring trat. Um vier Uhr sollte er Puddin abholen, um ihn zum Training mit Malik zum Not Long zu fahren.

Im Eingangsbereich des Hymn standen Boxer, Trainer und Passanten, die vor einem Fernseher auf das Urteil der Geschworenen in Sachen Rodney King warteten. Immer wieder wurde das gekürzte Video gezeigt, das die Zuschauer zu Wutgeschrei veranlaßte. Einige tranken aus Bierflaschen, die in braunen Papiertüten steckten. Niemand machte Mac Schwierigkeiten, und er fragte sich, ob sie bereits was über den Zoff mit Ruby wußten. Am vorigen Donnerstag hatte die Jury mit ihrer siebentägigen Beratung begonnen, nach sieben Wochen Prozeßdauer.

Mac bahnte sich seinen Weg durch die Fernsehzuschauer, um eine Wasserflasche aufzufüllen. Es war ein Uhr, und der Gerichtsreporter verkündete, daß die Geschworenen eine Entscheidung getroffen hatten, die um drei Uhr verkündet werden sollte. Um fünf nach halb drei hatte Mac das Training mit seinem letzten Boxer beendet. Bis er sein Zeug zusammengepackt und sich gewaschen hatte, war es zehn vor drei. Er wartete mit den anderen auf die Entscheidung, aber als es um fünf nach drei noch immer nicht soweit war, verließ er das Gym. Er fuhr den Broadway in Richtung Harbor Freeway hoch. Falls er nicht in einem Stau steckenblieb, würde er zu früh sein, um Puddin aufzulesen, also ließ er sich Zeit. Die Straße war wie leergefegt.

Wegen der bevorstehenden Entscheidung der Geschworenen und der möglichen Gewaltausbrüche hatte Mac erwogen, das Training abzusagen. Aber seine Boxer brauchten ihn, vor allem Puddin, der für das Trainingslager in Form sein mußte. Einer seiner Profis, ein Fliegengewicht aus Liberia, war als Hauptattraktion im Forum in Inglewood gebucht. Ungefähr eine Woche später mußte Macs mexikanisches Federgewicht, ebenfalls ein Profi, in Vegas antreten. Die Zeit wurde knapp. Da noch eine weitere Woche vergehen konnte, ehe die Geschworenen sich einig waren, beschloß Mac, mit der Arbeit einfach fortzufahren, anstatt aus Ängstlichkeit zwei oder drei Tage dranzuhängen.

Wie nahezu jeder war auch Mac überzeugt, daß die vier angeklagten Polizisten schuldig gesprochen werden würden. Wie viele glaubte auch er, daß, ob Schuldspruch oder nicht, Unruhen bevorstanden, einer der Gründe, weshalb er erwog, das Training einfach fallenzulassen. Die Ankündigung, daß um drei die Entscheidung bekanntgegeben würde, bereitete ihm Kopfschmerzen, aber er glaubte, im Not Long fertig zu sein, bevor es zu ernsthaften Gewalttätigkeiten kam. Außerdem glaubte er – fälschlicherweise, wie sich herausstellen sollte –, daß ein großes Polizeiaufgebot jede Gewalt im Keim ersticken werde. Viele Schwarze befürchteten das sogar, weshalb denn einige schwarze Politiker sich gegen eine Polizeipräsenz in South Central aussprachen. Andere Schwarze wollten genau das Gegenteil, da sie wußten, daß andernfalls die Stunde der Gangster und des Mobs schlug.

Als Mac in Richtung Freeway fuhr, der noch ein paar Straßenblocks entfernt war, zeigte seine Autouhr auf 15.18 Uhr. Was er nicht wußte, war, daß drei Minuten zuvor die Entscheidung verlesen worden war und daß die überraschende Entscheidung der Jury Macs Interpretation des Videos folgte, daß nämlich Kings Attacke auf die Polizisten sein kleines Privathiroshima zur Folge gehabt hatte. Mac näherte sich dem Century Boulevard und wollte gerade das Radio anstellen, als ihn der erste von zwei Anrufen über sein Handy erreichte.

Er kam von Cannonball. »Nicht schuldig.«

»Ach du Scheiße.«

»Wo bist du?« fragte Cannonball.

»Auf dem Broadway beim Century.«

»Verdammt!« sagte Cannonball. »Sieh zu, daß du deinen weißen Arsch da rauskriegst. Fahr in eine weiße Gegend, und bleib dort. Die Brüder haben so 'ne Wut im Bauch, daß ich zumache und mit Lena aufs Dach raufgehe.«

»Wenn mein Junge auftaucht, kümmer dich um ihn, ja?«

»Keine Sorge, der ist zu clever, um herzukommen, kümmer dich lieber um dich selbst«, sagte Cannonball. »Tut mir leid, daß die Kacke am Dampfen ist, Mac.«

»Ich bin in Gedanken bei dir«, sagte Mac. »Ich meld mich, wenn der ganze Mist vorbei ist, okay? Und übrigens, danke, daß du an mich gedacht hast.«

»Warum sollte ich nicht?«

»Das frage ich dich«, sagte Mac.

»Yeah.«

»Glaubst du, daß jemals Frieden herrschen wird?«

»Ehrlich gesagt, ich seh keine Möglichkeit«, sagte Cannonball.

»Ich auch nicht.«

»Mac?«

»Ja?«

»Ich meine nicht nur Farbige und Weiße.«

»Ich weiß, was du meinst, mein Freund, ich weiß.«

Mac wendete, hatte ein beklommenes Gefühl in der Brust. Er fuhr die Grand Avenue nach Süden und schwenkte auf den Imperial Highway ein. Unterwegs schrien ihn schwarze Teenager von einem Schulbus aus an.

Dann rief Willa an. »Wir haben's gerade gehört. Kommen Sie nicht her, Mista Mac, Puddin und ich sind in Sicherheit. Wenn das alles vorbei ist, machen wir weiter wie gewohnt.«

Nach offizieller Darstellung brachen die Unruhen am 29. April 1992 um 16. 17 Uhr aus. Nicht durch Damian Football Williams und Reginald Denny, sondern durch fünf junge schwarze Männer, die in einem Spirituosengeschäft auf der Florence Avenue ein paar Flaschen Whiskey klauten. Als sich der asiatische Besitzer wehrte, zog ihm einer der Schwarzen eine Flasche über den Kopf.

»Das ist für Rodney King!« sagte er.

Der Angriff auf Reginald Denny um 6 Uhr 46 war der erste große Schock. Aber es wurden noch andere zusammengeschlagen – Latinos, Asiaten und Weiße beiderlei Geschlechts. Ein Latino wurde niedergeprügelt, worauf ihm jemand mit dem Auto über die Beine fuhr. Die Täter kamen später, obwohl sie ihr Verbrechen vor laufenden Fernsehkameras verübt hatten, mit milden Strafen davon, der vor Freude hüpfende Football Williams eingeschlossen.

Der Aufruhr endete am Abend des 4. Mai 1992, aber erst nachdem die National Guard endlich mobilisiert worden war. In den fünf Tagen hatte es vierundfünfzig Tote gegeben. Sechsundzwanzig Schwarze, vierzehn Latinos, neun Weiße, zwei Asiaten. Drei waren verbrannt und so verstümmelt, daß ihre Hautfarbe nicht ermittelt werden konnte. 2 328 Verletzte wurden ambulant behandelt, 862 Gebäude waren niedergebrannt worden. Ruby Thigpen fing Feuer, als ihr ein Molotowcocktail entglitt und direkt vor ihre Füße fiel. Die Sachschäden beliefen sich auf über 900 Millionen Dollar. An den Plünderungen waren mehr Latinos als Schwarze, aber auch Weiße beteiligt. Señora Cabreras Acapulco wurde von Schwarzen und Latinos verwüstet. Jemand hatte auf den Teppich geschissen und Kot auf die Fotos von Puddin und dem Großvater der Señora geschmiert.

»Air Jordan«, sagte Puddin.

»Meinst du?« fragte Señora Cabrera.

»Der Teufel scheißt hin, wo er will.«

Allein für die Zeit vom 29. April bis zum 1. Mai belief sich die Telefonrechnung der Señora auf fast tausend Dollar, zahllose Gespräche waren vom Acapulco nach Mexiko City, Lima, New Orleans, New York, Guadalajara, Boston, Houston, Caracas, Panama und Chicago geführt worden.

Die Señora war drauf und dran, das Handtuch zu werfen. Nachdem sie achtzehn Jahre im Dienst der Leute gestanden hatte, die nun ihr Geschäft zerstört hatten, hätte sie es am liebsten selbst angezündet. Aber Mac und Puddin kreuzten am 5. Mai, *Cinco de Mayo*, auf, um ihr zu helfen und sie aufzumuntern. Willa erlaubte Puddin, die Schule zu schwänzen. Er renovierte vormittags das Lokal, dann übernahm Mac. Am späten Nachmittag machten sich Puddin und Mac zum Not Long auf, wo Mac mit seinen Profis und auch Puddin trainierte. Vor lauter Müdigkeit konnte er manchmal kaum auf den Beinen stehen. Dann sprang Cannonball für ihn ein, und plötzlich war Cannonball quietschfidel wie ein junger Hund, sprang umher und gab Anweisungen.

»Mann, ich fühl mich wie der Fisch im Wasser.«

Manchmal war Malik Puddins Sparringpartner, manchmal jemand anderer, manchmal trainierte er bloß am Sandsack oder am Punchingball. Aber am liebsten arbeitete er mit Cannonball, dessen Tricks und Finten er begierig aufsog. Die Frühlingstage wurden länger, und Mac, Puddin und Cannonball gingen nach dem Training zur Señora, um bis zum Einbruch der Dunkelheit zu arbeiten, manchmal sogar länger. Zum Abschluß lud sie Mac zu italienischem, chinesischem oder holländisch-indonesischem Essen ein. Cannonball war ganz verrückt nach *Sate sapi*, Schwein am Spieß mit scharfer Erdnußsoße und in Kokosmilch gekochten Gemüsen.

»Mann, das ist Himmel im Mund.«

Nach vier Tagen hatten sie das Acapulco wieder hergerichtet, die zerbrochenen Fensterscheiben ersetzt, und die Señora war fast soweit, den Betrieb wieder aufzunehmen. Ein guter Teil der Infrastruktur von L. A. war während des Aufruhrs zerstört worden, Lokale und Tante-Emma-Läden inbegriffen. Unentwegt steckten hungrige Leute ihre Köpfe rein und fragten, wann es wieder Fisch zu essen gäbe.

»Wenn ich die Eisengitter drin habe«, sagte die Señora dann – manchmal denselben Leuten, die ihr Lokal verwüstet hatten.

Ihre Türen und Fenster hatten Standardgröße, und der Händler hatte die passenden Gitter auf Lager. Nachdem sie geliefert worden waren, machten Mac und Puddin sich daran, sie zu befestigen. Das nahm zwei weitere Tage in Anspruch.

»Jetzt bin ich im Gefängnis, weil ich nichts Ungesetzliches getan habe«, sagte die Señora und schüttelte den Kopf.

Die Gäste strömten rein, sobald das Acapulco seine Pforten wieder geöffnet hatte. Señora Cabreras Töchter nahmen sich zwei Tage frei, um ihr zur Hand zu gehen. Von der üblichen Nachmittagsflaute abgesehen, war von halb zwölf Uhr vormittags bis neun Uhr abends immer viel los. Puddin half ihr beim Zumachen und ging dann nach Hause.

Air Jordan liebte den Aufruhr. Er hatte sieben Feuer gelegt und Läden in South Central, Koreatown und Hollywood angesteckt. Mit einer gestohlenen Walther 380 hatte er einem Feuerwehrmann ins Gesicht geschossen. Doch soviel Spaß ihm sein Zerstörungswerk auch bereitete, es bohrte noch immer in ihm, daß der alte weiße Mann ihn in dieser Mexikanerpinte auf den Arm genommen hatte. Der größte Spaß stand jetzt bevor, wenn er es dem alten Mann heimzahlte, denn so ein dahergelaufenes Rassistenarschloch durfte ihm nicht blöd kommen und Schlitten mit ihm fahren.

Air Jordan verwandte viel Zeit darauf, seine Rache zu planen. Das Acapulco hatte er bereits ausgekundschaftet, er kannte Macs Auto und wußte, wann Mac und Puddin sich dort aufhielten. Quitt zu werden war wichtig, aber ungestraft davonzukommen war noch wichtiger. Sich über so einen Trottel zu beugen und ihm ins Gesicht zu lachen, während sein Lebenslicht verlöschte, das war ein Gedanke, der ihm gefiel. Dann noch näher an diesen Armleuchter ran, daß er deine Augen sehen kann und den Anblick deines Gesichts mit ins Grab nimmt, auch dieser Gedanke gefiel Air Jordan. Aber jetzt war die Frage, wie man dem alten weißen Mann mitspielen konnte, und zwar so furchtbar, daß er lieber tot wäre, aber mit dem, was man ihm angetan hatte, weiterleben mußte, das war die Art Rache, von der man einen Ständer bekam, die besser als ein Orgasmus war.

Den alten Dreckskerl blenden? Ihn zum Krüppel schlagen? Oder sollte er ihn nur anzünden und zusehen, wie er tanzte? Air Jordan hatte mit Vergnügen beobachtet, wie Mac und

Puddin sich den Arsch abgearbeitet hatten, um die Tacobude wieder auf Vordermann zu bringen. Er wußte, daß sie ahnten, wer die Fotos mit Scheiße beschmiert hatte. Was Air Jordan betraf, er wußte alles, was er über Mac und Puddin wissen mußte.

Air Jordan und seine Kumpels hingen vor einem Spirituosengeschäft rum. »Man muß informiert sein«, sagte er. »Wenn du die Gewohnheiten von 'nem Typ kennst, kennst du den Typ, klar? Und wenn du den Typ mal kennst, gehört er dir, kapiert? Du hast ihn in der Tasche, und das willst du doch, stimmt's? Nun also, der kleine Boxer ißt jeden Abend in dem Tacoschuppen, kommt so um halb sieben, sieben Uhr. Er nimmt den Bus vom Not Long oder der alte weiße Mann fährt ihn, dann essen sie beide. Immer, außer Samstag und Sonntag. Zur Zeit kreuzt der Junge um halb vier rum in dem Lokal auf, jeden Tag, außer samstags, wenn er den Bus um halb elf nimmt und um halb zwei, zwei vom Training nach Hause kommt. Sonntags fahren keine Busse, das Lokal ist geschlossen, und der Junge bleibt bei seiner Mama.«

Air Jordan hatte Cannonball nie gesehen.

»Nun zu dieser Kochfrau, sie wohnt mit ihren beiden Mädels, die irgendwo Krankenschwestern sind, in der 45. Straße beim Compton Boulevard. Sie helfen der alten Dame manchmal, und sie hat einen illegalen mexikanischen Einwanderer als Tellerwäscher, der gegen Mittag kommt und um halb neun, Viertel vor neun wieder geht. Die alte Dame kommt um neun Uhr morgens und geht um zehn Uhr nachts, manchmal später. Wir kreuzen nach neun Uhr abends auf, um der alten Hexe einzuheizen.«

»Woher weißt du das bloß alles?« feixte Fridge, der Sechzehnjährige. »Du bist schon einer.«

»Das gehört zu meinem Geschäft, was glaubst du denn? Und wenn ich mich nicht täusche, wischt man dem alten Mann am besten eins aus, indem man seinem Olympiafuzzi eins auswischt, stimmt doch, oder?«

»Jetzt mal langsam, der Olympie ist 'n Bruder«, sagte Shareef, einer der beiden Hundertachtzigpfünder.

»Scheiß drauf. Wenn wir den alten Mann umbringen, sitzen wir in der Scheiße, weil er 'n Weißer ist. Nix gut. Also knöpfen wir uns den Olympiabruder vor, um den alten Mann zu treffen, kapiert? Für die Polizei ist der Olympie nur ein weiterer toter Nigger im Leichenschauhaus mit 'nem Pappschildchen am großen Zeh.«

»Air Jordan ist schon geil«, sagte Fridge.

»Geil, wenn man sich am Leben hält«, sagte Air Jordan. »Darum arbeiten wir zweigleisig. Wir ruinieren den Olympie, aber der alten Dame rücken wir lediglich auf den Pelz, du weißt, was ich meine? Sie nutzt uns nur lebendig was, weil sie der Dukatenscheißer ist. Nach dem, was ich so ausspioniert hab, können wir sie zunächst mal um einen Hunderter pro Tag erleichtern, dann fordere ich mehr.«

»Air Jordan dreht auf«, sagte Emil, der andere Hundertachtzigpfünder.

Air Jordan sagte: »Wir brauchen nur fünf kleine Klitschen. Das sind fünfhundert pro Tag. Mal sechs, macht dreitausend pro Woche. Schluß mit dem Kleinkram.«

Air Jordans Kumpels sahen ihn an, als hätte er sie ins gelobte Land geführt.

»Air Jordan dreht auf!«

»Wann gehen wir wieder Tacos essen?« sagte Fridge.

»Samstag früh um elf ist 'ne gute Zeit, Olympie ist dann schon lange fort. Die alte Dame hat dann die Einnahmen von Samstag und Freitag, weil sie nix zur Bank bringen konnte. Geschnallt? Werd mit ihr in der Früh ein Schwätzchen halten, dafür sorgen, daß sie vor Angst in die Hosen scheißt, dann abends zurückkommen und einsammeln, was uns zusteht.«

»Und wenn sie die Polizei ruft?«

»Na und? Keine Zeugen. Nachdem ich mit ihr gesprochen habe, wird sie die Piepen freiwillig rausrücken, weil sie uns so lieb hat.«

»Wann knöpfen wir uns diesen Schnösel Puddin vor?« fragte Fridge, der bereits mit sechzehn leblose Augen hatte.

»Wenn die Zeit reif ist. Erst greifen wir uns das Geld. Sobald er davon hört, wird der Trottel zu uns kommen.«

Air Jordan kundschaftete das Acapulco zwei weitere Tage aus. Mit einer Polaroidkamera, die er während der Unruhen in einem Fotoladen in Hollywood gestohlen hatte, machte er auch ein paar Aufnahmen von den Töchtern der Señora. Die Bilder waren tadellos geworden.

»Ich hab grad 'nen Anruf aus Vegas von wegen meinem Federgewicht Enrique erhalten«, sagte Mac. »Acht Runden im Vorprogramm im Mirage.«

Puddin trocknete sich nach seinem Mittwochnachmittagstraining ab. Er wog nur noch 165 Pfund, und Mac wollte, daß er erst wenige Tage vor seinem ersten Kampf in Barcelona auf 161 runter war, weshalb er ihn lediglich an Sandsack und Punchingball trainieren und Gymnastik treiben ließ.

»Cannonball, Enrique und ich machen uns morgen früh auf die Socken.«

»Wann kommst du zurück?«

»Samstag nachmittag. Keine Staatsaktion. Das Not Long wird zu sein, darum möchte ich, daß du morgen, am Freitag und Samstag ins Sewing Machine Gym gehst. Denk dran, daß die Samstag schon gegen zwei dichtmachen.«

»Wissen die, daß ich komme?«

»Hab grad angerufen. Aber nur leichtes Training, okay? Vormittags Dauerlauf, wie immer, dann Schattenboxen, Seilspringen und Gymnastik. Dein Gewicht ist in Ordnung, mußt also nichts runterschwitzen.«

»Was hast du gesagt, wann du zurück bist?«

»Enrique boxt Freitag abend, wir machen uns also am Samstag früh um neun rum auf den Weg zurück.«

»Wie lange dauert die Fahrt?«

»Ungefähr sechs Stunden. Vielleicht ein bißchen länger, weil wir Enrique in Carson absetzen müssen.«

»Ich seh dich also Samstag abend?«

»Yeah. Ich hab Cannonball zu 'nem Steak in der Speisekammer eingeladen.«

»Yeah!«

Air Jordan und seine Kumpels hatten die ganze Nacht gefeiert. Um neun Uhr am Samstag früh schlugen sie auf dem Parkplatz eines Supermarkts beim Hawthorne Boulevard in der South Bay eine Frau mit einer Pistole nieder und entführten ihren Kastenwagen. Dieses Stadtviertel, westwärts zum Strand hin gelegen, war im Kommen und zu 95 Prozent von Weißen bewohnt, also eine Gegend, wo es massenweise neuwertige Fahrzeuge gab. Sie schlugen um neun Uhr zu, weil morgens kaum Verkehr war und die Samstagsbullen noch ihren Kaffee schlürften. Waren sie erst wieder in South Central, würden die Bullen dort nicht nach einem Kastenwagen aus der South Bay Ausschau halten. Sie tauschten sofort die Nummernschilder aus und fuhren gemütlich davon. Air Jordan zog eine blonde Perücke mit Pferdeschwanz über. Fridge duckte sich auf dem Rücksitz. Das alles hatte keine zwei Minuten gedauert.

Shareef und Emil fuhren Jordans Wagen, einen unauffälligen 86er Ford, und hatten die vier Pistolen dabei, falls Air Jordan und Fridge Ärger mit der Polizei bekommen sollten. Dennoch wollte sich Air Jordan nicht von seinem Spazierstock trennen. Es war ausgemacht, daß die beiden Wagen auf verschiedenen Routen zu einem Steakhaus in Maywood fahren sollten, wo sie fünfhundert Dollar Schutzgeld abkassieren würden. Von da aus sollte es zum Acapulco weitergehen. Aber unterwegs verspürte Air Jordan Lust auf sein Frühstück – auf etwas Crack, jeder Krümel in einem eigenen Plastiktütchen. Da es noch früh am Tag war, dauerte der Drogenkauf länger als erwartet. Nachdem sie das Zeug angezündet hatten, teilten sie sich eine kleine gläserne Pfeife. Nach ein paar tiefen Zügen fühlte sich Air Jordan wieder wie Superman. Anstatt also zu dem Steakhaus zu fahren, beschloß er, erst einmal das Acapulco aufzusuchen, um die Señora zu terrorisieren, sich vor Fridge aufzuspielen und ein wenig Spaß zu haben.

Fridge war total aufgedreht. »Wenn die Ziege Schwierigkeiten macht, zwing ich sie, in ein Glas zu pinkeln und es auszutrinken.«

»So ist's recht.«

Air Jordan setzte um 11.05 Uhr seine Perücke ab. Er parkte den gestohlenen Kastenwagen auf dem Compton Boulevard, einen Straßenblock nördlich des Acapulco. So waren sie den Blicken der Señora entzogen und konnten sich dem Acapulco von hinten nähern.

An diesem Morgen begann Puddin um sechs Uhr mit seinem Lauftraining. Er ließ es locker angehen, schaffte die drei Meilen in knapp dreißig Minuten. Wieder zu Hause, duschte er, trank etwas Grapefruitsaft und legte sich wieder ins Bett. Er wachte um neun Uhr auf, als Air Jordan gerade die Frau zu Boden schlug. Puddin machte Hausaufgaben, während Willa ihm ein Frühstück mit warmen Cornflakes, Honigtoast und Magermilch bereitete. Zum Abschluß aß er um halb elf noch einen knackigen Apfel. Willa stand dösend am Küchenfenster. Ihre beiden anderen Söhne spielten in der Einfahrt Fangen, aber sie nahm sie nicht wahr.

»Stimmt was nicht, Mama?«

»Was? Nun ja, irgendwas stimmt nie. Aber es stimmt auch immer irgendwas, wir beide zum Beispiel. Ich hab grad an all die Verletzten bei dem Aufstand gedacht. Aber wir haben ja so 'n Glück, daß wir uns haben, Gottes Segen ruht auf uns. Ich hab auch an deinen Daddy gedacht, wie er uns von da oben hilft, wie stolz er auf uns sein muß, vor allem auf dich.«

»Ist ein guter Daddy, mein Daddy.«

Willa wandte sich ab, damit er ihre Tränen nicht sehen konnte.

Air Jordan und Fridge schlichen langsam an einer Seitenmauer des Acapulco entlang und dann rasch zum Eingang. Air Jordan drückte die Klinke, aber die Tür ging nicht auf. Er versuchte es noch einmal, rüttelte dann, doch die Tür war fest verschlossen. Er sah, wie Señora Cabrera drinnen zum Telefon eilte. Er zertrümmerte mit dem Entengriff seines Spazierstocks die Türscheibe, griff hindurch und sperrte auf. Er und

Fridge stürmten rein und schlugen die Señora nieder, als sie versuchte, die Notrufnummer zu wählen. Air Jordan riß das Telefon von der Wand. Er hatte sich beim Einschlagen der Scheibe verletzt, sein Handgelenk blutete.

»Wegen dir hab ich mich geschnitten, du Nutte!« schrie er die Señora an. Sie zuckte zusammen. »Warum hast du mich dazu gezwungen?«

Er riß sie an ihrem Haarband hoch und haute ihr eine runter. Er sprach flüsternd auf sie ein, während Puddin gerade sein altes Fahrrad aus der Garage holte.

Air Jordan sagte: »Jetzt hör mal zu, du Nutte. Wir waren nett zu dir, haben deinen Mexikanerarsch beschützt und nicht mal unseren regulären Preis verlangt, kapiert? Haben nicht kassiert, was uns zusteht, aber damit ist's jetzt vorbei. Jetzt zahlst du, was du uns schuldest.«

»Nix sprechen Englisch.«

»Das kannst du deiner Großmutter erzählen, du Nutte!« rief Air Jordan. »Ich steck dir 'nen Besenstiel in deine Pussi bis zum Maul rauf.«

»Ich nix haben Geld.«

»Sieh mal an, du sprichst so gut Englisch wie ich. Und du hast haufenweise Geld, also hör mit dem Scheiß auf.«

»Nix Geld.«

»Ach nein? Nix Geld? Wirklich?« fragte Air Jordan. Er war bis oben hin mit Crack vollgepumpt. »Wenn du nicht jeden Tag hundert Dollar blechst, werden wir uns mal deine hübschen Töchter vornehmen, verstanden? Cora und Dora oder wie die Flittchen heißen.«

»Nix Englisch sprechen.«

Air Jordan zerrte an dem Haarband. »Du sprechen ganz gut, du Nutte. Wir kommen heut abend zurück, wenn du deine Einnahmen hast, kapiert? Und weil du mich wegen deinem nix englisch anlügst, wollen wir gleich das Geld für die ganze Woche. Macht sechshundert Dollar, Mama, falls du schwach im Kopfrechnen bist. Vielleicht wollen wir ja auch ein paar Krabben spachteln und ein bißchen von deinem Mexikanobier trinken.«

»Yeah!« sagte Fridge. »Das ganze Mexikanobier wegsaufen!«

»Bitte geht, um Himmels willen.«

»Mal langsam, Mama. Ab Montag kommen wir jeden Tag für unsere hundert Dollar, damit du dich dran gewöhnst.«

»Hab kein Geld«, sagte Señora Cabrera, aber sie malte sich aus, wie sie diese *hijos de la chingada madre*, diese Söhne der vollgefickten Mutter, vergiften würde, wenn sie zum Essen kamen. Sie hatte ihre *pistola* unter der Schürze, aber Air Jordan stand so dicht bei ihr, daß er sie ihr vor dem ersten Schuß abnehmen würde.

Puddin wollte erst beim Acapulco vorbeischauen und dann zum Sewing Machine fahren. Er trug weiße Boxschuhe und ein dunkelblaues Sweatshirt, auf dessen Rücken ein großes USA in roten, weiß umrandeten Buchstaben prangte. Sein Matchsack hing am Fahrradlenker.

Air Jordan zeigte der Señora die Farbfotos, die er von ihren Töchtern gemacht hatte. Sie verließen gerade das weiße Haus der Señora und trugen ihre weißen Schwesternuniformen. Die Señora lehnte an einem Tisch, ihr wurde schwindelig.

»Hast kein Geld, was? Dann treib mal schleunigst welches auf, verstanden? Wenn nicht, dann werd ich nämlich Cora und Dora ein paar Babys in den Bauch drehen, die mir verdammt ähnlich sehen. Willst du, daß sie Babys kriegen, die wie ich aussehen? Vielleicht lege ich und meine Kumpels Cora-Dora auch unter einen Zug, puff-puff, du verstehst, was ich meine?«

Die Señora verstand, die Gesichter ihrer geliebten Maria und Magdalena standen deutlich vor ihrem inneren Auge, aber ihr Mund war vor Angst so trocken, daß sie kein Wort hervorbrachte. Sie hoffte, daß Air Jordan essen wollte. Sie würde ihn unverzüglich mit Rattengift füttern. Sie wußte, daß sie dazu bereit war, aber sie hatte so viel Angst um ihre Töchter, daß sie nicht mehr vom Spanischen ins Englische übersetzen konnte und nur noch wie betäubt dastand.

Air Jordan zog an dem Griff seines entenköpfigen Spazierstocks. Die blank geputzte, fünfzig Zentimeter lange Klinge eines geriffelten Schwerts kam zum Vorschein. Er hielt sie ihr vor die Augen und ließ sie wieder in dem Spazierstock verschwinden. Vorsichtig drückte er den Schnabel der Messingente gegen ihre linke Brustwarze.

»Wenn ich's mir überlege«, sagte er, »vielleicht beglücke ich Cora-Dora doch nicht mit einem Baby. Aber wenn du heute abend und von da an jeden Abend nicht das Geld rausrückst, schneide ich statt dessen vielleicht Cora-Doras Titten ab, verstehst du? Bestell dann bei dir ein paar Tittentacos.«

»Ich geb dir das Geld gleich.«

»Merkst du was?« sagte Jordan zu Fridge. »Nur Bares lacht, reden kann jeder, wie man so sagt.« Er blickte der Señora fest in die Augen. »Noch was, und das schreib dir hinter die Ohren: Wenn du die Polizei anrufst und deine Tacoschnauze aufreißt, kommen wir zurück und zünden dich und Cora-Dora in deiner Hütte an. Ihr werdet da drinnen hübsch durchgebraten, weil wir die Eisengitter runterlassen, damit ihr nicht rauskönnt, haste das kapiert?«

»Ich geb dir Geld.«

»Jeden Tag. Wiederholen!«

»Jeden Tag. Ich sag's keinem. Ich geb dir mein Geld jetzt.«

Sie öffnete die Registrierkasse und nahm die Scheine aus der Lade.

Fridge sagte: »Paß auf!« Er zeigte auf die Tür.

Puddin war gerade vorgefahren und stellte sein Fahrrad ab.

Air Jordan wandte sich der Señora zu. »Laß das Geld da drin und mach die Lade zu. Schnell.«

Puddin kam rein. Er hatte den geparkten Kastenwagen und Air Jordan nicht miteinander in Verbindung gebracht und war erstaunt. »Was willst du hier?« fragte er.

Air Jordan sagte: »Was hast du hier so spät zu suchen, mein Bruder? Es ist Samstag, du solltest schon längst in der Sporthalle sein.«

»Was willst du hier?« wiederholte Puddin.

»Hamburger essen, was dachtest du?«

Die Señora gab Puddin ein Zeichen zu verschwinden, aber er kümmerte sich nicht darum.

»Du bist zur falschen Zeit am falschen Ort«, sagte Puddin zu Air Jordan.

Die Señora bedeutete Puddin noch einmal zu verschwinden, nicht nur wegen ihr und ihrer Töchter, sondern auch, damit Puddin nichts zustieß.

»Was soll das, Mann?« sagte Air Jordan. »Ich hab nie gesagt, daß deine Mama eine Nutte ist, und hab nie gesagt, daß sich deine kleinen Brüder für einen Dollar einen in den Arsch stecken lassen.« Air Jordan grinste, weil er gerade was gesagt hatte, was er, wie er gesagt hatte, nie gesagt hatte.

Fridge mischte sich ein. »Wenn du Air Jordan blöd kommst, wird dein Arsch bald in der ganzen Stadt verstreut liegen wie gebrauchte Präser am Samstagabend.«

Puddin schlug ihn mit einer geraden Rechten k. o., dann setzte er einen linken Haken nach und streckte Air Jordan nieder.

Er wandte sich Señora Cabrera zu. »Haben sie Ihnen was getan?«

»Noch nicht.«

Puddin zerrte die beiden Gangbrüder an ihren Kragen nach draußen. Er ließ Fridge aufs Trottoir fallen und warf Air Jordan drüber. Er zog Air Jordans Hose und Unterhose bis zu den Knöcheln runter. Er holte den Spazierstock, klemmte den Entenkopf in Air Jordans Arschfurche und wartete ab.

Fridge wachte zuerst auf, sah Puddin, rannte den Compton Boulevard hoch und verschwand hinter der nächsten Ecke.

Air Jordan wachte kurz danach auf, blieb noch ein paar Sekunden benommen liegen und sah dann, daß seine Hosen runtergezogen waren. Noch auf dem Trottoir liegend, zog er die Hosen hoch. Erst jetzt bemerkte er Puddin.

»Was machst du da mit mir, Mann?«

»Dir helfen, daß dein weißer Arsch ein bißchen Sonnenbräune abbekommt, Dreckskerl.«

Air Jordan ergriff seinen Spazierstock und wollte das Schwert ziehen, besann sich aber eines Besseren, als er seinen geschwollenen Kiefer spürte und merkte, daß er nicht richtig sehen konnte. Er fummelte an seinem Gürtel herum, kam schwankend auf die Füße und machte sich in dieselbe Richtung wie Fridge davon. Er blickte über seine Schulter und sagte: »Deine letzte Stunde hat geschlagen. Denk an meine Worte, Arschloch, denk an sie für den Rest deines Lebens.«

Puddin sagte: »Ich denk dran, daß deine Mama anschaffen geht und weiße Schwänze lutscht.«

Die Señora stand kopfschüttelnd in der Tür. »Jetzt wird's noch schlimmer«, sagte sie leise. Sie blickte zu Puddin rüber und sagte: »Wann kommt Señor Mac zurück?«

»Heute«, sagte Puddin. »Nicht mehr lange.«

»Nicht lange«, wiederholte die Señora.

»Wollten sie wieder Geld abzocken? Haben sie gesagt, daß sie Ihnen was antun wollen oder so was?«

»Nein«, sagte sie. Sie würde Mac alles erzählen, wenn er zurück war.

Puddin war wieder auf seinem Fahrrad. Als er die Long Beach Avenue überquerte, befand er sich auf halbem Weg zum Sewing Machine. Östlich der Avenue war eine reine Latinogegend. In den Autos saßen Männer mit Strohsombreros am Steuer, die Rücksitze mit spanisch sprechenden Kindern vollgepackt. Air Jordan ging Puddin nicht aus dem Kopf. Er bereute, daß er in Wut geraten war. Boxer, die in Wut geraten, verlieren den Kampf.

Mac sah auf seine Uhr. Viertel vor zwölf. Er war gerade durch Baker, Kalifornien, gefahren. Er schätzte, daß Puddin mit seinem Tagestraining zur Hälfte durch war. Cannonball und Enrique schliefen, Cannonball auf dem Beifahrersitz, Enrique hinten. Mac ergriff sein Handy und wählte Puddins Nummer. Gewöhnlich störte er den Jungen nicht beim Training, aber Mac war noch so aufgedreht nach Enriques glanzvollem Sieg, daß er Puddin davon berichten wollte.

Puddin war noch mit dem Fahrrad unterwegs, als das Telefon läutete. Er fischte es aus seinem Matschsack und sagte:

»Ich möchte was über langbeinige Mädchen und haufenweise Geld hören.«

»Hier ist der alte Mann«, sagte Mac.

»Hallo, Dad. »

»Bist du im Gym?«

»Auf meinem Fahrrad. Bin aufgehalten worden«, sagte Puddin.

»Enrique hat gewonnen, hat einen guten Gegner besiegt, ihn in der dritten k. o. geschlagen.«

»Klasse!«

»Der Promoter will uns wieder haben zu Enriques erstem Zehn-Runden-Kampf«, sagte Mac.

»Klasse!« rief Puddin. »Wo seid ihr?«

»Ungefähr auf halber Strecke nach L.A. Bin in drei, vier Stunden zurück. Müssen erst noch Enrique nach Hause bringen und mein Zeug bei mir abladen. Hast du Hunger?«

»Immer.«

»Dann fahren wir bei Cannonball vorbei, damit er sein Zeug abladen kann. Wir holen dich so um fünf bei dir ab.«

»Ich werd fertig sein.«

»Was hat dich aufgehalten?« fragte Mac.

»Air Jordan.«

Mac sagte nichts.

»Bist du noch da?« fragte Puddin.

»Ist die Señora okay? Und du auch?«

»Jaja. Aber es hat Ärger gegeben.«

»Ja? Wieso?«

Puddin sagte: »Er kam mit diesem Schwachkopf Fridge rein. Hat der Señora was angetan, ich weiß nicht, was. Und haben mich blöd angequatscht.«

»Und?«

»Hab sie beide bewußtlos geschlagen.«

»O Scheiße. Ein Boxer sollte cool bleiben.«

»Haben meine Mutter beleidigt, was hätt ich denn machen sollen?«

Mac sagte: »Vielleicht ist es besser, wenn du jetzt nach Hause gehst und zu Hause bleibst. Ich hol dich dann dort ab.«

»Ich bin schon fast an der Alameda Street.«

»Okay«, sagte Mac. »Aber paß auf dich auf.«

»Air Jordan weiß schon, daß er sich mit mir nicht anlegen darf.«

»Nun ja, ruf mich an, wenn du zu Hause bist, in Ordnung?«

»In Ordnung«, sagte Puddin. »Hast du was dagegen, wenn wir meine Mama und meine Brüder auch zum Essen mitnehmen?«

»Natürlich nicht.«

Puddin legte einen Zahn zu, fuhr über die Schienen auf der Alameda Street, die nördlich und südlich der Vernon Avenue durch Eisenbahnschienen in zwei Hälften geteilt war. Links und rechts der Schienen bewegte sich der Verkehr in beiden Richtungen auf den schlecht asphaltierten Straßen. Wenn ein Zug durchfuhr, kam der Verkehr zum Erliegen, und die Autofahrer fluchten. Die fliegenden Händler schätzten die Züge über alle Maßen, weil sie gute Geschäfte mit den fluchenden Fahrern machten, denen sie gekühlte Kokosstücke, kleine Körbe mit Erdbeeren, reife Papayas und Melonenscheiben verkauften. Puddin legte die restliche Strecke zum Gym auf Hochtouren zurück.

Kurz vor Mittag schwenkte er so schnell auf die Einfahrt des asphaltierten Parkplatzes, daß er um ein Haar mit einem herausfahrenden Lastwagen zusammengestoßen wäre. Ohne das Tempo zu drosseln, fuhr er zum hinteren Ende des Parkplatzes. Er bremste bei dem Maschendrahtzaun neben dem Eingang zum Gym und schloß das Fahrrad an einen Eisenpfosten. Als er durch das Tor ging, sah er ein paar Latino-Boxer, die bereits den Heimweg antraten, ihre Matchsäcke vollgestopft mit durchgeschwitzter Kleidung und nassen Handtüchern. Sie schüttelten Puddin die Hand und wünschten ihm Glück für Barcelona. Es schmeichelte ihm, daß Leute, die er nicht kannte, wußten, wer er war.

Was er nicht wußte, war, daß Air Jordan und Fridge ihm in dem gestohlenen Kastenwagen gefolgt waren, ihm von der Einfahrt aus zugesehen hatten, wie er sein Fahrrad an den Zaun kettete. Air Jordan blickte in Fridges kalte Augen. Sie nickten. Air Jordan deutete ein Lächeln an. Sie rauchten einen weiteren Crackkrümel, während Air Jordan langsam zu dem Steakhaus fuhr, das nur zehn Minuten entfernt lag. Shareef und Emil schliefen in seinem Auto, als er und Fridge den Kastenwagen abstellten und das Geld kassierten. Air Jordan weckte sie auf, und Shareef sagte: »Was ist denn mit deinem Gesicht los?«

Emil sagte: »Scheiße, Mann, du siehst aus, als hättste mit 'nem Bär gefickt.«

»Stimmt, mit 'nem Superarsch von Olympiabär. Willste auf die Jagd gehen?«

Air Jordan steckte seine Walther in den Gürtel, Fridge seine Beretta. Die Hundertachtzigpfünder hatten 357er Smith & Wessons mit fünfzehn Zentimeter langen Läufen, die Waffen sahen so aus, als wären sie einen halben Meter lang. Sie fuhren zu viert in Air Jordans 86er Ford zurück zum Sewing Machine. Puddins Fahrrad war noch an den Zaun gekettet. Sie genehmigten sich noch eine Runde Crack.

»Nicht vergessen«, sagte Air Jordan. »Das Bürschchen gehört mir.«

Das Gym lag in der Vernon Avenue auf einem Fabrikgelände zwei Straßenblocks östlich der Alameda Street und bildete den hinteren Teil eines der neueren Gebäude. Viele der alten verrußten Ziegelbauten der Ausbeutungsbetriebe und Lagerhäuser aus Beton hatten zerbrochene Fenster und waren mit Brettern vernagelt. An der Westseite des Sewing Machine erstreckte sich eine lange Laderampe, auf der unter der Woche Betrieb herrschte. Der große Park- und Ladebereich zwischen dem Gym und den verlassenen Gebäuden diente den Latino-Angestellten in der Mittagspause als Fußballplatz. An Wochenenden trieben sich da gern Kinder rum.

Air Jordan fuhr rückwärts an die Laderampe unweit der Einfahrt, die zur Vernon Avenue führte. Er befahl Shareef und Emil, in den Toreinfahrten zweier Lagerhallen Position zu beziehen. Fridge sollte sich hinter ein paar Schrottlastern beim Eingang des Gym verstecken, bis Puddin sein Fahrrad bestieg. Sobald er losfuhr, würden alle vier ihn aus verschiedenen Richtungen einkreisen.

»Und dann?« sagte Fridge.

»Dann ruft die Mama laut, der alte Mann verlangt nach Kraut.«

Air Jordan lauerte wie die Katze vor dem Mäuseloch. Ein gutes Dutzend Boxer und Trainer verließen das Gym. Puddin war nicht darunter, weil er als letzter sein Training beendete. Während er duschte, gingen die letzten. Er wickelte sein Zeug in ein Handtuch und verstaute es zusammen mit der Brieftasche und dem Handy in seinem Matchsack. Seine blauen Sweatshirts waren warm genug für den Heimweg. Er hatte Hunger, aber als er seine Schuhe wechselte, beschloß er, einfach nicht daran zu denken. Kurz bevor er sich aufmachte, gratulierte ihm der Besitzer des Sewing Machine, daß er in die Olympiamannschaft aufgenommen worden war.

»Du wirst doch gewinnen, oder?«

»Da können Sie Gift drauf nehmen.«

»So ist's recht«, sagte der Besitzer. »Tust du mir einen Gefallen?« Er gab Puddin ein Vorhängeschloß. »Sperrst du hinten für mich ab? Ich werde vorne rausgehen und zusperren.«

Im Vergleich zur Trainingshalle war es draußen kühl, gut fünfundzwanzig Grad. Puddin schloß die Tür und brachte das Schloß an. Er kettete sein Fahrrad von dem Zaun los, hängte seinen Matchsack an den Lenker und machte sich gemächlich auf den Heimweg. Zunächst fiel ihm nichts weiter auf, außer daß sich ein Auto bei der Laderampe in Bewegung setzte. Dann hörte er, wie jemand hinter ihm pfiff. Er drehte sich um und sah Fridge auf sich zukommen. Als er wieder in die andere Richtung blickte, sah er, wie Emil und Shareef aus entgegengesetzten Richtungen über den Parkplatz kamen und sich ihm rasch näherten. Er trat in die Pedale, um zur Straße zu gelangen. Aber das Auto schnitt ihm den Weg ab, und Puddin sah, daß Air Jordan am Steuer saß. Puddin wollte die Flucht ergreifen und zwischen Air Jordan und Shareef hindurchfahren, aber sie schlossen die Lücke und schnitten ihm erneut den Weg ab. Er wendete und fuhr zum hinteren

Ende des Grundstücks, nur um festzustellen, daß der einzige Ausgang ein versperrtes Gittertor war. Er drehte um, raste an Fridge vorbei, peilte diesmal die Lücke zwischen Air Jordan und Emil an, aber sie waren schneller als er, und er trat den Rückzug an, konnte aber nur noch in einem schnell enger werdenden Kreis herumfahren.

»Hallo, Präser«, sagte Fridge. »Es ist Samstagabend-Verstreuzeit.«

Puddin fuhr geradewegs auf ihn zu, wollte ihn mit seinem Matchsack zu Boden schleudern. Fridge zog seine Waffe, und Puddin drehte ab.

Air Jordan ergriff seinen Spazierstock, zog die Handbremse, stieg aus und brüllte: »Hör mit diesem Scheiß auf, du Idiot. Bei vollem Tageslicht!«

Fridge rief zurück: »Er ist mir blöd gekommen, ich treib ihm diese Scheiße jetzt aus!«

»Du hast mit der Scheiße angefangen. Die ganzen Chilifresser, die hier vorbeifahren, sehen uns!«

»Die sehen uns jetzt auch!«

»Unsinn. Was die Chilifresser jetzt sehen, sind ein paar Nigger, die auf einem Spielplatz Basketball spielen.«

Puddin sah ein, daß er auf dem Fahrrad nicht entkommen konnte. Er stieg ab und stellte es auf den Kippständer. Er nahm seinen Matchsack und wich nach hinten aus, in der Hoffnung, irgendwo durchschlüpfen zu können. Am liebsten wäre er einfach auf sie losgegangen, aber er wußte, daß das nicht klappen würde. Könnte er durchbrechen, würde er ihnen auf der Straße fortrennen, er wäre auf und davon, würde gegen den Verkehrsstrom rennen, bis er sie drüben auf der Alameda Street irgendwo zwischen den Autos oder den Häusern abgehängt hätte. Sie würden ihre Pistolen nicht vor aller Augen und mitten im Verkehrsgedränge ziehen. So wie die Dinge standen, kam es darauf an, Air Jordan aus der Reserve zu locken, damit er zum Gegenangriff übergehen konnte. Er hatte keine Angst vor diesen Schiebern, er hatte Angst, den Kürzeren zu ziehen, weil er wußte, was das bedeutete.

Air Jordan tänzelte auf ihn zu, klickte seinen Spazierstock

mehrmals aufs Pflaster, tänzelte dann wieder zurück. »Wirst hüpfen, Fröschchen, was? Wirst schön hüpfen.«

Fridge schoß vor, Emil und Shareef taten es ihm gleich, schlossen den Kreis noch enger. Könnte Puddin nur durchbrechen, er würde geduckt im Zickzackkurs lospreschen und hoffen, daß sie ihn nicht trafen, falls sie von ihren Waffen Gebrauch machen sollten. Er hatte genug Opfer solcher Gangs gesehen und verspürte keine Lust, ihnen unter die Erde zu folgen.

Air Jordan kam wieder vor, ließ seinen Spazierstock vor Puddins Füßen aufklicken, wollte, daß er ihn sich schnappte. Puddin wußte, wenn er darauf reinfiel, würden sie sich wie eine Meute wilder Hunde auf ihn stürzen.

»Junge«, sagte Air Jordan, »dieser alte Mann, ist das dein Daddy?«

»Wen geht das was an?«

»Deinen Bruder«, sagte Air Jordan, der Puddin mit Geschwätz ablenken wollte, weil er keine Lust hatte, noch einmal k. o. geschlagen zu werden. »Wenn er nicht dein Daddy ist, was treibst du dann mit ihm?«

»Er ist mein Freund«, sagte Puddin und spielte auf Zeit.

Air Jordan täuschte kurz einen Angriff mit dem Stock vor. »Kein Bruder schließt Freundschaft mit ’nem weißen Scheißkerl, er ist dann kein Bruder mehr, ist ein Verräter seiner Rasse.«

Puddin verkrümelte sich mitsamt Matchsack hinter sein Fahrrad. »Dann mach dir doch selbst ’nen Reim drauf. Ich nenn Mac meinen Daddy.«

»Hallo, er hat ’nen Weißen zum Daddy!« höhnte Emil.

»Stimmt, genau wie Air Jordan«, sagte Puddin und traf dessen wundeste Stelle. Dann ärgerte er Air Jordan mit dessen eigenen Worten. »Stimmt was nicht, grünäugiges Fröschchen? Will das Fröschchen nicht hüpfen? Reicht dein Viertelblut nicht für deinen kleinen Fröschchenarsch?«

»Du bist ein Bleichgesichtsschmuser,« spottete Air Jordan zurück.

»Stimmt«, sagte Puddin, »genau wie deine Mama.«

»Ohhh«, sagte Fridge, »der Präser redet Mist!«

Air Jordan bewegte sich ruckweise auf Puddin zu, wollte ihn aus der Ruhe bringen und weiter nach hinten treiben. Puddin merkte, daß die anderen drei gespannt Air Jordans Aktionen verfolgten, also mußte er Air Jordan als ersten auf die Hörner nehmen und hoffen, daß die anderen ihren Schneid einbüßten, wenn ihr Anführer zu Boden ging. Aber er mußte den rechten Augenblick abpassen, mußte warten, bis Air Jordan oder einer der anderen vorpreschte. Der Einkreisungstanz ging weiter.

»Scheiß drauf«, sagte Emil und eröffnete die Schlägerei.

Puddin schleuderte seinen Matchsack vor und zwang Emil, beide Hände schützend vor sein Gesicht zu heben. Dann setzte Puddin ihm mit aller Kraft eine rechte Gerade in die Niere und einen linken Haken ins Gesicht, der seine Nase zertrümmerte. Emil ging zu Boden, krümmte sich stöhnend vor Schmerzen, und Blut strömte aus seiner Nase über das Gesicht.

Die anderen kamen näher. Puddin packte sein Fahrrad am hinteren Reifen, schwang es hoch und knallte Fridge den Vorderreifen ins Gesicht. Das brachte ihn zu Fall, aber er blieb unverletzt. Puddin schleuderte das Fahrrad auf Air Jordan, der Lenker fügte Air Jordan eine tiefe Kopfwunde zu, und er sank auf die Knie.

»Gebt's ihm!« schrie Air Jordan. »Gebt's ihm!«

Puddin drehte sich nach rechts und landete gleichzeitig einen Haken in Shareefs Magengrube, so daß dieser flach umfiel und glaubte, sein letztes Stündchen sei gekommen. Air Jordan warf Puddin das Fahrrad vor die Füße. Puddin stolperte zu Boden, rollte sich zur Seite, kam wieder auf die Beine und rannte im Aufstehen drei Schritte in Richtung Vernon Avenue. Er stieß Air Jordan fort, meinte, den Kreis durchbrochen zu haben, da packte ihn Fridge von hinten. Es tat nicht weh, verzögerte aber seinen Fluchtversuch lange genug, so daß Air Jordan ihm einen Fußtritt ins Auge versetzen konnte. Der Schmerz raubte ihm fast die Besinnung, aber er versuchte weiterzurennen. Air Jordan brachte ihn mit einem

Stoß aus dem Gleichgewicht, dann schwang er seinen Spazierstock gegen Puddins Kopf. Puddin duckte sich, aber der Entenschnabel riß ein Loch in seinen Nacken.

Puddin sandte Fridge mit einer Rechten ins Gesicht zu Boden, dann streckte er Emil mit ein paar kombinierten Haken nieder. Emil hatte drei gebrochene Rippen und jaulte auf wie ein Hund. Puddin sprang auf sein Fahrrad, glaubte, es jetzt zu schaffen, aber Air Jordan rammte seinen Ebenholzstock zwischen die Speichen des Vorderrads, Puddin flog über die Lenkstange und knallte mit dem Kopf auf das Pflaster. Benommen mühte er sich, wieder hochzukommen, aber Air Jordan zog das Schwert aus dem Stock und rammte es ihm unter den Rippen in den Bauch.

Die Klinge durchbohrte den Magen und eine Niere, und Puddin brach keuchend zusammen. Air Jordan sprang über ihn und stieß das Schwert in seinen Rücken. Die Klinge stach durch das A in USA. Das Schwert spaltete eine Rippe und drang in einen Lungenflügel. Blut spritzte aus Puddins Mund und Nase, sprudelte bei jedem Atemzug aus seinem Rücken. Puddin rappelte sich taumelnd hoch, spürte, daß seine Kräfte versagten, und fiel wieder hin. Er hielt die Lippen fest geschlossen, um das Blut zurückzuhalten, aber er mußte husten, und schon quoll wieder ein roter Strom aus Mund und Nase. Das Blut würgte ihn, weshalb es um so stärker aus ihm brach. Noch war er nicht tot, wußte aber, daß man ihn getötet hatte. Sein Körper fing durch den Schock und den Blutverlust an zu beben und zu zucken, sein Herz schlug wie wild.

»Erschieß den Nigger«, sagte Fridge. »Laß es uns hinter uns bringen, verdammt!«

»Nix gut«, sagte Air Jordan, der sich seinen blutenden Kopf hielt. Er beugte sich ganz nah zu Puddin runter. »Der Blödmann stirbt an seinem eigenen Blut, na so was. Aber ihm bleibt noch Zeit, über mich nachzudenken, bevor er die Mücke macht.«

Shareef sagte: »Air Jordan dreht mal wieder auf.«

Air Jordan hob Puddins Matchsack auf, und alle vier rannten zum Auto. Drinnen durchwühlte Air Jordan den Beutel und fand die Brieftasche und das Handy. Er wickelte seine Hände in ein Handtuch, um keine Fingerabdrücke zu hinterlassen, dann entnahm er der Brieftasche drei Dollarscheine. Er warf die Brieftasche fort und leerte dann den Inhalt des Beutels auf den Parkplatz, behielt aber Puddins Handy.

»Aber wenn die Polizei die Brieftasche findet, weiß sie doch, wer er ist.«

»Genau das wollen wir«, sagte Air Jordan und presste einen Lumpen an seinen Kopf.

In der Gewißheit, daß Puddin da hinten starb, fuhren sie langsam die Auffahrt zur Vernon Avenue entlang, die plärrende Rapmusik aus dem Autoradio brach sich zwischen den Gebäuden. Sie fädelten sich in den Verkehr ein, als sei nichts geschehen, und die anderen Autofahrer bemerkten sie nicht.

Puddin würgte an seinem Blut. Vergeblich versuchte er, auf die Füße zu kommen, vergeblich versuchte er, zur Vernon zu robben.

«*Confiteor deo omnipotente*«, sagte er, das Latein gurgelte in der Kehle. »Ich beichte dem allmächtigen Gott.«

Er konnte nicht weitersprechen, weil ihm das Blut die Luftröhre verstopfte und er nicht atmen konnte. Er hustete sich frei, stützte sich auf einen Ellbogen, tauchte zwei Finger in sein Blut und sank zurück. Er zwang sich wieder hoch, benutzte sein Blut als Tinte und schrieb ein fünfundzwanzig Zentimeter großes A auf den hellgrauen Asphalt. Mit letzter Lebenskraft tauchte er die Finger erneut in sein Blut und malte ein ebenso großes J neben das A – AJ. Er hustete eine Blutfontäne auf seinen Körper, dann sank er zurück, die Erde drehte sich wirbelnd unter ihm fort.

Henry Puddin Pye schmorte eineinhalb Sunden in der Sonne. Bald hatten ihn die Fliegen entdeckt und krochen in seine Nase. Ameisen krabbelten über seine erloschenen Augen. Um halb vier an diesem Nachmittag fanden ihn ein paar acht- bis zehnjährige mexikanische Kinder, von dem Anblick ebenso schockiert wie fasziniert. Das älteste rannte zu der Tankstelle Ecke Vernon und Alameda und erzählte dem persischen Inhaber, was da lag. Er verständigte die Polizei.

Früher am Tag hatte Mac in San Bernardino angehalten, um Enrique und Cannonball zum Essen einzuladen. Jetzt war es Viertel nach vier, und er hatte Enrique abgesetzt und gehofft, gleich weiterfahren zu können, aber er und Cannonball mußten erst eine Flasche Bier mit Enriques Familie trinken, die wegen seines Siegs ganz aus dem Häuschen war. Als Mac und Cannonball nach Gardena unterwegs waren, machte sich Mac Sorgen, weil Puddin ihn nicht angerufen hatte. Air Jordan ging Mac nicht aus dem Kopf, weshalb er Puddins Nummer wählte. Bereits nach dem ersten Läuten war jemand dran.

»Yeah«, sagte Air Jordan.

»Wer ist da?« fragte Mac.

»Rat mal.«

»Ist das Puddins Anschluß?«

»Puddin wer?«

»Der Boxer Puddin.« Jetzt hatte Mac die Stimme erkannt, und ein Schmerz durchzuckte ihn.

Air Jordan merkte, daß Macs Stimme beunruhigt klang, lächelte, stellte das Handy aus und lächelte wieder.

Mac wählte dieselbe Nummer noch einmal. Mailbox.

Sofort rief Mac Señora Cabrera an. »Hast du Puddin heute nachmittag gesehen?«

»Nur heute früh.«

»Air Jordan ist wieder aufgekreuzt, stimmt's?«

»Puddin hat ihn verjagt.«

»Was hat dir Jordan gesagt?«

»Will Geld oder tut meinen Mädels was an.«

»Ich komme so schnell wie möglich.«

Mac konnte noch nicht wissen, daß die Polizei vier Minuten nach dem Notruf zur Stelle war. Über Radiofunk meldeten sie den Mord dem diensthabenden Kollegen, und der verständigte die Gerichtsmedizin. Während der Gerichtsmediziner seine Untersuchung durchführte, bemerkten die Polizisten die Buchstaben AJ, doch das sagte ihnen im Moment nichts. Nachdem alles erledigt war, brachten sie Puddin ins Leichenschauhaus und verständigten Willa.

»Der Gerichtsmediziner bittet Sie um ihre Mithilfe. Würden Sie bitte herkommen, um jemanden zu identifizieren.«

»Wen identifizieren?« flüsterte Willa schreckensbleich.

»Wir glauben, sein Name ist Henry Pye.«

»Wie sieht er aus?«

»Afroamerikaner, circa achtzehn Jahre alt, einsfünfundachtzig groß, hundertzweiundachtzig Pfund schwer, kurzes, schwarzes Kraushaar.«

Pater Carey fuhr Willa, ihre beiden Jungs und ihre Schwester Daisy zum Leichenschauhaus. Willa und Pater Carey wurden in eine Kabine aus Milchglas geführt, in dem lediglich das Kopfende einer metallenen Rollbahre beleuchtet war. Ein weiß verhüllter Körper lag darauf. Daneben stand ein verchromter Stuhl. Der Aufseher schlug das Leintuch zurück, und Willa stöhnte leise auf. Sie küßte Puddins geschlossene Augen und berührte seine Lippen. Sie setzte sich neben ihn, küßte die abgeschürfte Haut und die gebrochenen Knöchel seiner Hände.

»Wach auf, Baby, bist mein Engelchen, mein Babyjunge.« Sie sah zu Pater Carey hoch, konnte es noch immer nicht fassen. »Wecken Sie ihn auf, Pater, mein Traumbaby, mein Engelchen.«

Nachdem er mit der Señora telefoniert hatte, fuhr Mac nicht nach Hause, sondern direkt zum Not Long. Er wollte Willa anrufen, hatte aber Angst.

Als sie auf den Parkplatz vom Not Long fuhren, sagte Cannonball: »Am besten, du rufst sie an.«

Mac wählte Willas Handynummer, weil er wußte, daß sie ihr Funktelefon stets dabei hatte. Eine männliche Stimme meldete sich.

»Wer ist da?« fragte Mac.

»Pater Carey.«

»Hier spricht Mac McGee, Pater. Ist mit Willa alles in Ordnung?«

»Ich fahr sie jetzt nach Hause.«

»Wo sind Sie?«

»Es ist Puddin. Wir verlassen jetzt das Leichenschauhaus.«

Mac rief: »Was treiben Sie in dem verdammten Leichen-schauhaus?«

»Es tut mir leid. Es ist Puddin.«

»Er kann nicht tot sein! Wie kann Puddin tot sein, um Himmels willen? Wie konnte Gott das zulassen? Warum hat er nicht mich abberufen?«

»Ach, Mac, wenn ich das wüßte, wäre ich Gott selbst.«

»Wodurch ist Puddin gestorben?«

»Jemand hat es getan.«

»Wo?«

»Auf einem Parkplatz. Irgendein Gym in der Vernon Ave-nue.«

»Sewing Machine?«

»Genau.«

»Wie?«

»Irgendein scharfer Gegenstand. Vielleicht ein Schwert.«

Cannonball beobachtete Mac, dann berührte er sanft seine Schulter.

Mac sagte: »Wir treffen uns bei Willa.«

Der Geistliche sagte: »Mac?«

»Yeah?« sagte Mac. Seine Brust krampfte sich zusammen.

»Sie unternehmen nichts, haben Sie mich verstanden?«

»Was soll man schon unternehmen, Vater? Hundert Pro-zent von nichts ist nichts.«

Zuerst fuhren sie zum Acapulco. Es herrschte reger Be-trieb, aber die Señora ging gleich auf sie zu. Sie blickte besorgt drein.

»Wo ist Puddin?«

»Puddin ist …« Mac konnte es nicht aussprechen.

»Er ist gestorben«, sagte Cannonball.

»Für mich«, sagte die Señora und griff nach dem Gold-medaillon mit der Heiligen Jungfrau von Guadalupe an ihrem Hals. »Wo ist es passiert?«

»Sie sagen, beim Sewing Machine. Jenseits der Alameda Street«, sagte Mac.

»Es war der Häßliche.«

»Das glaube ich auch. Aber ich hab keine Beweise.«
»Ich hätte ihn am ersten Abend vergiften sollen.«

Es war noch hell, als Cannonball auf den Parkplatz neben dem Sewing Machine fuhr. Splitter eines Fahrradrücklichts und jede Menge gelbe Klebebänder der Polizei führten sie zu der Stelle, wo Puddin ermordet worden war. Als sie aus dem Auto stiegen, sahen sie rostfarben getrocknetes Blut. Mac kniete sich hin, dann senkte er sein Gesicht zu Boden. »Mein Babyjunge.« Er wollte sterben.

Cannonball kniete sich neben ihn, tätschelte ihn. »Puddin war ein guter Junge, Mac, er hat es gut da, wo er jetzt ist.«

Mac stand auf und taumelte über den blutverschmierten Asphalt. Er kam an dem AJ vorbei, das Puddin hinterlassen hatte, aber der Winkel war so ungünstig, daß er die Buchstaben nicht erkannte.

Aber Cannonball sah, was Puddin ihnen hinterlassen hatte. »Dreckschwein«, sagte Cannonball mit ausgestrecktem Zeigefinger. Sein Herz zog sich zusammen. »Jetzt haben wir den Beweis.«

Mac sah's jetzt auch, und sein Blut fing zu rasen an. Er hielt die Hand an den Mund, um einen Schrei zu unterdrücken, und zwang sich, aufrecht stehenzubleiben. »Vorbei mit den gemütlichen Zeiten«, preßte er hervor.

Cannonball fuhr zu Willas Haus, aber es war alles dunkel. »Komm, laß uns wieder zum Gym fahren, ruh dich ein wenig aus. Wenn sie zu Hause ist, kommen wir zurück.«

Im Not Long kramte Cannonball eine halbvolle Weinflasche vor. Er füllte zwei Marmeladengläser.

»Das trink ich manchmal, um mich aufzumöbeln.«

Die beiden alten Männer tranken jeder ein Glas, dann noch eins. Der Alkohol tat keinerlei Wirkung. Ein Schütteln durchlief Mac, dann konnte er sich nicht länger beherrschen und weinte. Cannonball saß schweigend in der Dunkelheit, seine blaue Wollmütze bis zu den Augen gezogen.

Mac wischte sich das Gesicht ab. Es war nach acht Uhr. Er rief wieder Willa an, und Pater Carey meldete sich.

»Sie hält sich tapfer, aber es ist ein trauriger Anblick.«

»Soll ich rüberkommen?«

»Daisy, die Jungs und alle möglichen Freunde sind jetzt bei ihr. Willa fragt, ob Sie später kommen könnten, damit sie allein mit Ihnen sprechen kann. Sie ist eine starke Frau«, sagte der alte irische Geistliche.

»Ich komm irgendwann nach neun vorbei.«

Mac hing ein und sah, daß Cannonball das Gesicht verzog. »Was ist los?« fragte Mac.

»Kennt dieser Air Jordan dein Auto?«

»Möglich.«

»Wir nehmen meinen alten Pick-up, und du duckst dich runter«, sagte Cannonball und zog seine ausgeblichene Windjacke an. »Aber vorher will ich noch Lena einstecken.«

Cannonball und Mac durchkreuzten die Straßen beim Acapulco, konnten aber Air Jordan nicht aufspüren. Um Viertel nach neun gab Mac vorerst auf.

»Laß uns zu Willa fahren«, sagte er.

Um 21. 18 Uhr fuhren sie wieder am Acapulco vorbei. Die letzten Gäste waren gegangen, aber das Licht brannte noch, als Mac und Cannonball rüberschauten. In einer Parklücke stand ein unauffälliger Ford. Air Jordan und seine Kumpels stiegen aus. Sie stolzierten in Richtung Tür. Emil hatte die Arme um seine gebrochenen Rippen geschlungen. Cannonball fuhr den Compton Boulevard ein Stück weiter hoch und wendete. Er und Mac sprachen kein einziges Wort.

Cannonball hielt an. Hinter den runtergezogenen Jalousien der Schachtelhäuser zu beiden Seiten der Straße flackerten die Fernseher. Vergitterte Fenster unterstrichen die Trostlosigkeit.

Cannonball sagte: »Du steigst hier aus, Baby, ich parke weiter oben. Wenn ich drinnen bin, wartest du kurz, dann kommst du mit Mister Glock rein und ballerst los.«

»Yeah, aber was, wenn die Señora was abkriegt?«

»Was, wenn sie im Moment was von denen abkriegt?«

Mac wollte im Blut dieser Kerle tanzen, aber er wußte, er würde nur als erster abdrücken können, wenn jemand eindeutig in Lebensgefahr war. Er wollte lieber töten als leben, dennoch wollte er niemanden verletzen – das Dilemma eines Christen. Aber um der Señora und Cannonballs willen mußte er alles noch einmal überdenken. »Vielleicht sollten wir draußen auf sie warten, sie im Dunkeln erledigen oder in ihrem Auto.«

Cannonball verstand. »Und wenn sie uns hier draußen sehen? Wenn sie die Lady packen, mit ihr abhauen? Wenn sie uns sehen und zu schießen anfangen? Was machen wir dann? Nee, wir müssen schnell handeln.«

Mac klopfte auf sein Handy. »Wir könnten die Polizei anrufen.«

»Die quatschen doch nur. Wir sind diejenigen, die die Beweise haben.«

»Du hast recht, aber ich gehe zuerst rein«, sagte Mac.

»Keine gute Idee«, sagte Cannonball. »Dich kennen sie, also überlaß das mir. Ich gehe erst rein und spiele den Ahnungslosen. Während sie mich noch angaffen, kommst du rein. Wenn sie ihre Waffen ziehen, pfeffer ich mit Lena was in ihre Ärsche, daß sie glauben, auf einem Walfischpimmel zu sitzen.«

»Und wenn sie ihre Waffen bereits gezogen haben?«

»Na und, wie Miles Davis sagt. Das ist unsere einzige Chance, Vergeltung für Puddin zu üben und vielleicht auch die einzige, die Lady zu befreien.«

»In Ordnung«, sagte Mac. »Sei aber vorsichtig. Sei alt und arm.«

»Ich werd so erbärmlich aussehen, daß sie denken, ich sei tot«, sagte Cannonball.

Mac stieg aus, und Cannonball fuhr an. Unterwegs zog er Lena aus seinem Gürtel. Die bereits entsicherte 45er hatte einen Schuß in der Kammer und sieben im Magazin. Er klemmte die Waffe unter die linke Achselhöhle und zog seine Jacke über.

Mac folgte ihm raschen Schritts, die entsicherte schwarze Glock hielt er an sein Hosenbein gedrückt. Vor ihm näherte sich Cannonball dem Acapulco, er hörte die plärrende mexikanische Musik, die Air Jordan auf volle Lautstärke gedreht hatte, um die Señora einzuschüchtern.

Drinnen fuchtelte Air Jordan mit seinem Spazierstock herum und brüllte die Señora an. »Nutte! Was soll das heißen, du zahlst mir kein Geld! Ich blas dir dein Lebenslicht aus!«

»Bring mich um, ist mir egal, na los!« sagte die Señora, ihre indianischen Augen schwarz wie Kohle. »Du kannst mir nicht mehr weh tun.«

»Ach nein? Ich schneid dir die Möse ab, zwing dich, sie zu essen, mitsamt Schamhaaren und allem, bring ich glatt fertig, du Nutte!«

»Kriegst kein Geld, du hast Puddin umgebracht.«

»Wer sagt das? Woher willst du das wissen?«

»Ich weiß es«, sagte die kleine mexikanische Lady. »Und Señor Mac weiß es auch. Er tötet dich, für mich und Puddin.«

»Wer ist Mac?« fragte Fridge.

»Yeah«, sagte Air Jordan. »Der alte Mann hier drin, der über Schlangen und die ganze Scheiße geredet hat.«

Air Jordan drückte den Lauf seiner Walther in den Augapfel der Señora. Ein Feuerwerk von Schmerzen durchloderte ihr Gesicht, aber sie schrie nicht auf.

»Geld her oder ich knall dich auf der Stelle ab!«

»Na los! Aber du stirbst auch. Jeder stirbt.«

Emil umklammerte seine gebrochenen Rippen, zuckte bei jedem Atemzug zusammen. »Komm schon, Mann, es wird allmählich mulmig, laß es uns vergessen.«

»Was heißt mulmig! Die Nutte schuldet mir zuviel, und sie weiß mir zuviel.«

»Scheiße ja«, sagte Fridge und zog seine Beretta. »Die Nutte muß dran glauben, sie rückt unser Geld nicht raus, Mann.«

Fridge drückte die Aufsperrtaste der Kasse mit der Mündung seiner Pistole, und eine leere Geldlade sprang vor.

Als Air Jordan das sah, schlug er der Señora zweimal mit der Walther über den Kopf. Sie sank nieder. »Wo sind meine sechshundert Dollar?« Er riß sie hoch und dicht an sich heran, damit er ihre Augen sehen konnte, wenn er sie erschoß. Er stopfte ihr den kurzen Pistolenlauf in den Mund.

Ehe Air Jordan den Abzug betätigen konnte, schlurfte Cannonball durch die Tür. Air Jordan wirbelte herum, hielt die Walther auf Cannonballs Gesicht gerichtet. Die Señora tat so, als hätte sie den heruntergekommenen alten Mann nie gesehen.

Air Jordan fing wieder zu brüllen an, die Adern traten auf seinem häßlichen Gesicht hervor, Crack röstete sein Gehirn. »Wer bist du, Dreckskerl, was machst du hier drin?«

»Gnade, barmherziger Gott, tu das Ding runter, nicht schießen! Ich tu dir nichts, Bruder, bin bloß 'n alter, hungriger Nigger, der 'n Fischtaco will.«

»Ich reiß dir deinen schwarzen Arsch auf, wenn du uns hier einfach überrumpelst!« rief Air Jordan. »Was willst du?«

»Fisch, das ist alles«, sagte Cannonball. Er trat von einem Fuß auf den anderen, als sei der Boden eine heiße Herdplatte. »Aber jetzt will ich nix mehr, nein, ich geh.«

»Wer ist bei dir?«

»Bin ganz allein, bloß ein alter armer Mann, der kein' Ärger will.« Cannonball nahm seine Mütze ab, hielt sie an seine Brust, falls Lena seine Jacke ausbeulte. »Mach dir keinen Ärger, Mann, bin so arm, daß ich nicht mal scheißen kann.«

»Was soll dieser Blödsinn, du Idiot?« sagte Air Jordan mit sich überschlagender Stimme. »Jeder muß scheißen.«

»Das stimmt, Boss, aber ich hab kaum was zu essen, das mein ich damit. Was dagegen, wenn ich jetzt geh?«

»Allerdings. Was hast du gesehen, als du hier reinkamst?«

»Nichts, Mann, vergiß es. Hab doch dies kaputte Auge hier, siehst du? Weiß nie, was ich sehe.«

»Du siehst gleich, was ich mit dieser Nutte hier mache, damit du weißt, was ich mit dir altem Arsch mache, wenn du quasselst.«

»Yeah, richtig, du bist der Boss. Ich sag keinem was, nein Sir, wie ich schon sagte, Mann, ich scheiß nicht mal.«

»Mann«, sagte Fridge, dessen Hirn genauso angeröstet war wie das von Air Jordan, »bist du sicher, daß du nicht scheißt?«

»Nur wenn ich muß.«

Cannonball hatte seine Aufgabe erledigt, hatte alle vier

Gangster dazu gebracht, auf ihn zu blicken anstatt zur Tür. Aber er hatte nicht erwartet, daß Fridge und Air Jordan die Señora mit Waffen in Schach hielten. Er hoffte, daß Mac draußen blieb, dann könnten sie Air Jordan vielleicht auf andere Weise erledigen, aber ihm war klar, daß der Gong zur Eröffnung des Kampfes geschlagen hatte.

Draußen hatte Mac sich an der Rückseite des Gebäudes herangeschlichen, sah aus der Dunkelheit zu. Das eine Auge der Señora war zugeschwollen, Blut tropfte aus ihrem Haar. Air Jordan und Fridge fuchtelten mit ihren Waffen herum, als würden sie bei einem Film Regie führen. Mac wußte, wenn er schießend reingehen würde, müßte er es, egal wie geschickt er sich anstellte, gegen zwei Dummköpfe aufnehmen, die ihre Waffen gezogen hatten, eine davon noch immer auf Cannonball gerichtet.

Eine alte Boxerweisheit lautet: Du boxt mit einem Schläger, du schlägst dich mit einem Boxer. Im Moment nicht sehr hilfreich, aber Mac mußte die Señora und Cannonball sicher aus dem Acapulco bringen. Er beschloß, zu boxen, zu klammern und auszuweichen, Air Jordan in einer späteren Runde zu erledigen. Mac war es inzwischen egal, was mit ihm passierte, also steckte er die Glock vorne in den Gürtel und spazierte mit erhobenen Händen durch die Tür.

»Wen haben wir denn da?« sagte Air Jordan.

Er warf seinen Kopf herum. Fridge und Shareef richteten ihre Waffen auf Mac. Air Jordan sah draußen nach. Beruhigt, daß Mac alleine war, kam er grinsend wieder rein.

»Wo ist dein Auto?«

»Hab ein Taxi genommen. War auf dem Weg zu Puddins Haus, als ich euch Jungs hier drinnen gesehen hab. Ihr wißt doch, was mit Puddin passiert ist, oder?«

»Uns Jungs, was? Taxi genommen, was?«

Mac sah Air Jordan an, daß er nicht wußte, ob er ihm glauben sollte. Mac sah auch die Blessuren, die Puddin Air Jordan und den anderen zugefügt hatte, sah die getrockneten Blutspritzer auf ihren ausgebeulten Hosen, die Flecken auf ihren neuen weißen Schuhen.

Air Jordan sagte: »Was hat das Taxiunternehmen für 'ne Telefonnummer?«

»Keine Ahnung. Ich hab in dem ganzen Durcheinander zu tanken vergessen und hatte plötzlich kein Benzin mehr. Hab ein vorbeifahrendes Taxi angehalten.«

»Lügner! In dieser Gegend fahren keine Taxis rum, hältst du mich für blöd?«

»Ich war in Beverly Hills.«

»Beverly Hills, was? Yeah, echt glaubwürdig, ein aufgeblasener alter Knacker wie du im Land der Stars und Judenjüngelchen mit Pferdeschwanz.«

Cannonball wollte in einen günstigeren Schußwinkel kommen und schlurfte zur Tür. »Ich geh für meinen Fisch lieber rüber zu Odessa Johnson's You Buy We Fry.«

»Du gehst nirgends hin, Nigger«, sagte Air Jordan, »kennst du dieses Schwein hier?«

»Neeein, Sir, m-m, kenne keine Weißen.«

»Bist du sicher?«

»Wo ich wohn, wie soll ich da Weiße kennen, Mann? Bin bloß 'n armer alter Nigger, der genug Sorgen hat, m-m, bin nur reingekommen, um meiner Frau Lena 'ne Kleinigkeit zu essen zu kaufen.«

»Setz dich«, sagte Air Jordan. »Ich will, daß du zuguckst, wie dieses Schwein verreckt.«

»Kill lieber nicht einen Weißen, nein Sir.«

»Hörst du nicht, wie er mir blöd kommt?«

»Nein, ich hör nichts, und ich seh auch nichts.«

»Laß ihn laufen«, sagte Mac. »Und die Lady auch. Du hast es doch auf mich abgesehen, stimmt's?«

»Ich weiß nur, daß wir eine Schlange in die Pfanne hauen werden, und du bist die Schlange, Junge.«

»Vielleicht gelingt's dir, vielleicht nicht.« Mac grinste ihn an, pokerte noch höher. »Wie auch immer, Puddin hat euch vier Idioten ganz schön die Fresse poliert, stimmt's?«

»Ich schlag vor, du durchsiebst sie alle, Jor«, sagte Fridge. »Mach's gleich, bevor noch ein paar Mexis aufkreuzen.«

Air Jordan blickte Mac finster an. »Dir geht's genau wie

diesem Puddin Pye, oder? Du bist zur falschen Zeit am falschen Ort. Stimmt doch, Fridge? Er ist am verdammt falschen Ort zur verdammt falschen Zeit.«

»Das nennt man Pech«, sagte Fridge und fing an zu lachen, »aber wenn diese Dreckskerle kein Pech hätten, hätten sie überhaupt nichts.«

Er und Air Jordan schlugen die Hände aneinander.

Air Jordan lachte gackernd auf. »Hört euch das bloß an!«

»Mal im Ernst«, sagte Mac. »Überleg doch mal, wenn du mich veralberst, könntest du jemanden von deiner Familie veralbern.«

Emil unterdrückte ein Lachen, der Schmerz zuckte von den Rippen durch seinen Körper. Air Jordan warf ihm einen drohenden Blick zu. Er legte Puddins Handy auf den Tisch, damit Mac es sehen konnte.

»Willst du mir wirklich mit diesem Familienscheiß kommen, bleichgesichtiger Dreckskerl?«

»Zieh doch über die Bleichgesichter her, soviel du willst«, sagte Mac. »Aber denk dran, wenn du über dieses Bleichgesicht hier herziehst, könntest du deinen eigenen Daddy beleidigen, stimmt doch, oder? Yeah, ich glaub, ich erinnere mich an deine Mutter, 'ne Zwei-Dollar-Hure, 'ne farbige Nutte, stimmt's? So häßlich wie du.«

Air Jordan wechselte die Walther langsam von der rechten in die linke Hand, dann zog er das Schwert aus seinem Spazierstock. »Ich schick dich in die Hölle, genau wie deinen kleinen miesen Olympie.« Air Jordan spuckte Mac ins Gesicht, dann schwang er das Schwert plötzlich wie einen Säbel und hackte in Macs Gesicht und seine Arme, als er sich zu decken versuchte. Gerade als Cannonball Lena ziehen wollte, feuerte die Señora wie wild mit ihrer *pistola* auf Air Jordan. Die ersten beiden Schüsse gingen daneben, aber mit dem dritten fegte sie sein rechtes Ohr weg. Fridge schlug ihr die 44er aus der Hand. Air Jordan stolperte vor, hielt sich die rechte Seite seines Kopfes, da schoß ihm Cannonball zweimal in die Leistengegend. Air Jordan brach über einem Tisch zusammen und sackte zu Boden, seine Waffe irgendwo unerreichbar zwischen den

Möbeln. Fridge schoß viermal auf die Señora, als sie sich nach ihrer Pistole bückte, aber ehe er auf Mac feuern konnte, streckte ihn Mac mit drei Schüssen in die Brust nieder. Emil versuchte zu fliehen, aber Mac blies ihm den Hinterkopf weg. Shareef stand blinzelnd in all dem Rauch und Lärm und ballerte ziellos mit seiner Magnum durch die Gegend. Fünf Schüsse gingen daneben. Cannonball ließ sich zu Boden fallen. Shareef feuerte den sechsten Schuß ab, als Cannonball ihn in den Magen und die Brust traf, zwei Patronen von Lena, die ihm den größten Teil seines Rückens fortbliesen. Cannonball betätigte den Abzug, bis Lena leer war, doch Shareefs letzter Schuß hatte Macs Halsschlagader weggerissen und ihm das Genick gebrochen. Mac fiel zu Boden wie ein abgeschossener Vogel, aber er lebte noch lange genug, um mitzukriegen, daß sich um sein Gesicht eine Blutlache bildete.

Cannonball erstickte fast an dem ganzen Rauch. Er war benommen von all dem Lärm und all der Gewalttätigkeit, und seine Ohren waren nahezu taub. Er spannte die Kiefermuskeln an, aber das Summen in den Ohren hörte nicht auf, und die wilde Musik dröhnte langgezogen, schien verbogen von den Wänden zu prallen. Er kroch zu Mac rüber, versuchte Mund-zu-Mund-Beatmung, aber sein Atem pfiff wirkungslos aus Macs zerfetzter Luftröhre. Cannonball schloß Macs Augen, indem er sie sanft mit den Fingerspitzen berührte. Den gleichen Dienst erwies er der Señora, die zusammengesackt mit geöffnetem Mund an der Wand saß.

Cannonball war nahe daran zusammenzubrechen, als er ein Geräusch hinter sich hörte. Unbewaffnet wie er war, drehte er sich panikartig um. Air Jordan zog einen Stuhl heran und versuchte aufzustehen. Cannonball suchte schleunigst nach der Glock von Mac.

Air Jordans winselnde Stimme überschlug sich wieder. »Du bist wohl verrückt geworden, hast meinen Pimmel glatt weggeschossen, Brüder sollen einem Bruder nichts antun, weißt du das nicht?«

Cannonball sagte: »Du bist nicht mein Bruder. Du bist eine Runzel auf Michael Jacksons widerlichem weißen Schwanz.«

»Ich kann nichts für meine Hautfarbe.«

»Du kannst nie was dafür.«

»Wie konntest du mir so was antun, Mann?«

»Ganz einfach, Nigger«, sagte Cannonball, dessen Augen in seinem schwarzen Gesicht fast unsichtbar waren. »Du hast mein ein und alles umgelegt.«

Cannonball schoß Air Jordan in den Bauch, um ihn aufschreien zu lassen. Dann schoß er ihm ins Auge, die 45er jagte den größten Teil des Gehirns aus seinem Hinterkopf.

Cannonball wußte, daß er schnell abhauen mußte, vor allem, falls jemand von der Straße aus die Schießerei gesehen und die Polizei verständigt hatte. Aber vorher steckte er die Waffen von Mac und der Señora und die eigene in seine Jacke. Dann umwickelte er seine Hand mit einer Serviette und wählte die Notrufnummer. Als sich jemand meldete, hing er auf und wartete. Wie vermutet, klingelte das Telefon direkt danach. Er ließ es klingeln. Gleich würde ein Streifenwagen unterwegs sein. Cannonball wußte, daß ihm nur zwei, drei Minuten blieben, um zu verschwinden. Mit dem Ellbogen schaltete er das Licht aus, berührte Mac ein letztes Mal und rannte zu seinem Pick-up. Er atmete tief durch, hatte aber das Gefühl, keine Luft zu bekommen.

Er kehrte zum Gym zurück, fuhr vorsichtig. Er wollte noch was von seinem Wein trinken, war aber so müde, daß er nur noch auf sein Feldbett fiel und in seinen Kleidern einschlief. Drei Stunden später wachte er schweißgebadet auf und rang nach Luft. Er konnte nicht wieder einschlafen. Der Gedanke an Mac quälte ihn, aber er hatte Angst, die Polizei anzurufen, um zu fragen, wo er hingeschafft worden war. Wenn sie vorbeikämen und nach Macs Auto fragten, würde er ihnen erzählen, Mac habe gestern abend von unterwegs ein Taxi genommen. Er versuchte noch ein paarmal einzuschlafen, aber immer wenn er die Augen schloß, durchlebte er wieder die Schießerei. Er machte sich Vorwürfe, daß er nicht gleich durch die Tür gegangen war und Lena ein Liedchen aus Feuer und Blei hatte singen lassen. Um sich abzulenken, reinigte und ölte er die Waffen. Er polierte Lena, bis sie glühte.

Vor Sonnenaufgang wickelte er Lena, die Glock und die *pistola* einzeln in alte Zeitungen. Er versah die Päckchen mit Streifen von dem Klebeband, mit dem er gewöhnlich die Hände umwickelte. Er legte die drei Pistolen in den kleinen Matchsack, den er bei örtlichen Boxkämpfen dabei hatte. Um sechs Uhr fuhr er nach Los Angeles Harbor in San Pedro. Er nahm eins der ersten Schiffe nach Catalina Island, jener Insel, die sechsundzwanzig Meilen und eine der größten Meerestiefen der Welt vom Festland trennten.

Er zitterte am ganzen Körper. Das dreißig Meter lange Schiff war nicht mal zu einem Viertel besetzt, dennoch kam er sich wie eingepfercht vor. Leute, die ihn nur ansahen, hätte er am liebsten zusammengeschlagen, und er merkte sofort, daß sein Blutzuckerspiegel bedenklich sank. An der Kaffeetheke kaufte er Orangensaft und Schokoladengebäck und schlang alles so schnell runter, daß er nur noch Süßigkeit schmeckte.

Als sie ablegten, verließ er die Kajüte und ging zum Heck. Das Schiff machte gut und gern seine dreißig Knoten. Das Wasser war fast in Reichweite. Ein junges Pärchen in Sweatshirts und Wanderstiefeln umarmte sich im Wind. Als der Junge sie zu küssen versuchte, sagte das Mädchen, ihr sei kalt und sie wolle jetzt einen Cappuccino und ein Schoko-Mandel-Törtchen.

Cannonball beobachtete, wie die Farbe des Wassers von Grün zu Dunkelblau wechselte, und blickte auf. Er konnte hinten das Festland und vorne Catalina sehen. Als sie schätzungsweise die halbe Strecke zurückgelegt hatten, ging er wieder in die Kajüte und stellte fest, daß die Passagiere entweder an der Kaffeetheke standen oder durch die Fenster in Richtung Insel blickten. Erleichtert, daß ihm niemand Aufmerksamkeit schenkte, ging er zum Heck zurück. Er hob den Matchsack und griff rein. Erst ließ er Macs Pistole ins Wasser fallen, dann die der Señora. Beide gingen blubbernd unter und waren nach wenigen Sekunden nicht mehr zu sehen, trotz ihrer weißen Verpackung.

Lena war Cannonballs Schatz, seine letzte Liebe, aber er

wußte, daß er sich von ihr trennen mußte. Er schüttelte den Kopf, dann beugte er sich über die Reling, so nah zum Wasser, wie's nur ging. Seine Finger und Zehen waren taub, und tief in seiner Brust stimmte was nicht. Seine blaue Mütze fiel ins Wasser, es war ihm egal.

Er öffnete die Hand und ließ Lena ins Wasser gleiten, so sanft es ging. Er schaute dem sinkenden Päckchen nach, aber als es in der Tiefe verschwand, hatte er das Gefühl, nach oben zu blicken. Er mußte husten, weil es ihn würgte, vom Herzen her. *Wie lange?* dachte Cannonball und erinnerte sich der Worte Martin Luther Kings.

Seine Knie gaben nach, und er setzte sich auf das nasse Deck. Gekrümmt und schwer atmend fing er langsam an zu flüstern: »*Eins. Zwei. Drei. Vier. Fünf. Sechs.*« Bei sieben griff er zur Reling. Zog sich mit Mühe hoch. »*Sieben. Acht.*«

Nachdem er bis neun gezählt hatte, stand Cannonball auf den Füßen.

»Wie lange?« sagte Cannonball. »*Not long* – nicht lange.«

Kriminalliteratur im Europa Verlag

Reginald Hill
Das Dorf der
verschwundenen Kinder
Roman
Gebunden, 3-203-78014-3

Reginald Hill
Das Haus an der Klippe
Roman
Gebunden, 3-203-78015-1

Ed McBain
Long Dark Night
Roman aus dem
87. Polizeirevier
Gebunden, 3-203-80025-X

Ed McBain
Dead Man's Song
Roman aus dem
87. Polizeirevier
Gebunden, 3-203-80027-6

www.europaverlag.de

Gute Unterhaltung im Europa Verlag

Luis Fernando Verissimo
Kleine Lügen
Broschur, 3-203-84850-3

Unni Drougge
Meine Freundin sieht das anders
Roman
Broschur, 3-203-84525-3

Norbert Klugmann
Tanz der Schienenfresser
Roman
Broschur, 3-203-84583-0

Giorgio Christen
Mi@u
Der ultimative Wegweiser
für Katzen und ihre
Freunde im Internet

EUROPA
VERLAG

www.europaverlag.de